Karin-Maria Wagner

Legitimationsprobleme des Rechtsinstituts der strafbefreienden Selbstanzeige

Schriften zum Straf-,
Strafprozess- und Strafvollzugsrecht

Band 11

LIT

Karin-Maria Wagner

Legitimationsprobleme des Rechtsinstituts der strafbefreienden Selbstanzeige

LIT

∞

Gedruckt auf alterungsbeständigem Werkdruckpapier entsprechend
ANSI Z3948 DIN ISO 9706

Bibliografische Information der Deutschen Nationalbibliothek
Die Deutsche Nationalbibliothek verzeichnet diese Publikation in der Deutschen Nationalbibliografie; detaillierte bibliografische Daten sind im Internet über http://dnb.d-nb.de abrufbar.

ISBN 978-3-643-13847-7 (br.)
ISBN 978-3-643-33847-1 (PDF)
Zugl.: Hannover, Univ., Diss., 2017

Verlagskontakt:
Fresnostr. 2 D-48159 Münster
Tel. +49 (0) 2 51-62 03 20
E-Mail: lit@lit-verlag.de http://www.lit-verlag.de

Auslieferung:
Deutschland: LIT Verlag, Fresnostr. 2, D-48159 Münster
Tel. +49 (0) 2 51-620 32 22, E-Mail: vertrieb@lit-verlag.de

E-Books sind erhältlich unter www.litwebshop.de

Vorwort

Die vorliegende Arbeit wurde im Wintersemester 2016/2017 von der Juristischen Fakultät der Gottfried Wilhelm Leibniz Universität Hannover als Dissertation angenommen.

Mein besonderer Dank gilt meinem Doktorvater, Herrn Prof. Dr. Henning Radtke, für seine Unterstützung und die gewährte inhaltliche Freiheit. Für das Erstellen des Zweitgutachtens danke ich Herrn Prof. Dr. Carsten Momsen.

Für all die Jahre der gemeinsamen (Studien-) Zeiten und des anhaltenden Zuspruchs danke ich meinen Kommilitoninnen, meinen Freunden und meiner Familie.

Vor allem aber bedanke ich mich bei meinen Eltern, die mich während meiner gesamten Ausbildung liebevoll begleitet und bestärkt haben.

Ganz besonderer Dank gilt schließlich meinem Ehemann für seine fortwährende Unterstützung.

Hannover, August 2017 Karin-Maria Wagner

Inhaltsverzeichnis

Einleitung

Durch das am 3.5.2011 in Kraft getretene Schwarzgeldbekämpfungsgesetz[1] ist die Diskussion um die strafbefreiende Selbstanzeige und ihre Legitimation neu entfacht.[2] Die SPD hatte sich sogar für die Abschaffung der strafbefreienden Selbstanzeige ausgesprochen.[3] Als Resultat dieses politischen Diskurses hat der Gesetzgeber die Regelung der steuerstrafrechtlichen Selbstanzeige in § 371 AO erheblich verschärft. Neben der Abschaffung der Teilselbstanzeige durch das Vollständigkeitsgebot des § 371 Abs. 1 AO und der Einführung eines neuen Ausschlussgrundes nach § 371 Abs. 2 Nr. 1a) AO bindet der Gesetzgeber mit Einführung der §§ 371 Abs. 2 Nr. 3, 398a AO die strafbefreiende Wirkung der Selbstanzeige nunmehr für Hinterziehungsvolumen ab 50.000 Euro an die Zahlung eines Zuschlags i.H.v. 5 % der hinterzogenen Steuer.

Mit der gesetzlichen Neufassung sind jedoch zahlreiche Auslegungsschwierigkeiten entstanden, die zu berechtigter Kritik führen. So bleibt trotz gesetzlicher Neuregelung z.B. auch weiterhin die Frage unbeantwortet, ob die undolose Teilselbstanzeige im Umfang der Berichtigung weiterhin strafbefreiend wirkt. Weil die derzeitige Gesetzesfassung anders als der ursprüngliche Gesetzesentwurf[4] keine Regelung zur undolosen Teilselbstanzeige enthält, wird folgenschwer von einem Teil der Literatur die Ansicht vertreten, die bisweilen strafbefreiend wirkende undolose Teilselbstanzeige sei durch die Neuregelung des § 371 AO ausgeschlossen.[5] Schwierigkeiten bereitet auch die Charakterisierung des 5 %-Zuschlags in § 398a AO. Während der Gesetzgeber in § 398a AO eine dem § 153a StPO nachempfundene Regelung ohne Strafcharakter erblickt[6], werden fundamentale Bedenken im Hinblick auf seinen strafähnlichen Charakter geäußert und die Verletzung des Richtervorbehalts so-

---

[1] BGBl. I 2011, 676.

[2] Zur Diskussion vgl. Gehm, ZRP 2010, 169, 169 ff.

[3] Vgl. BT-Drucks. 17/1411.

[4] Vgl. BT-Drucks. 17/4182, S. 5.

[5] Vgl. Zanzinger, DStR 2011, 1397, 1399 f.; a.A. Hunsmann, NJW 2011, 1482, 1484, der richtigerweise davon ausgeht, dass der unbewusst handelnde Steuerpflichtige gerade nicht planvoll und bewusst mit der Teilselbstanzeige taktiere, was für eine Straffreiheit bei Abgabe unbewusst unrichtige Selbstanzeige streite.

[6] BT-Drucks. 17/5967, S. 20.

wie des Grundsatzes des schuldangemessenen Strafens beanstandet.[7] Zudem führt der persönliche Anwendungsbereich des § 398a AO zu einem dogmatischen Widerspruch zwischen § 398a AO und § 371 Abs. 2 Nr. 3 AO, wenn § 398a AO vom „Täter" spricht, der Ausschlussgrund des § 371 Abs. 2 Nr. 3 AO aber gleichsam auf den Anstifter und Gehilfen Anwendung finden kann. Diesem, aus der Feder des Gesetzgebers entsprungenen, Wertungswiderspruch, explizit die Schlechterstellung des Gehilfen gegenüber dem Täter, versuchen einige Stimmen in der Literatur mittels einer Überdehnung des Täterbegriffs entgegen zu wirken[8], während andere die Ausschlusswirkung des § 371 Abs. 2 Nr. 3 AO im Einklang mit § 398a AO teleologisch nur auf die täterschaftliche Steuerhinterziehung reduzieren (müssen).[9]

Anstoß findet zudem die Fixierung des Sperrgrundes gemäß § 371 Abs. 2 Nr. 3 AO auf die absolute Betragsgrenze von 50.000 Euro je Steuerart und Besteuerungszeitraum. Der Gesetzgeber orientierte sich dabei an der Rechtsprechung des BGH zu § 370 Abs. 3 S. 2 Nr. 1 AO, wonach das Merkmal des großen Ausmaßes als erfüllt angesehen wird, wenn der Hinterziehungsbetrag 50.000 Euro übersteigt.[10] Obwohl die strafbefreiende Wirkung der Selbstanzeige wegen des Regelbeispiels nach § 370 Abs. 3 S. 2 Nr. 1 AO damit nicht generell in besonders schweren Fällen ausgeschlossen ist, erinnert die Einführung der 50.000 Euro Grenze den kritischen Betrachter doch an die Gesetzeslage zu Zeiten des § 370a AO[11], der in seiner ursprünglichen Fassung die Selbstanzeige für den damaligen

---

[7] Vgl. Stellungnahme von Spatscheck vom 18.02.2011, S. 3, abrufbar unter http://webarchiv.bundestag.de/cgi/show.php?fileToLoad=3584&id=1223; DAV zu dem Gesetzentwurf der Fraktionen CDU/CSU und FDP vom 14.12.2010, abrufbar unter der PDF SN-9-11, http://anwaltverein.de/de/newsroom/id-2011-09.

[8] Rolletschke/Roth, Stbg 2011, 200, 206, die bei der Frage, ob der Anwendungsbereich des § 398a AO eröffnet ist, nicht die herkömmliche Abgrenzung von Täterschaft und Teilnahme zugrundelegen, sondern allein danach fragen, ob dem Täter oder Teilnehmer einer Steuerhinterziehung bei wirtschaftlicher Betrachtungsweise ein unmittelbarer Vorteil aus der Tat zugeflossen ist.

[9] Vgl. Heuel/Beyer, StBW 2011, 315, 316.

[10] BGH Urteil vom 2.12.2008 – 1 StR 416/08, BGHSt 53, 71, 80 ff.; BT-Drucks. 17/5057 (neu), S. 20 und 22.

[11] So z.B. Füllsack/Bürger, BB 2011, 1239, 1241.

Verbrechenstatbestand der gewerbs- oder bandenmäßigen Steuerhinterziehung ausgeschlossen hatte.[12]
Diese „Reform“ des § 371 AO gibt Anlass zu einer wissenschaftlichen Arbeit, die sich mit den Grundlagen der strafbefreienden Selbstanzeige beschäftigt und den Gedanken der „Wiedergutmachung“ als einen der strafbefreienden Selbstanzeige immanenten Wesenszug wieder aufgreift.

Hierfür soll diese Arbeit zunächst auf der nationalen Ebene von Deutschland (1.) bei der Darstellung der divergierenden Legitimationstheorien (1.1.) ansetzen. Sodann soll in einem ersten Schritt das Thema erörtert werden: „Die strafbefreiende Selbstanzeige: Wandlungen im Verständnis der Wiedergutmachung“ (1.2.). Dieser Abschnitt geht von der These aus, dass es sich bei der strafbefreienden Selbstanzeige nach § 371 AO um eine strafrechtliche Wiedergutmachung handelt. Die Bearbeitung dieser Thematik erfordert ihrerseits die Erörterung des Begriffs „Wiedergutmachung“, die Auseinandersetzung mit den Strafzwecken und vor allem die Aufarbeitung der Argumente, die gegen den Wiedergutmachungscharakter der Selbstanzeige sprechen. Gerade hier wird von den Kritikern des strafrechtlichen Legitimationsansatzes immer wieder die Unvereinbarkeit mit den Strafzwecken betont.[13]

Komplementär zu dem Ziel dieser wissenschaftlichen Arbeit, die „Wiedergutmachung“ im Steuerstrafrecht als einen der Hauptgedanken aufzugreifen, bedarf es zur Vervollständigung der unter (1.2.) genannten Thematik auch der Auseinandersetzung mit der Fragestellung, ob und inwieweit der heutige Gesetzgeber und die Rechtsprechung der Selbstanzeige als „Wiedergutmachung“ (noch legitime?) Hürden aufstellen. Zur Beantwortung dieser Frage dient methodisch der rechtsgeschichtliche Vergleich, mit dessen Hilfe die Ursachen und die Abwandlungen der strafbefreienden Selbstanzeige erforscht werden sollen. Dieser Vergleich wird bei dem Preußischen Einkommensteuergesetz 1891 ansetzen und die Entwicklungen der RAO 1919, 1931 und 1939, der AO 1977, der Regelung des § 370a AO, des StraBEG und des BGH Beschlusses v. 20.5.2010 – 1 StR 577/09 bis hin zur oben dargestellten Reform, insb. §§ 371 Abs. 2 Nr. 3, 398a AO untersuchen. Weil die strafbefreiende Selbst-

[12] Zur Entwicklung des § 370a AO siehe Sommer/Füllsack, Stbg 2002, 355 ff.
[13] Jüngst erst durch Kuhlen, Grundfragen der Steuerhinterziehung, S. 180 ff.

anzeige vor allem aber auch ein praktisches Rechtsinstitut[14] ist – alleine seit Februar 2010 verbuchten die Länder mehr als 60.000 Selbstanzeigen[15] – wird die wissenschaftliche Arbeit auch „Die praktische Anwendung der Selbstanzeige: Kontroverse Entscheidungen der Straf- und Finanzgerichte" bündig darstellen.

Auf internationaler Ebene dient im Anschluss der Vergleich des Rechts mit den Ländern „Österreich" (2.) und „Schweiz" (3.) einem vertiefenden Verständnis über möglichen Inhalt und Handhabung der strafbefreienden Selbstanzeige als „Wiedergutmachung". Dabei eignen sich beide Länder in einer besonders hervorzuhebenden Art und Weise zum Rechtsvergleich, weil sie zwar dem deutschen Rechtskreis angehören, Österreich den Gedanken der Wiedergutmachung aber auch auf andere Vermögensdelikte erweitert (§ 167 ÖStGB) und die Schweiz seit dem 1. Januar 2010 die Inanspruchnahme der straflosen Selbstanzeige auf Bundesebene durch Art. 175 Abs. 3 DBG nur einmalig gewährt.[16]

Der Rechtsvergleich mit den österreichischen Regelungen soll – in Anlehnung an die Ausführungen zur strafbefreienden Selbstanzeige in Deutschland – zunächst § 29 FinStrG (2.1.) als dogmatisches Pendant zum § 371 AO erörtern. Bemerkenswert ist dabei § 29 Abs. 6 FinStrG, der ähnlich wie § 398a AO die strafbefreiende Wirkung nur eintreten lässt, wenn neben der Erfüllung der übrigen Voraussetzungen eine mit Bescheid der Abgabenbehörde festzusetzende Abgabenerhöhung (Zuschlag) entrichtet wird. Weiterhin darf der Rechtsvergleich mit den österreichischen Bestimmungen zur Wiedergutmachung einer Würdigung des Rechtsinstituts der tätigen Reue, § 167 ÖStGB, nicht entbehren (2.2.). Maßgeblich sind hierbei die Fragen, warum in zwei verwandten Rechtssystemen nur das österreichische ein allgemeines Prinzip der obligatorisch strafbefreienden Wiedergutmachung für Vermögensdelikte aner-

---

[14] Vgl. hierzu insb. Süddeutsche Zeitung vom 17. Mai 2010, http://www.sueddeutsche.de/politik/kauf-der-steuer-cd-schaeuble-raet-steuersuendern-zur-selbstanzeige-1.68192.

[15] Quelle Süddeutsche Zeitung vom 2. Januar 2014, http://www.sueddeutsche.de/wirtschaft/kriterien-fuer-straffreiheit-mehr-haerte-gegen-steuerhinterzieher-1.1854292.

[16] Zur näheren Darstellung S. 127 ff.

kennt und ob das deutsche Rechtssystem eine gleichgelagerte Würdigung der Wiedergutmachungsleistung normativ vornehmen könnte und sollte.

Weiter möchte der Rechtsvergleich mit den schweizerischen Bestimmungen zur strafbefreienden Selbstanzeige den Fokus auf Art. 175 Abs. 3 DBG lenken, wonach es für ein Absehen der Strafverfolgung erforderlich ist, dass die steuerpflichtige Person erstmals eine Steuerhinterziehung selbst anzeigt und die Hinterziehung keiner Steuerbehörde bekannt ist, die steuerpflichtige Person die Verwaltung bei der Festsetzung der Nachsteuer vorbehaltslos unterstützt und sie sich ernstlich um die Bezahlung der geschuldeten Nachsteuer bemüht. Jede weitere Selbstanzeige führt unter den oben genannten Voraussetzungen nur zur Ermäßigung der Buße. Damit weist die Regelung gleich zwei Besonderheiten auf, die es in der Forschungsarbeit zu untersuchen und zu vergleichen gilt. Im Blickfeld der Betrachtung steht vor allem die einmalige Gewährung von Straffreiheit. Untersuchungsbedürftig sind in diesem Kontext die Rechtsnatur dieser einmalig straflosen Selbstanzeige, ihr Zweck und die Fragestellung, ob es sich hierbei um die positive Anerkennung einer Wiedergutmachungsleistung handelt. Bemerkenswert und deswegen auch zum Rechtsvergleich besonders geeignet ist Art. 175 Abs. 3 c DBG, wonach von einer einmaligen Strafverfolgung bereits dann abgesehen wird, wenn sich die steuerpflichtige Person um die Bezahlung der geschuldeten Steuer ernsthaft bemüht. Anders als die deutsche Regelung, die gemäß § 371 Abs. 3 AO zur Erlangung der Straffreiheit neben der Berichtigung der Angaben auch die Entrichtung der verkürzten Steuern verlangt, legt Art. 175 Abs. 3 c DBG dem Täter einer Steuerhinterziehung das Erfolgsabwendungsrisiko somit nicht gänzlich auf. Sodann wird diese wissenschaftliche Arbeit danach fragen, ob eine derartige Regelung als Anwendungsfall im deutschen Steuerstrafrecht sinnvoll und mit dem Gedanken der Wiedergutmachung vereinbar wäre.

Schließlich soll gesondert bis zu den erneuten Plänen von Bund und Länder die Anforderungen zur Erlangung von Straffreiheit weiter zu verschärfen[17], der Ausblick (4.) auf die ggf. bevorstehenden Neuregelungen dargestellt und bündig gewürdigt werden.

---

[17] Detaillierte Ausführung auf S.169 ff.

1. Die strafbefreiende Selbstanzeige in Deutschland

1.1. Legitimation der strafbefreienden Selbstanzeige

Der Anknüpfungspunkt einer wissenschaftlichen Arbeit, die sich auf die Grundlagen der strafbefreienden Selbstanzeige besinnt und ihre Wertigkeit als „strafrechtliche Wiedergutmachung" untersucht, ist selbstverständlich die Frage um die Legitimation des populären Rechtsinstituts, die auch nach über hundertjährigem Bestehen[18] immer noch umstritten ist. Da diese Arbeit ihr Augenmerk auf den „wiedergutmachenden" Aspekt der strafbefreienden Selbstanzeige richten wird, sollen im Folgenden die verschiedenen Rechtfertigungsansätze zum besseren Verständnis über die Kontroverse um die Existenz und die Anwendung der strafbefreienden Selbstanzeige prägnant dargestellt werden.

1.1.1. Der fiskalzwecktheoretische Legitimationsansatz

In der Rechtsprechung und der Literatur gilt die strafbefreiende Selbstanzeige als überwiegend fiskalisch motiviert und damit steuerpolitisch legitimiert.[19] In der Folge unterliegt sie einer außerstrafrechtlichen Deutung und wird damit isoliert zur „Ausnahmeerscheinung"[20] im deutschen Strafrecht statuiert. Dieser Ausnahmecharakter wird von vielen Anhängern der fiskalpolitischen Konzeption häufig zum Anlass genommen, der strafbefreienden Selbstanzeige eine rein steuerpolitische Wertung zugrundezulegen und ihr jeglichen strafrechtlichen Charakter abzusprechen, trotz dessen, dass sie im steuerstrafrechtlichen Teil der AO geregelt ist.[21]

---

[18] Vgl. zur geschichtlichen Wandlung vertiefend, S. 98 ff.

[19] RGSt 57, 313, 315; RGSt 70, 350, 351; BGHSt 12, 100, 101; BGHSt 29, 37, 40; OLG Hamburg, NJW 1970, 1385, 1386; Joecks in Franzen/Gast/Joecks, Steuerstrafrecht, § 371, Rnr. 19; Jäger in Klein, AO, § 371, Rnr. 2; Seer in Tipke/Lang, Steuerrecht, § 23, Rnr. 55; Weyand, StBp 1989, 106, 107; Bilsdorfer, wistra 1984, 93, 93; Mösbauer, DStZ 1985, 325, 325 f.

[20] BayObLG, wistra 85, 117, 117; ähnlich auch Frees, Die steuerrechtliche Selbstanzeige, S. 61 („absolute Ausnahmestellung des § 371 AO im System des strafbefreienden Täterverhaltens"); Baur, BB 1983, 498, 498; Franzheim, NStZ 1982, 137, 138.

[21] So meinen Lenckner/Schumann/Winkelbauer, die Regelung des § 371 AO lasse sich „[…] aus der Sicht des Strafrechts nicht begründen.", wistra 1983,

Nach den Vertretern der Fiskaltheorie schließt der steuerpolitische Legitimationsansatz aus dem tatsächlichen Unvermögen des Staates, alle verheimlichten Steuerquellen ohne die Mithilfe des Steuerpflichtigen aufdecken zu können und korrespondiert zugleich mit seiner Pflicht, eine gleichmäßige Veranlagung zu gewährleisten.[22] Der Staat befinde sich bei der Erfüllung seiner gesetzlichen Pflichten in der äußert diffizilen Lage, auf die Mitwirkung der Steuerpflichtigen angewiesen zu sein, weil die Steuer trotz des § 3 AO nur dann in richtiger Höhe erhoben werden könne, wenn die Finanzbehörden von allen steuererheblichen Tatsachen in vollem Umfang Kenntnis erlangten.[23] Diese von *Firnhaber* als dauernder „Notstand"[24] umschriebene Situation des Staates bildet den Grundstock für die fiskalische Erklärung der strafbefreienden Selbstanzeige. Weil die mit der Strafandrohung des § 370 AO verbundene abschreckende Wirkung und die bestehenden Kontrollmechanismen dem Staat als nicht ausreichend erscheinen, um die Erschließung aller verborgenen Steuerquellen zu gewährleisten, versuche der Staat mit Hilfe der in § 371 AO in Aussicht gestellten obligatorischen Straffreiheit dazu anzureizen, die bislang versäumten steuerlichen Pflichten, nämlich Erklärung und Nachzahlung, nachträglich zu erfüllen, um so die verborgenen Steuerquellen zu erschließen und schließlich das Steueraufkommen zu vermehren.[25] Gerade die Koppelung der strafbefreienden Wirkung an das unbedingte Nachzahlungserfordernis aller verkürzten Steuern (§ 371 Abs. 3 AO) bezeuge den allein fiskalischen Zweck der strafbefreienden Selbstanzeige.[26] Das Rechtsinstitut des § 371 AO entspreche nach dieser Zwecksetzung damit dem Bestreben des Staates „[...] in den Besitz aller ihm geschuldeten Steuern zu gelangen, derer er bedarf, um seine Aufgaben zu

---

123, 124; auch Franzen in Franzen/Gast/Samson, Steuerstrafrecht, § 371, Rnr. 16, hält einen strafrechtlichen Legitimationsansatz für überflüssig, weil die strafbefreiende Selbstanzeige legitimen steuerpolitischen Erwägungen entspreche.

[22] Vgl. Rüping in Hübschmann/Hepp/Spitaler, Abgabenordnung, § 371, Rnr. 19 f.

[23] Franzen in Franzen/Gast/Samson, Steuerstrafrecht, § 371, Rnr. 16; vgl. zur misslichen Lage des Staates auch die Ausführungen bei Löffler, Grund und Grenzen der steuerstrafrechtlichen Selbstanzeige, S. 18 ff.

[24] Firnhaber, Die strafbefreiende Selbstanzeige, S. 19.

[25] BGHSt 29, 37, 40; BGH, wistra 1987, 342, 343;

[26] Statt vieler, Kohlmann, Steuerstrafrecht, § 371, Rnr. 11.

erfüllen."[27] Gleichzeitig käme der strafbefreienden Selbstanzeige durch die Rückführung der hinterzogenen Steuern die Bestimmung zu, den Grundsatz über die Gleichmäßigkeit der Besteuerung wiederherzustellen.[28] Von der strafbefreienden Selbstanzeige sei mit Blick auf die fiskalischen Interessen des Staates also in möglichst großem Maße Gebrauch zu machen.[29]

In der Folge einzig fiskalischer Zweckerwägungen und zur Stärkung des Anreizeffektes tendierte das Verständnis von der Selbstanzeige in der Vergangenheit dahingehend, die positiven Voraussetzungen eher weit und die Sperrgründe des § 371 Abs. 2 AO eher eng zu interpretieren.[30] Die extensive Auslegung des § 371 AO ging sogar soweit, die strafbefreiende Selbstanzeige auch dann noch als wirksam zu erachten, wenn sie von einem Dritten ohne Auftrag des Steuerhinterziehers eingereicht worden wäre und dieser sie genehmigt hätte.[31]
Unter Zugrundelegung dieser fiskalpolitischen Erwägungen erklären sich die Ausschlussgründe des § 371 Abs. 2 AO als Umstände, die nach dem gewöhnlichem Verlauf der Dinge zu einer Entdeckung der verborgenen Steuerquelle führen, sodass die Strafbefreiung ab diesem Zeitpunkt als nicht mehr gerechtfertigt erscheint. Um einen möglichst großen Anreizeffekt zu erzielen, sprachen sich die Vertreter der Fiskaltheorie dann auch dafür aus, die Sperrgründe des § 371 AO steuerpolitischen Zweckbestrebungen zu unterwerfen und sie restriktiv zu handhaben.[32]
Als Folge der außerstrafrechtlichen Zweckorientierung verneinen die Vertreter der Fiskaltheorie schließlich jegliches Freiwilligkeitserforder-

---

[27] BGHSt 12, 100, 101; vgl. auch BayObLG, wistra 1985, 117, 117; OLG Hamburg, NJW 1970, 1385, 1386; Marschall, BB 1998, 2497, 2497; Müller, Stbg 2006, 137, 140; Teske, wistra 1990, 139, 139; Weinreuter, DStZ 2000, 398, 398.
[28] BGH, wistra 1996, 259, 259 f.; Röckl, Das Steuerstrafrecht im Spannungsfeld, S. 347.
[29] Vgl. hierzu RG, RStBl. 1942, 865, 867.
[30] Statt vieler auch Frick, DStR 1986, 429, 430; Keller/Kelnhofer, wistra 2001, 369, 370.
[31] Rolletschke, Die Steuerhinterziehung, Rnr. 342; krit. Kratzsch, StuW 1974, 68, 72f.
[32] BGH, wistra 1983, 197, 197; Streck, NStZ 1987, 563, 563; Frick, DStR 1986, 429, 430.

nis.[33] Ein ethischer Wert der Selbstanzeige, entsprechend den Vorschriften über die tätige Reue oder § 24 StGB, werde nach dem Wortlaut des § 371 AO gerade nicht gefordert.[34] Vielmehr habe der Gesetzgeber bei der wechselhaften Ausgestaltung des § 371 AO bewusst darauf verzichtet dem Rechtsinstitut der strafbefreienden Selbstanzeige das Merkmal der Freiwilligkeit zu implizieren, sodass sich sowohl nach Wortlaut als auch Historie jegliches Hineinlesen einer Freiwilligkeit verbiete.[35] Die der strafbefreienden Selbstanzeige zugrundeliegende Motivation sei damit ohne Bewandtnis für die Erlangung von Straffreiheit.[36]

Angesichts der extensiven Auslegung in Folge fiskalpolitischer Interpretation, überrascht es nicht, dass dem Legitimationsansatz der Fiskaltheorie trotz seiner Popularität verschiedentlich widersprochen wird. Die bestehenden Zweifel betreffen dabei vornehmlich den von dem Fiskalansatz propagierten Anreizeffekt und seine Wirksamkeit hinsichtlich steuerlicher Mehreinnahmen.[37] Die Kritiker verweisen bei ihren Ausführungen auf die fehlenden empirischen Erkenntnisse über die tatsächliche Anreizwirkung der strafbefreienden Selbstanzeige und die im Verhältnis hierzu tatsächlich geringen Mehreinnahmen.[38] Obwohl dem fiskalzwecktheoretischen Legitimationsansatz zugestanden werden muss, dass die Vorschrift des § 371 AO kein Freiwilligkeitserfordernis vorsieht und sich das Hineinlesen jeglichen Freiwilligkeitsmerkmals schon im Hinblick auf Art. 103 Abs. 2 GG verbietet, ist die o.g. Kritik nicht gänzlich unberechtigt. Die Rechtfertigung der strafbefreienden Selbstanzeige mit dem fiskalischen Argument der Aufdeckung verheimlichter Steuerquellen stößt insbesondere in den Fällen an ihre Grenze, wo die Tat im Zeitpunkt der

---

[33] BGH, NStZ 1987, 562, 563; BayObLGSt 1985, 18, 21; Rüping in Hübschmann/Hepp/Spitaler, Abgabenordnung, § 371, Rnr. 23; Rüping, DStR 2010, 1768, 1769; Joecks in Franzen/Gast/Joecks, Steuerstrafrecht, § 371, Rnr. 16; Lencker/Schumann/Winkelbauer, wistra 1983, 123, 124.

[34] BayObLGSt 1972, 39, 41; auch OLG Frankfurt, BB 1962, 126, 126 f.

[35] Rüping in Hübschmann/Hepp/Spitaler, Abgabenordnung, § 371, Rnr. 23; vgl. auch Holper, Die steuerrechtliche Selbstanzeige, S. 136 f.

[36] Firnhaber, Die strafbefreiende Selbstanzeige, S. 50; Gußen, StB 1997, 358, 359; Blumers, wistra 1985, 85, 86.

[37] Tiedemann, JR 1975, 385, 387; Müller, DB 1981, 1480, 1482; Hoffschmidt, Über die Rechtfertigung der strafbefreienden Selbstanzeige, S. 89 f.; Löffler, Grund und Grenzen der steuerstrafrechtlichen Selbstanzeige, S. 27 ff.

[38] Löffler, Grund und Grenzen der steuerstrafrechtlichen Selbstanzeige, S. 56 ff.

Berichtigung bereits entdeckt war, die Straffreiheit aber weiterhin demjenigen eingeräumt wird, der von der Tatentdeckung nichts wusste oder bei verständiger Würdigung der Sachlage nicht damit rechnen musste (§ 371 Abs. 2 Nr. 2 AO). Hätte § 371 AO einzig den Zweck, verborgene Steuerquellen freizulegen und damit Mehreinnahmen zu generieren, müsste die Strafbefreiung unabhängig von der Kenntnis oder des Kennenmüssens des Täters, mit der Tatentdeckung ausgeschlossen werden. Bereits dieser Umstand spricht dafür, der strafbefreienden Selbstanzeige eine über die rein fiskalzwecktheoretische Legitimation hinausgehende Rechtfertigung einzuräumen.

1.1.2. Der kriminalpolitische Legitimationsansatz

Daneben wird auch ein kriminalpolitischer Ansatz vertreten, wonach das Institut der Selbstanzeige dem Täter einen Anreiz und die Möglichkeit biete, in die „Steuerehrlichkeit“[39] zurück zu kehren.[40] In jüngster Zeit hat gerade die Gewichtung dieser „Steuerehrlichkeit“ in der politischen Diskussion[41] und in der Rechtsprechung[42] zunehmend an Bedeutung gewonnen und den Einfluss des fiskalischen Zwecks dezimiert.[43]

Der kriminalpolitische Legitimationsansatz wird von einigen Autoren auf den Ermittlungsnotstand des Staates zurück geführt[44], wie er auch zur Rechtfertigung der Fiskaltheorie herangezogen wird. Weil die Steuerhinterziehung keine sichtbaren Spuren hinterlasse und die Kontrollmöglichkeiten des Staates durch den begrenzten Personaleinsatz nur in unzureichendem Umfang die Aufklärung der Steuerstraftaten erlauben, fun-

---

[39] BGHSt 55, 180, 182.
[40] BGHSt 3, 373, 375; Bilsdorfer, wistra 1984, 93, 93;
[41] So hatte sich die SPD für die Abschaffung der Selbstanzeige ausgesprochen, BT-Drucks. 17/ 1411.
[42] Vgl. BGH vom 20.5.2010 – 1 StR 577/09, BGHSt 55, 180 ff.
[43] Vgl. BGH vom 20.5.2010 – 1 StR 577/09, BGHSt 55, 180, 182 ff.
[44] Vgl. Frees, Die steuerrechtliche Selbstanzeige, S. 130; diesen Legitimationsansatz ausführend, dann aber letztlich ablehnend, Hunsmann, Das steuerstrafrechtliche Selbstanzeigeprivileg, S. 58 ff.

giere die strafbefreiende Selbstanzeige als kriminalpolitische Lösung zur Behebung dieser staatlichen Notstandssituation.[45]
Tatsächlich erweist sich der Ermittlungsnotstand des Staates jedoch als unzureichend zur kriminalpolitischen Rechtfertigung der strafbefreienden Selbstanzeige, weil das darin liegende Interesse, verborgene Steuerquellen sichtbar zu machen, keinem kriminalpolitischen, sondern schlicht einem fiskalischen Verlangen auf Mehreinnahmen entspringt. Ginge es dem Staat einzig um die kriminalpolitische Aufdeckung der Steuerstraftaten, müsste die strafbefreiende Selbstanzeige nicht an die obligatorische Nachzahlung gekoppelt werden. Auch erklärt der Ermittlungsnotstand nicht, warum der Staat, für alle ähnlich gestrickten Vermögensdelinquenzen (etwa Betrug), keine vergleichbaren Regelungen zur Tatentdeckung schafft, sondern sich auf die "profitable" Steuerhinterziehung beschränkt.[46] Der Ermittlungsnotstand kann damit lediglich als Grundlage zur Begründung des fiskaltheoretischen, nicht aber des kriminalpolitischen Zweckansatzes fungieren.

Die eigentliche kriminalpolitische Rechtfertigung der Selbstanzeige stützt sich nach herrschender Ansicht daher auch nicht auf den Ermittlungsnotstand, sondern auf die mit der strafbefreienden Selbstanzeige geschaffene Möglichkeit zur Rückkehr in die „Steuerehrlichkeit".[47] Richtete sich dieser kriminalpolitische Ansatz in der Vergangenheit vornehmlich darauf dem unentschlossenen Täter einen Anreiz zur schleunigen Aufgabe seines gesetzeswidrigen Handelns zu bieten[48], wendet er sich heute überwiegend an diejenigen Täter, die der Rechtsordnung fortan entsprechen wollen. Die Eigenheiten des Steuerstrafrechts hinderten sie aber, ohne die Möglichkeiten zur strafbefreienden Selbstanzeige, daran. Die dahinter

---

[45] Frees, Die steuerrechtliche Selbstanzeige, S. 76 ff., 130; vgl. auch Hunsmann, Das steuerstrafrechtliche Selbstanzeigeprivileg, S. 58.
[46] So auch Hunsmann, Das steuerstrafrechtliche Selbstanzeigeprivileg, S. 59.
[47] RGSt 57, 313, 315; BGHSt 3, 373, 374; 55, 180 ff.; Mattern, NJW 1951, 937, 937; Bringewat, JZ 1980, 347, 350; Pfaff, Kommentar zur steuerlichen Selbstanzeige, S. 15; Suhr, StBp 1975, 80, 81; Zöbeley, DStZ 1984, 198, 198; Mösbauer, DStZ 1985, 325, 326; Blumers, wistra 1985, 85, 86.
[48] Insoweit führte das Reichsgericht zu der tätigen Reue aus, ihr Zweck sei es „[…] dem Übeltäter durch Inaussichtstellen von Straflosigkeit bei freiwilliger Rückkehr auf den Boden des Rechts einen möglichst wirksamen Anreiz zu schleuniger Aufgabe seines gesetzeswidrigen Verhaltens mit allen Auswirkungen zu bieten […]", RGSt 57, 313, 315.

stehende Überlegung betrifft damit denjenigen Täterkreis, der nach jahrelanger fortgesetzter Steuerhinterziehung gegenüber den Finanzbehörden künftig vollständige und richtige Angaben erklären möchte, sein dann aber bestehendes rechtstreues Verhalten unweigerlich die Preisgabe seiner Taten zur Folge hätte. Diese Täter befänden sich, gerade im Hinblick auf die periodisch wiederkehrenden Steuererhebungen in einer fortgesetzten Zwickmühle, die ohne die strafbefreiende Selbstanzeige zur weiteren Unrechtsverstrickung führe, zumindest wenn sich der Täter nicht selbst einer Strafverfolgung aussetzen wolle.[49] Diese metaphorische „goldene Brücke" der Selbstanzeige ist nach den Anhängern des kriminalpolitischen Legitimationsansatzes demnach ein kriminalpolitisch notwendiges Mittel des Staates, um dem zwiegespaltenen Steuerstraftäter bei seiner Entscheidungsfindung zu bekräftigen und ihm einen Weg zurück in die Steuerehrlichkeit zu bereiten.[50] In dieser Rolle fungiere die Selbstanzeige sogar als Mittel zur Hebung der „Steuermoral"[51], weil der sich nach § 371 AO selbstanzeigende Täter damit rechne, zukünftig von den Finanzbehörden verstärkt beobachtet zu werden und ihn dies schon zur Rechtstreue anhalten werde. Weitergehend wird vereinzelt sogar vertreten, die strafbefreiende Selbstanzeige finde ihre kriminalpolitische Rechtfertigung in der Wiederherstellung des Steuerfriedens zwischen Steuerstraftäter und Finanzbehörde.[52]

Der kriminalpolitische Legitimationsansatz zur strafbefreienden Selbstanzeige weist augenscheinlich Parallelen zu dem im Rücktrittsrecht lange

---

[49] Firnhaber, Die strafbefreiende Selbstanzeige, S. 35; Hoffmann, Ausschlusstatbestände der Selbstanzeige, S. 12 f.; zur Überspannung der strafbefreienden Selbstanzeige als „goldene Brücke" vgl. BFH vom 1.2.2012 – VII B 234/11, welcher die Ausübung von Zwangsmitteln für als solange zulässig erachtet, wie der Steuerpflichtige sich noch selbst strafbefreiend nach § 371 AO anzeigen kann. Auf die Gefahr, dass die Finanzämter infolge dieser mehr als fragwürdigen Wertung mit Androhung und Festsetzung von Zwangsmitteln die Abgabe strafbefreiender Selbstanzeigen bewusst beeinflussen könnten, zu recht hinweisend, Jesse, DB 2013, 1803, 1811.

[50] RGSt 57, 313, 315.

[51] Mattern, NJW 1951, 937, 937; Vgl. auch Suhr, StBp 1975, 80, 81.

[52] Vgl. vertiefend zu diesen einzeln vertretenen Meinungen, Hunsmann, Das steuerstrafrechtliche Selbstanzeigeprivileg, S. 63 m.w.N., der solche Legitimationsansätze, im Hinblick auf das wohl kaum zwischen Finanzbehörden und Steuerstraftätern bestehende Vertrauensverhältnis, zu recht ablehnt.

Zeit herrschendem Dogma auf, das in Aussicht stellen der Straffreiheit biete dem Täter einen Anreiz zur Rückkehr ins Recht.[53] Der ursprünglich von *v. Feuerbach* ins Leben gerufene Gedanke, den reuigen Täter nicht mit Strafdrohung von der Rückkehr seiner Taten abzuhalten, verkehrte sich im Laufe wissenschaftlicher Entwicklung zur der positiven Akzentuierung der Anreizwirkung.[54] Diese in der Literatur und Rechtsprechung lange Zeit herrschende Anreiztheorie des Rücktritts wurde vielfach kritisiert.[55] Die Kritik wendete sich vor allem gegen die der Anreiztheorie innewohnenden Prämissen, die Straflosigkeit sei im Bewusstsein des Täters behaftet und nach rationaler Abwägung der Umstände entscheide sich der Täter vernünftigerweise für die Abwendung der Vollendung.[56] *Bockelmann* hielt diese Psychologie für „wirklichkeitsfremd"[57]. Diese kritischen Ausführungen lassen sich im Hinblick auf eine Anreizwirkung der strafbefreienden Selbstanzeige nicht eins zu eins übertragen, da die mit ihr verbundene Straffreiheit in den Medien eben jüngst geradezu propagiert wurde[58], sodass sich ein gewisses Bewusstsein der in Aussicht gestellten Straffreiheit bei dem betroffenen Täterkreis nicht von der Hand weisen lassen wird[59] und überdies eben dieser Täterkreis auch noch nach

---

[53] Vgl. RGSt 6, 341, 342; RGSt 17, 243, 244; BGHSt 6, 85, 87; Allfeld in Festgabe für Frank, Bd. II, 74, 76; Mezger, Strafrecht, S. 403; Puppe, NStZ 1984, 488, 490.

[54] Vgl. zu dieser Entwicklung die Ausführungen von Bockelmann, NJW 1955, 1417, 1419.

[55] Vgl. insbesondere BGHSt 9, 48, 52; Bockelmann, NJW 1955, 1417, 1420; Schröder, MDR 1956, 321, 322.

[56] Vgl. die Ausführungen bei Bockelmann, NJW 1955, 1417, 1419; auch der BGH hat schließlich eingestanden, dass der Täter in den meisten Fällen des strafrechtlichen Versuchs überhaupt nicht an die strafrechtlichen Folgen denke, BGHSt 9, 48, 52.

[57] Bockelmann, NJW 1955, 1417, 1419.

[58] Vgl. nur die Hinweise auf die strafbefreiende Wirkung der Selbstanzeige in http://www.zeit.de/wirtschaft/2013-04/steuer-selbstanzeige-straffreiheit; http://www.deutsche-handwerks-zeitung.de/selbstanzeigen-in-rekordhoehe-wer-straffreiheit-erwarten-kann/150/3098/208328/.

[59] So verdreifachte sich z.B. fast die Zahl der Selbstanzeigen in Rheinland-Pfalz nach Bekanntwerden der Ermittlungen gegen Uli Hoeneß im Vergleich zu den Monaten davor, vgl. Süddeutsche Zeitung vom 2. Januar 2014, http://www.sueddeutsche.de/wirtschaft/kriterien-fuer-straffreiheit-mehr-haerte-gegen-steuerhinterzieher-1.1854292.

Vollendung der Tat Gelegenheit hat sich strafbefreiend anzuzeigen, wodurch ihm dieses “Zeitfenster“ zumindest die Option anbietet, sich rechtskonform zu verhalten.[60] Nichtsdestotrotz lässt sich auch hier das Bewusstsein über die mit der Selbstanzeige in Aussicht gestellte Straffreiheit nicht verifizieren, sodass sich die Anreizwirkung der Selbstanzeige zumindest empirisch nicht nachweisen lässt.[61] Die Kritik gegen den kriminalpolitischen Legitimationsansatz sollte sich in erster Linie aber nicht gegen die zweifelhafte Anreizwirkung der strafbefreienden Selbstanzeige richten, sondern vor allem gegen die Heranziehung unbestimmter (noch nicht einmal Rechts-) Begriffe wie „Steuerehrlichkeit“ und „Steuermoral“, denn der Rückgriff auf derartiges verleitet im Zweifelsfall zu jedweder Auslegung der Norm. So hat sich 2010 der BGH unter Berufung auf die „Steuerehrlichkeit“ über den Wortlaut des § 371 Abs. 1 AO und damit der in Art. 103 Abs. 2 GG statuierten Verfassungsgarantie hinweg gesetzt und die bis dato in Praxis und Literatur anerkannte Teilselbstanzeige für unwirksam erklärt.[62]

1.1.3. Der strafrechtliche Legitimationsansatz

Unter Berücksichtigung der mit der Selbstanzeige einhergehenden obligatorischen Straffreiheit, verwundert es nicht, dass neben dem fiskalischen und dem kriminalpolitischen Rechtfertigungsansatz auch eine strafrechtliche Legitimation des § 371 AO angenommen wird.
Dabei wird die strafbefreiende Selbstanzeige von einigen Anhängern des strafrechtlichen Legitimationsansatzes systematisch den strafrechtlichen Rücktrittsvorschriften des Kernstrafrechts zugeordnet.[63] Zwar greife § 24

---

[60] Auch Bockelmann schließt die Anreizwirkung der strafbefreienden Selbstanzeige nicht aus, NJW 1955, 1417, 1420, Fn. 41.
[61] Löffler empfindet die mit der strafbefreienden Selbstanzeige verbundene Anreizwirkung sogar als noch wirklichkeitsfremder als für den Rücktritt ohnehin angenommen und verweist dabei auf die vielfach gehandhabte restriktive Auslegung der Ausschlussgründe und die geringe Entdeckungsgefahr, Grund und Grenzen der steuerstrafrechtlichen Selbstanzeige, S. 64 f.
[62] BGHSt 55, 180 ff.; vgl. zur detaillierteren Darstellung auch die Ausführungen auf S. 111 ff.
[63] Schon früh vertreten von Rüffelmacher, Die strafbefreiende Wiedergutmachung im Steuerstrafrecht (§§ 410, 411 AO), S. 46 ff.; Breyer, Der Inhalt der

StGB nach formeller Vollendung der Tat nicht mehr ein, das Kernstrafrecht kenne jedoch eine Vielzahl von Delikten, die oftmals unter dem Begriff der tätigen Reue „der Sache nach einen Rücktritt vom vollendeten Delikt“[64] zuließen.[65] So gewähre das Kernstrafrecht mit unterschiedlicher Rechtsfolge den Rücktritt bei vorgelagertem Vollendungszeitpunkt, trotz Schadenseintritts und auch noch nach Beendigung der Tat.[66] Wegen der Vergleichbarkeit der strafbefreienden Selbstanzeige mit den Delikten des allgemeinen Strafrechts, die auch nach Vollendung der Tat die Rückgängigmachung honorierten, dürfe die strafbefreiende Selbstanzeige auch nicht als einzigartige Ausnahmeerscheinung[67] gewertet werden, sondern sei systematisch Teil der strafrechtlichen Rücktrittsvorschriften und unterliege damit den Erkenntnissen der Strafrechtswissenschaft.[68] Daran ändere auch das Freiwilligkeitserfordernis des § 24 StGB nichts, denn die Ausschlussgründe in § 371 Abs. 2 AO normierten eine dem Freiwilligkeitserfordernis korrespondierende „gesetzlich formalisierte Unfreiwilligkeit“[69]. Weil es dem Gesetzgeber freistehe, das Erfordernis der Freiwilligkeit positiv rechtlich oder negativ rechtlich durch abschließend benannte Ausschlussgründe zu regeln, könne das Fehlen eines expliziten Freiwilligkeitserfordernis nicht den Schluss rechtfertigen, die strafbefreiende Selbstanzeige sei nicht in die Systematik der Rücktrittsvorschriften einzuordnen.[70] So handle beispielsweise auch derjenige Täter, der seine Angaben erst nach Mitteilung von der Einleitung eines Straf- oder Bußgeldverfahrens berichtige, nicht mehr autonom, sondern lediglich unter äußerem Zwang.[71]

---

strafbefreienden Selbstanzeige, S. 41; Löffler, Grund und Grenzen der steuerstrafrechtlichen Selbstanzeige, S. 165 f.

64 Breyer, Der Inhalt der strafbefreienden Selbstanzeige, S. 28.

65 Vgl. hierzu Breyer, Der Inhalt der strafbefreienden Selbstanzeige, S. 27 f.

66 Vertiefend Breyer, Der Inhalt der strafbefreienden Selbstanzeige, S. 28 ff.

67 So hat z.B. Seckel die strafbefreiende Selbstanzeige eine „absolute Ausnahme im deutschen Strafrecht“ genannt, Die Steuerhinterziehung, S. 71.

68 Breyer, Der Inhalt der strafbefreienden Selbstanzeige, S. 39 ff.

69 Löffler, Grund und Grenzen der steuerstrafrechtlichen Selbstanzeige, S. 196; auch Joecks definiert die Sperrgründe des § 371 Abs. 2 AO als Regelungen der „vermuteten Unfreiwilligkeit“, in Franzen/Gast/Joecks, Steuerstrafrecht, § 371 Rnr. 133; auch Brauns, wistra 1985, 171, 176 f.

70 Löffler, Grund und Grenzen der steuerstrafrechtlichen Selbstanzeige, S. 196 ff.

71 Brauns, wistra 1985, 171, 177; auch Breyer, Der Inhalt der strafbefreienden Selbstanzeige, S. 220.

Obwohl die strafbefreiende Selbstanzeige zu den strafrechtlichen Rücktrittsvorschriften die Parallele der Straffreiheit aufweist, muss die systematische Zuordnung zu den Rücktrittsvorschriften schon nach der Historie und der Genese als verfehlt gewertet werden.[72] Die Entwicklung der strafbefreienden Selbstanzeige belegt, dass sich der Gesetzgeber bewusst gegen ein positiv rechtliches Erfordernis einer Freiwilligkeit entschieden hat. Das ungeschriebene Merkmal der Freiwilligkeit gegen den Wortlaut des § 371 AO hineinzulesen, würde schlicht einen Verstoß gegen Art. 103 Abs. 2 GG begründen und wäre damit verfassungswidrig. Auch bleibt es weiterhin sehr zweifelhaft, ob die Sperrgründe des § 371 Abs. 2 AO tatsächlich zu den strafrechtlichen Rücktrittsvorschriften korrespondierende Unfreiwilligkeitsmomente manifestieren. Hiergegen spricht schon der Umstand, dass der Gesetzgeber dem rücktrittsspezifischem Freiwilligkeitserfordernis durch seine positiv rechtliche Ausgestaltung einen weiten Auslegungsspielraum einräumt, während er in systematischer Abkehr dazu die Ausschlussgründe des § 371 Abs. 2 AO abschließend regelt. Schließlich spricht auch § 371 Abs. 2 Nr. 3 AO gegen eine Qualifizierung der Ausschlussgründe als abschließende Momente der Unfreiwilligkeit, weil schwerlich erklärbar sein dürfte, weshalb derjenige Täter, der mehr als 50.000 Euro hinterzieht kategorisch unter äußerem Zwang handle, derjenige aber, der die Steuer um "lediglich" 49.999 Euro verkürzt, noch autonom agiert.

Neben der Eingliederung der strafbefreienden Selbstanzeige in die strafrechtlichen Rücktrittsvorschriften, stützt eine im Vordringen befindliche Ansicht den strafrechtlichen Legitimationsansatz der Selbstanzeigeregelung auf ein ihr immanentes Wiedergutmachungsprinzip.[73] In dieser Form sei die strafbefreiende Selbstanzeige eine „moderne“[74] Vorschrift der Schadenswiedergutmachung. Der Umfang ihrer Wirkung auf die Schuld

---

[72] Rüping in Hübschmann/Hepp/Spitaler, Abgabenordnung, § 371, Rnr. 23.

[73] Joecks in Franzen/Gast/Joecks, Steuerstrafrecht, § 371, Rnr. 23 ff.; Rüping in Hübschmann/Hepp/Spitaler, Abgabenordnung, § 371, Rnr. 21 ff.; Löffler, Grund und Grenzen der steuerstrafrechtlichen Selbstanzeige, S. 124 ff.; Kratsch, StuW 1974, S. 69 ff.; Schünemann, ZRP 2003, 433, 435.

[74] Joecks in Franzen/Gast/Joecks, Steuerstrafrecht, § 371, Rnr. 24; ähnlich auch Hoffmann, der darauf aufmerksam hinweist, dass die strafbefreiende Selbstanzeige keine Ausnahmestellung einnehme, sondern eher „Vorbildfunktion“ habe, Ausschlusstatbestände der Selbstanzeige, S. 54.

und die Prävention sind jedoch umstritten. Nach einer Auffassung beseitige sie lediglich das Erfolgsunrecht im Sinne eines Ausfalls des Fiskus, wohingegen das in der Abgabe einer unrichtigen Steuererklärung bzw. Nichtabgabe liegende Handlungsunrecht erst beseitigt werde, wenn der Steuerpflichtige nunmehr seinen sich aus den Einzelsteuergesetzen ergebenden Verpflichtungen nachkomme.[75] Nach anderer Auffassung begründe die strafbefreiende Selbstanzeige die Wiedereingliederung durch einen vollständigen Tatausgleich, weil der Steuerpflichtige durch seine Korrektur und der Nachentrichtung der verkürzten Steuer seinen Mitwirkungspflichten nachkäme und so das Handlungs- und Erfolgsunrecht vollständig kompensiert.[76]

Die Kritik an diesem Ansatz vollzieht sich auf zwei Ebenen: die erste Ebene bildet die Grundsatzdiskussion um die Reichweite der strafrechtlichen Wiedergutmachung in Bezug auf Schuldausgleich und Prävention; auf zweiter Ebene herrscht Streit um die Übertragbarkeit dieser Resultate auf die strafbefreiende Selbstanzeige. So wird schon bei der Frage um die Anerkennung einer strafrechtlichen Wiedergutmachung die Ansicht vertreten, das Rechtsinstitut der Wiedergutmachung weise auch bei Integration in das Strafrecht einen lediglich zivilrechtlichen Charakter auf.[77] Im Hinblick auf die Schuldkompensation bewirke sie im besten Fall den Ausgleich des Erfolgsunrechts, ohne dabei das Handlungsunrecht zu berühren.[78] Darüber hinaus werde jegliche abschreckende Wirkung der mit dem Strafgesetz verbundenen Strafandrohung durch die mit der Wiedergutmachung in Aussicht gestellte Strafmilderung oder gar Strafbefreiung erheblich tangiert, wenn nicht kontaminiert.[79]

Diesen Einwänden sieht sich auch die strafrechtlichte Legitimation um die strafbefreiende Selbstanzeige als Wiedergutmachung ausgesetzt und unterliegt insoweit harscher Kritik.[80] So würde durch die strafbefreiende Selbstanzeige zwar unzweifelhaft das Erfolgsunrecht beseitigt, das Handlungsunrecht dagegen erst, wenn der Steuerpflichtige zukünftig seinen steuerlichen Verpflichtungen aus den Einzelgesetzen nachkomme.[81] Ge-

---

[75] Joecks in Franzen/Gast/Joecks, Steuerstrafrecht, § 371, Rnr. 25.

[76] Rüping in Hübschmann/Hepp/Spitaler, Abgabenordnung, § 371, Rnr. 25.

[77] Hirsch, ZStW 1990, 534, 562.

[78] Horn in SK-StGB, § 46a, Rnr. 10; Vgl. auch die Ausführungen auf S. 46 ff.

[79] Hirsch, ZStW 1990, 534, 545 f.; Loos, ZRP 1993, 51, 53.

[80] Vgl. hierzu vertiefend die Ausführungen auf S. 61 ff.

[81] Joecks in Franzen/Gast/Joecks, Steuerstrafrecht, § 371, Rnr. 24.

gen ihre Anerkennung als Schadenswiedergutmachung wird weiterhin vorgebracht, dass nach dem klaren Wortlaut des § 371 AO die bloße Reparatur durch eine anonyme Begleichung der Steuerschuld nicht ausreiche und gleichsam eine Straffreiheit trotz eingetretener Steuerverkürzung ohne Nachzahlung der verkürzten Steuer möglich sei, weil der Täter nicht zu „seinen Gunsten" hinterzogen habe. [82] Gerade in diesen Fällen wandle sich die strafbefreiende Selbstanzeige in ein strafrechtlich nicht zu rechtfertigendes „'Bekennerprivileg'"[83]. Auch müsse zur vollständigen und nur damit strafrechtlich legitimierbaren obligatorischen Strafbefreiung durch Wiedergutmachung der Fiskus so gestellt werden, wie er stände, wenn der Steuerpflichtige die Steuer nicht hinterzogen hätte. In der Folge dürfe die Straffreiheit nicht nur an die Nachzahlung der verkürzten Steuern gebunden sein, sondern müsse vielmehr auch von der Zahlung der Hinterziehungszinsen (§ 235 AO) abhängig gemacht werden.[84] Vor allem aber konterkariere die täterfreundliche Deutung der strafbefreienden Selbstanzeige als strafrechtlich gerechtfertigte Wiedergutmachung die generalpräventive Wirkung des § 370 AO.[85] Der Täter demonstriere mit der Erklärung seiner Selbstanzeige keineswegs eine der Spezial- und Generalprävention gerecht werdende Normbefolgungsbereitschaft, sondern handle schlicht aus reiner Berechnung mit der narzisstischen Motivation die ihm sonst drohende Strafe abzuwenden. Nicht gänzlich unberechtigt erscheint in diesem Kontext auch die Frage, ob und wie sich § 371 Abs. 4 AO in den Kontext der strafbefreienden Selbstanzeige als strafrechtliche Wiedergutmachung einfügt, weil der Steuerstraftäter hier auch ohne den eigenen Leistungsbeitrag der Berichtigungserklärung von Strafverfolgung verschont bleibt, wenn er nur in den Fällen, in denen er zu seinen Gunsten Steuern hinterzogenen hat, eben diese nachbezahlt.

---

[82] Joecks in Franzen/Gast/Joecks, Steuerstrafrecht, § 371, Rnr. 24; auch Hunsmann, Das steuerstrafrechtliche Selbstanzeigeprivileg, S. 88.

[83] Hoffschmidt, Über die Rechtfertigung der strafbefreienden Selbstanzeige, S. 194.

[84] Joecks in Franzen/Gast/Joecks, Steuerstrafrecht, § 371, Rnr. 24.

[85] Jüngst vertreten von Kuhlen, Grundfragen der Steuerhinterziehung, S. 168 ff.; vgl. hierzu detailliert S. 84 f.

1.2. Die strafbefreiende Selbstanzeige: Wandlungen im Verständnis der Wiedergutmachung

Nachdem vorstehend die streitenden Legitimationsansätze dargestellt worden sind, widmet sich der folgende Abschnitt dieser wissenschaftlichen Analyse der strafbefreienden Selbstanzeige im strafrechtlichen Konzept einer nachträglichen Wiedergutmachung. Dabei möchte diese Arbeit keinesfalls den Eindruck erwecken, sie wolle die fiskalische oder kriminalpolitische Legitimation der strafbefreienden Selbstanzeige abstreiten und sie einzig auf eine strafrechtliche Begründung zurückführen. Vielmehr soll sich diese Arbeit dem Vorhaben widmen, die strafbefreiende Selbstanzeige nach den heutigen Erkenntnissen über die strafrechtliche Wiedergutmachung systematisch einzuordnen und den strafrechtlichen Wertungen einer strafbefreienden Selbstanzeige als Ausdruck eines „Tatausgleichs durch Restitution“[86] Kontur zu verleihen.

1.2.1. These: Die strafbefreiende Selbstanzeige als strafrechtliche Wiedergutmachung

Die herrschende Meinung erblickt in der Rechtsnatur der strafbefreienden Selbstanzeige gemäß § 371 AO einen persönlichen Strafaufhebungsgrund[87], der die bereits entstandene Strafbarkeit rückwirkend wieder beseitigt[88] und zur persönlichen Straflosigkeit des Tatbeteiligten führt.[89] Systematisch wird sie damit der sog. vierten Deliktskategorie außerhalb

---

[86] So Rüping, DStR 2010, 1768, 1768; ähnlich auch Joecks in Franzen/Gast/Joecks, Steuerstrafrecht, § 371, Rnr. 23 ff.; Kratzsch, StuW 1974, 68, 69; a.A. insbesondere Hoffschmidt, der die Selbstanzeige als Ausdruck strafrechtlicher Wiedergutmachung schon deswegen ablehnt, weil es sich bei dieser in Wirklichkeit nur um die nachträgliche Erfüllung der steuerlichen Pflichten handele, Über die Rechtfertigung der strafbefreienden Selbstanzeige, S. 183.
[87] Vgl. BGH v. 5. 5. 2004 – 5 StR 548/03, wistra 2004, 309, 310; BayObLG v. 3. 11. 1989 – RReg. 4 St 135/89, wistra 1990, 159, 162; OLG Hamburg v. 27. 1. 1970, NJW 1970, 1385, 1386; Kohler in Münchener Kommentar, AO, § 371, Rnr. 7; Coring, DStR 1963, 373, 373; Mattern, NJW 1951, 937, 941.
[88] BGH, wistra 1983, 197, 197; 1984, 74, 75.
[89] Fischer, StGB, vor § 32 StGB, Rnr. 17.

von Tatbestand, Rechtswidrigkeit und Schuld zugeordnet[90] und damit zum materiellen Institut des Strafrechts erklärt. Sie unterliegt folglich der rechtsstaatlichen Garantie des Art. 103 Abs. 2 GG, dem Analogie- und Rückwirkungsverbot, dem Verbot von Gewohnheitsrecht und dem Bestimmtheitsgebot. In der Hauptverhandlung des Strafverfahrens führt sie zu einem Sachurteil mit Freispruch[91] und eben nicht, wie das Fehlen einer Prozessvoraussetzung, zu einer Einstellung des Verfahrens. Anders als die beschränkte Rechtskraft eines Einstellungsurteils[92], erwächst dann das freisprechende Urteil in unbeschränkte Rechtskraft. Die Kennzeichnung der Selbstanzeige als persönlicher Strafaufhebungsgrund führt überdies dazu, dass nur derjenige von Strafe befreit wird, der die Voraussetzungen des § 371 AO in seiner Person erfüllt. Mittäter und Teilnehmer profitieren, zumindest soweit sie sich nicht auch selbst anzeigen, somit nicht von der strafbefreienden Wirkung.[93]

Nicht zuletzt seit der Einführung von §§ 371 Abs. 2 Nr. 3, 398a AO greift diese Qualifizierung jedoch zu kurz. Nach dem Wortlaut des § 398a AO, der Systematik, eingefügt hinter § 398 AO, dem Sinn und Zweck und seiner Funktion, begründet § 398a AO ein Strafverfolgungshindernis.[94] Der Gesetzgeber wollte mit Einführung des Ausschlussgrundes § 371 Abs. 2 Nr.3 AO dem Anliegen Rechnung tragen, die strafbefreiende Selbstanzeige nur noch auf die leichteren Fälle zu beschränken. Um den fiskalischen Zweck der Selbstanzeige aber nicht gänzlich zu unterlaufen, richtet sich das weitere Verfahren nach § 398a AO.[95] Die vom Gesetzgeber durch § 398a AO angestrebte prozessuale Lösung bedeutet für die Rechtsnatur der strafbefreienden Selbstanzeige, dass sie für Steuerverkürzungen ab 50.000 Euro nunmehr keinen Strafaufhebungsgrund bildet, sondern ein Verfahrenshindernis begründet. Diese Zuweisungen in materielle und prozessuale Kategorien veranschaulichen aber nur oberflächlich den dahinter stehenden Gedanken und müssen daher auf ihren eigentlichen Kern zurückgeführt werden.

---

[90] Fischer, StGB, vor § 32 StGB, Rnr. 17.

[91] OLG Frankfurt v. 18.10.1961 – 1 Ss 854/61, NJW 1962, 974, 977.

[92] Meyer-Goßner, StPO, § 260 StPO, Rnr. 48.

[93] Joecks in Franzen/Gast/Joecks, Steuerstrafrecht, § 371, Rnr. 33.

[94] Hunsmann, BB 2011, 2519, 2519; Füllsack/Bürger, BB 2011, 1239, 1241.

[95] BT-Drucks. 17/5067 (neu), S. 21.

Dabei geht diese wissenschaftliche Arbeit von der These aus, dass die strafbefreiende Selbstanzeige unbestritten ihrer o.g. fiskalischen Ausrichtung zugleich eine strafrechtlich legitimierte Wiedergutmachung ist, die den Normverstoß durch die Kompensation des Handlungs- und Erfolgsunrechts anerkennt und das Verhalten des Täters damit als nicht mehr ahndungsbedürftig erscheinen lässt. Durch die mittels der Selbstanzeige vorgenommenen Korrekturen des Steuerpflichtigen, namentlich die Berichtigung seiner unrichtigen Angaben (§ 371 Abs. 1 AO) und die Nachentrichtung der aus der Tat zu seinen Gunsten hinterzogenen Steuern (§ 371 Abs. 3 AO), leistet der Steuerpflichtige einen über seine steuerlichen Mitwirkungspflichten hinausgehenden, eigenverantwortlichen, außertatbestandlichen, konstruktiven Beitrag, der sich nicht nur auf die begangene Tat bezieht, sondern darüber hinaus auch auf den verübten Rechtsbruch eingeht und seinerseits anerkennungswürdig ist. Diese durch die Selbstanzeige zum Ausdruck gebrachte konstruktive Leistungserbringung, namentlich der vollständige Ausgleich der Deliktsverfehlung, umschreibt den sachlichen Grund fehlender Strafwürdigkeit und, in Kompatibilität mit den Strafzwecken, fehlender Strafbedürftigkeit.[96]

Die Richtigkeit dieser These hält der wissenschaftlichen Überprüfung nur stand, wenn die der strafbefreienden Selbstanzeige eigenen, steuerstrafrechtlichen Merkmale denen der strafrechtlichen Wiedergutmachung immanenten Wesenszügen entsprechen. Hierzu sollen im Folgenden die charakteristischen Grundlinien der strafrechtlichen Wiedergutmachung herausgearbeitet, auf ihre Vereinbarkeit mit den Strafzwecken hin überprüft und schließlich die Leistungserbringung des sich selbstanzeigenden Tatbeteiligten an den hieraus gewonnenen Erkenntnissen gemessen werden.

[96] Für die vorliegende Arbeit soll in Anlehnung an die Ausführungen von Bloy, Strafausschließungs- und Strafaufhebungsgründe, S. 243 f. der Begriff der Strafwürdigkeit das Wertungsmoment der Tat umschreiben und nicht als Synonym zu der das Zweckmoment in Augenschein nehmenden Strafbedürftigkeit verwendet werden; synonymisch verwendet dagegen von Sauer in FS Mezger, 117, 123 f.

1.2.1.1. Begriff und Inhalt der strafrechtlichen Wiedergutmachung

Will man versuchen die strafbefreiende Selbstanzeige gemäß § 371 AO als eine strafrechtliche Wiedergutmachung zu qualifizieren, stellt sich zu allererst die Frage nach dem grundsätzlichen Wesen einer solchen Wiedergutmachung.

Tatsächlich existiert keine allgemeingültige Definition, die das Wesen einer Wiedergutmachung apodiktisch erfasst. Das ihr zugrundeliegende restitutive Prinzip hat sich vielmehr in allen Rechtordnungen und Rechtsgebieten angesiedelt und trägt breite historische Wurzeln.[97] So bemerkte *Bianchi* schon die im Alten Testament als Grundlage der Rechtspflege herrschende Talion „Auge um Auge, Zahn um Zahn"[98] sei das Resultat eines Übersetzungsfehlers, wonach es in dem hebräischen Urtext eigentlich „Auge für Augenersatz, Zahn für Zahnersatz" geheißen habe.[99] Auch das römische Recht eröffnete mit dem Sühnevergleich im italienischen Strafrecht, eine gütliche Konfliktbeilegung, in dem sich der Täter einer Straftat verpflichtete dem Opfer oder dessen Angehörigen ein Sühnegeld oder einen anderen Schadensausgleich zu leisten, während sich das Opfer bzw. dessen Angehörige im Gegenzug verpflichteten, von einer Anklage abzusehen.[100] Auch die germanischen und frühmittelalterlichen Kompositionssysteme beinhalteten Elemente der Wiedergutmachung.[101] Bis heute findet sich auf nationaler Ebene eine Vielzahl von gesetzlichen Bestimmungen, welche die Idee der Wiedergutmachung implizieren. Für das öffentliche Recht seien an dieser Stelle exemplarisch das Bundesrückerstattungsgesetz, das Bundesentschädigungsgesetz, das Bundesgesetz zur Wiedergutmachung nationalsozialistischen Unrechts in der Kriegsopferversorgung für Berechtigte im Ausland sowie das Bundesgesetz zur Wiedergutmachung nationalsozialistischen Unrechts in der Sozialversicherung genannt. Ihr Wesenskern liegt in der staatlichen oder gemeinnützigen Opferentschädigung.[102] Darüber hinaus beinhaltet auch das Zivilrecht

---

[97] Vgl. hierzu ausführlich Frehsee, Schadenswiedergutmachung, S. 12 ff.
[98] Altes Testament, 2. Mose, 21, 24.
[99] Bianchi, ZEE 1974, 89, 107.
[100] Vgl. Schaffstein, in Schöch, Wiedergutmachung und Strafrecht, 9, 10 mit weiteren Ausführungen.
[101] Zur näheren Darstellung, vgl. Frehsee, Schadenswiedergutmachung, S. 16 ff.
[102] Vgl. Schneider, Viktimologie, S. 157 ff.

durch die Bestimmungen über den materiellen und immateriellen Schadensersatz sowie den Regelungen über das Schiedsverfahren[103] restitutive Elemente. Wie im Folgenden näher dargestellt werden soll, erfasst auch das Strafrecht unter dem Oberbegriff der Wiedergutmachung eine Reihe von gesetzlichen Bestimmungen, die die Konfliktbereinigung durch den Täter mittels Strafmilderung oder -befreiung gesetzlich anerkennen.

1.2.1.1.1. Die Abgrenzung von strafrechtlicher Wiedergutmachung und zivilrechtlicher Schadenskompensation

Soll im Ergebnis dieser Untersuchung die mit der strafbefreienden Selbstanzeige erbrachte Leistung an der strafrechtlichen Wiedergutmachungsleistung gemessen werden, ist es unumgänglich die Ebenen des strafrechtlichen Konsenses über die strafrechtliche Wiedergutmachung zu bestimmen. Zu allererst gilt es dabei die Frage zu beantworten, ob eine strafrechtliche Wiedergutmachung ein quantitatives *Mehr* oder ein qualitatives *Anderes* als die zivilrechtliche Schadenkompensation erfordert. Die Positionierung dieser Fragestellung an erster Stelle begründet sich aus zwei Erwägungen: zum Einen bildet die, wenn man so will, negative Abgrenzung zur zivilrechtlichen Schadenskompensation den ersten Schritt zur Bestimmung der positiven Kriterien einer strafrechtlichen Wiedergutmachung, zum Anderen sieht sich die strafrechtliche Wiedergutmachung immer wieder dem Vorwurf ausgesetzt schließlich nicht mehr zu leisten als der zivilrechtliche Schadensersatz.[104]

---

[103]In Niedersachsen ist diese Form der Streitschlichtung seit dem 1. Januar 2010 für bestimmte Klagen sogar obligatorisch, vgl. Niedersächsisches Gesetz zur obligatorischen außergerichtlichen Streitschlichtung (Niedersächsisches Schlichtungsgesetz – NSchlG), verkündet als Art. 1 G v. 17. 12. 2009 (Nds. GVBl. S. 482); Inkrafttreten gem. Art. 3 dieses Gesetzes am 1. 1. 2010; Vgl. auch http://www.mj.niedersachsen.de/portal/live.php?navigation_id=3858&article_id=10643&_psmand=13, wonach das Schiedsverfahren auch für bürgerlichrechtliche Ansprüche das richtige Verfahren sei, wenn es bei Rechtsstreitigkeiten des täglichen Lebens nicht nur um die Durchsetzung der eigenen Ansprüche gehe, sondern gerade auch die Wiederherstellung guter Beziehungen angestrebt werde.

[104] Hirsch, ZStW 1990, 534, 562; auch Hellmer folgert aus der strikten Trennung von Straf- und Zivilrecht, dass „die Wiedergutmachung an dem verletzten Individualinteresse" weder positiv noch negativ den Strafanspruch des Staates bestimmen dürfe, AcP 1956, 527, 533.

Vor allem *Hirsch* erhebt den Einwand, die strafrechtliche Wiedergutmachung beschränke sich ohnehin nur auf das zivilrechtlich bereits Geschuldete,[105] sodass die Wiedergutmachung des Schadens auch dann noch ihren zivilrechtlichen Charakter behalte, wenn man sie ins Strafrecht integriere.[106] Die Sachverschiedenheit von Schadensersatz, folgend aus dem Prinzip des Ausgleichs materiellen und immateriellen Schadens, und Strafe, imprägniert durch eine darüber hinausgehende Übelszufügung, werde nicht dadurch überwunden, dass der Gesetzgeber die Wiedergutmachung im Strafrecht regele.[107] Auch könne die strafrechtliche Wiedergutmachung als sog. dritte Spur, neben der Strafe und den Maßregeln der Besserung und Sicherung, nicht aus den Strafzwecken abgeleitet werden.[108] Diese begründeten „Instrumente der Einwirkung auf den Täter“[109], während die Entschädigung des Opfers in Form von Wiedergutmachung lediglich die „friedensstiftende Funktion“[110] des Zivilrechts betreffe und damit als aliud außerhalb der Strafzwecke stehe. Selbst wenn die Wiedergutmachung zu einer eigenständigen strafrechtlichen Rechtsfolge erklärt würde, verbesserte dies nicht die Position des Opfers, denn ein Anspruch auf Wiedergutmachung des durch die Tat verursachten Schadens würde schon heute durch das Zivilrecht gewährt.[111] Nach Hirsch könne die Wiedergutmachung damit nur „in einer unselbstständigen, ihren zivilrechtlichen Charakter unberührt lassenden Rolle“[112] Bedeutung für das Strafrecht erlangen.

---

[105] Hirsch, ZStW 1990, 534, 562; ders. in Gedächtnisschrift für Armin Kaufmann, 699, 721.

[106] Hirsch, ZStW 1990, 534, 562.

[107] Hirsch, ZStW 1990, 534, 538.

[108] So aber Roxin in Schöch, Wiedergutmachung und Strafrecht, 37, 51 f.; Meier, JuS 1996, 436, 438 f.; ders. GA 1999, 1, 10 f.

[109] Hirsch, ZStW 1990, 534, 541.

[110] Hirsch, ZStW 1990, 534, 541.

[111] Hirsch, in Gedächtnisschrift für Armin Kaufmann, 699, 721.

[112] Hirsch, ZStW 1990, 534, 544.

Dagegen räumt die wohl herrschende Auffassung in der Literatur der strafrechtlichen Wiedergutmachung einen eigenständigen, über den rein zivilrechtlichen Schadensausgleich hinausgehenden, Stellenwert ein.[113]

Explizit widerspricht *Roxin* den von *Hirsch* vorgebrachten Einwänden.[114] Er räumt ein, dass die „Wiedergutmachung […] auch einen zivilrechtlichen Charakter hat.“[115]. Dass aber die „Reue“, „[…] als welche die Wiedergutmachung nach *Hirsch* im Strafrecht relevant wird, auch dort eine zivilrechtliche Erscheinung sei […]“, lasse sich nicht vertreten.[116] Vielmehr zeige sich heute schon in der strafrechtlichen Würdigung der Wiedergutmachungsbemühungen, dass die Wiedergutmachung im Strafrecht nicht nur als „unselbstständige, rein zivilrechtliche Form“[117] auftrete.[118] Die rechtlichen Auswirkungen einer Straftat seien nämlich dann strafrechtlicher Art, „[…] wenn sie der Erfüllung der Strafzwecke dienen und deshalb vom Gesetzgeber in das Sanktionensystem aufgenommen werden. Daß sich außerdem das Zivilrecht mit dem Schadensersatz befaßt, der ja nur zum geringsten Teil Folge einer Straftat ist, steht dem nicht entgegen.“[119] Die Inkongruenz von strafrechtlicher Wiedergutmachung und zivilrechtlicher Verurteilung zum Schadensersatz offenbare sich nach *Roxin* insbesondere da, wo die Wiedergutmachung auf einer freiwilligen Darbietung beruhe, wo die Wiedergutmachungsleistung in allen sozial konstruktiven Handlungsformen gegenüber dem Verletzten und der Allgemeinheit erbracht werden könne oder auch dort Anwendung fände, wo ein beziffernder Schaden (noch) nicht eingetreten sei.[120]

---

[113] Vgl. Freund/Carrera, ZStW 2006, 76, 83; Kaspar, Wiedergutmachung und Mediation, S. 36; Frehsee, Schadenswiedergutmachung, S. 8 f.; Seelmann, ZEE 1981, 44, 49.; Hellmer, AcP, 1956, 527, 538 ff.
[114] Roxin in FS Baumann, 243, 245 ff.
[115] Roxin in FS Baumann, 243, 253.
[116] Roxin in FS Baumann, 243, 253.
[117] Hirsch, ZStW 1990, 534, 544.
[118] Roxin in FS Baumann, 243, 253.
[119] Roxin in FS Baumann, 243, 249.
[120] Diese Kriterien erfülle die strafrechtliche Wiedergutmachung nach den Vorstellungen des Alternativ-Entwurfs Wiedergutmachung, Roxin in FS Baumann, 243, 248 f.; zum Alternativ-Entwurf Wiedergutmachung vgl. Baumann, Alternativ-Entwurf Wiedergutmachung (AE-WGM), S. 37 ff.

Auch *Freund und Carrera* räumen der strafrechtlichen Wiedergutmachung einen eigenen Stellenwert ein. Für sie tragen das Zivilrecht und das Strafrecht inkongruente Schadensbegriffe, die in ihrer Folge entweder eine spezifisch zivil- oder eine spezifisch strafrechtliche Wiedergutmachung erfordern.[121] Während der zivilrechtlich relevante Schaden nur die Beeinträchtigung „privater Interessen“[122] betreffe, läge der strafrechtlich selbstständig zu bewertende Schaden in der durch die Tat bewirkten Erschütterung des Normgeltungsbewusstseins.[123] Diese könne aber durch den bloßen Ausgleich zivilrechtlicher Schäden nicht wiederhergestellt werden.[124] Es bedürfe darüber hier eines „Mehr“[125], indem das Nachtatverhalten als autonome Entscheidung, verbunden mit einer Anstrengung[126], die nachträgliche Anerkennung der durch die Straftat übertretenen Verhaltensnorm glaubhaft demonstriere.[127] Danach zeichne sich eine an der Funktion der Strafe orientierte Wiedergutmachung „durch ihren spezifischen Verhaltenswert aus, der einen *actus contrarius* zum Verhaltensunwert des tatbestandsmäßigen Verhaltens“[128] bilde.

Ausgehend von unterschiedlichen Funktionen des Straf- und des Schadenersatzrechts, misst auch *Hellmer* der strafrechtlichen Wiedergutmachungsauflage einen über den zivilrechtlichen Schadensersatz hinausgehenden Inhalt bei.[129] Seiner Auffassung nach diene das Strafrecht „der Wiederherstellung des Rechts der Gemeinschaft, das Schadensersatzrecht der Wiedergutmachung am verletzten Individualinteresse“[130], sodass in der Folge die Wiedergutmachung des verletzten Individualinteresses den Strafanspruch des Staates in keinster Weise beeinflussen dürfe.[131] Von diesem Prinzip der „unbedingten Wiederherstellung des einmal verletzten Rechts“[132], habe der Gesetzgeber lediglich eine Ausnahme für die Fälle

[121] Freund/Carrera, ZStW, 2006, 76, 83.
[122] Freund/Carrera, ZStW, 2006, 76, 81.
[123] Freund/Carrera, ZStW, 2006, 76, 83.
[124] Freund/Carrera, ZStW, 2006, 76, 83.
[125] Freund/Carrera, ZStW, 2006, 76, 86.
[126] Freund/Carrera, ZStW, 2006, 76, 88.
[127] Freund/Carrera, ZStW, 2006, 76, 86.
[128] Freund/Carrera, ZStW, 2006, 76, 98.
[129] Hellmer, AcP 1956, 1956, 527, 538 ff.
[130] Hellmer, AcP 1956, 1956, 527, 533.
[131] Hellmer, AcP 1956, 1956, 527, 533.
[132] Hellmer, AcP 1956, 1956, 527, 534.

vorgesehen, in denen der Verletzungserfolg durch eigene Tätigkeit des Täters „auf dem Weg über die reuige Gesinnung“[133] abgewendet würde. Zwar gesteht er der strafrechtlichen Wiedergutmachungspflicht und der zivilrechtlichen Schadensersatzpflicht „gewisse Berührungspunkte“[134] zu, die Gleichstellung bedeute aber mit Rücksicht auf den Subsidiaritätsgrundsatz des Strafrechts, dass dieses mit Erfüllung der Schadensersatzpflicht stets, d.h. auch dort wo über die Wiederherstellung des gestörten Individualinteresses hinaus noch ein zwingendes Bedürfnis für die Wiederherstellung des öffentlichen Gleichgewichts bestehe, zurück treten müsse.[135] Dies entspreche aber nicht den Grundlagen der Wiedergutmachung in beiden Rechtsgebieten.

Auch *Seelmann* spricht bei der staatlich auferlegten Wiedergutmachung, von einer spezifisch strafrechtlichen und damit vom zivilrechtlichen Schadensersatz zu unterscheidenden Wiedergutmachung, die auf den Ausgleich zwischen Täter auf der einen Seite und Opfer und Gesellschaft auf der anderen Seite, gerichtet sei.[136] *Seelmann* bezieht sich dabei zunächst auf die Anhänger der Sühnetheorie, die der „Sühne“ eine Wortverwandtschaft mit der „Versöhnung“ zu sprechen, sodass nach den Anhängern dieser Theorie die „strafrechtliche Reaktion auf ein Delikt […] als der Versuch gedeutet werden [könne], den Täter mit dem Opfer und der Gesellschaft wieder zu versöhnen, wofür ein rein zivilrechtlicher Ausgleich nicht ausreiche.“[137] Darüber hinaus lasse sich die strafrechtliche Wiedergutmachung auch aus der Lehre von der positiven Generalprävention, sog. Integrationsprävention[138], ableiten.[139] Habe Strafe nicht nur den Zweck der Abschreckung, sondern auch das Ziel der Integration und Festigung des Rechtsbewusstseins, diene sie danach „der Wieder-

---

[133] Hellmer, AcP 1956, 527, 534, wobei er exemplarisch neben §§ 158, 163 Abs. 2 StGB auch die Selbstanzeigeregelung nach § 410 RAO benennt.
[134] Hellmer, AcP 1956, 1956, 527, 542.
[135] Hellmer, AcP 1956, 1956, 527, 538.
[136] Seelmann, ZEE 1981, 44, 53.
[137] Seelmann, ZEE 1981, 44, 50; auch Naegeli, Das Böse und das Strafrecht, S. 36; Naegeli, Aspekte des Strafens, in Gareis/Wiesnet, Hat Strafe Sinn?, 32, 46 ff.
[138] Zur Begriff der Integrationsprävention vgl. Roxin in FS Bockelmann, 279, 305 ff.
[139] Seelmann, ZEE 1981, 44, 51.

gutmachung in einem weit über den zivilrechtlichen Schadensersatz hinausgehenden Umfang.“[140]

Vermittelnd ordnet *Kaspar* die strafrechtliche Wiedergutmachung im „Grenzbereich zwischen Strafrecht und Zivilrecht“[141] ein. Dieser Zuordnung legt er das Verhältnis von Zivil- und Strafrecht als Ausgangspunkt seiner Untersuchungen zugrunde. Nur wenn eine strikte Trennung beider Rechtsgebiete nötig sei, müsse auch eine klare Zuordnung erfolgen.[142] Ausgehend von den Theorien über die Funktionen von Strafe und Schadensersatz, der historischen Entwicklung beider Rechtsgebiete sowie dem § 253 Abs. 2 BGB als klassisches Beispiel für die Verbindung strafrechtlicher und zivilrechtlicher Elemente, gelangt er zu dem Ergebnis, dass eine strikte Trennung beider Rechtsgebiete schon de lege lata nicht eingehalten werde.[143] Damit könne die Frage nach dem Charakter der strafrechtlichen Wiedergutmachung als selbstständiges Wesen grundsätzlich offengelassen werden, solange die komplementären Leistungen des Täters nur den Zielen des Strafrechts dienten.[144]

Schließlich hat auch die Rechtsprechung das Verhältnis von strafrechtlicher Wiedergutmachung und zivilrechtlichem Schadensersatz nicht erschöpfend geklärt. Immerhin gilt aber für den Teilbereich des Täter-Opfer-Ausgleichs nach § 46a StGB, dass strafrechtliche Wiedergutmachung nicht mit dem zivilrechtlichen Schadensersatz gleichgesetzt werden dürfe.[145] Dies ergebe sich sowohl aus § 46a Nr. 1 StGB, wonach in Ausnahmefällen schon das ernsthafte Bemühen um einen Ausgleich genüge, als auch nach § 46a Nr. 2 StGB, wonach selbst bei vollständiger Schadenswiedergutmachung noch eine persönliche Leistung oder ein persönlicher Verzicht hinzutreten müssten. [146]

---

[140] Seelmann, ZEE 1981, 44, 51 unter Bezug auf die Lehre von der Integrationsprävention.
[141] Kaspar, Wiedergutmachung und Mediation, S. 37.
[142] Kaspar, Wiedergutmachung und Mediation, S. 29 ff.
[143] Kaspar, Wiedergutmachung und Mediation, S. 29 ff., 35.
[144] Kaspar, Wiedergutmachung und Mediation, S. 35, 36.
[145] BGH, NStZ 2008, 452, 452; BGH, NStZ-RR 2009, 133, 133.
[146] So der BGH für § 46a Nr. 1 StGB, BGHSt 48, 134, 141; NStZ 1995, 492, 493; NStZ 2001, 200, 201; für § 46a Nr. 2 StGB, NStZ-RR 2010, 147, 147.

Die vorstehenden Ansichten verdeutlichen das Spannungsverhältnis von zivilrechtlichem Schadensersatz und strafrechtlicher Wiedergutmachung. Die herrschende Diskussion ist als Folge der dogmatischen Trennung von Zivil- und Strafrecht, die sich durch *Binding* geprägt[147] im 19. Jahrhundert vollzogen hat[148], notwendig um den Inhalt strafrechtlicher Wiedergutmachung zu bestimmen. Im Ergebnis bleibt unbestritten, dass sich Straf- und Zivilrecht bereits heute schon durch den gemeinsamen Fluchtpunkt der Konfliktbewältigung vielfach überschneiden.[149] Eine rechtliche Kongruenz von zivilrechtlicher Schadenskompensation und strafrechtlicher Wiedergutmachung kann aber wegen der differenziellen Funktionszuweisung nicht begründet werden. Für das Verhältnis von strafrechtlicher Wiedergutmachung und zivilrechtlichem Schadensausgleich gilt somit:

Die strafrechtliche Wiedergutmachung kann sich quantitativ mit dem zivilrechtlichen Schadensausgleich decken, sie ist aber qualitativ *anders*, weil sie da, wo sie sich auf die Rechtsfolgen strafmildernd oder gar strafersetzend auswirkt, den Strafzwecken genügen muss.

Will man nun versuchen, diese Klassifizierung weiter zu spezifizieren, bietet sich zumindest für die quantitative Bewertung eine bildhafte Darstellung an. Wären also materieller und immaterieller Schadensersatz plastisch gesprochen zwei nebeneinander stehende Kreise, dann könnte die strafrechtliche Wiedergutmachung quantitativ keinen, einen oder beide Kreise, teilweise oder ganz, ausfüllen.[150] Beispiele für das quantitative Weniger der strafrechtlichen Wiedergutmachungspflicht geben § 15

---

[147] Binding, Die Normen, 1916, 3. Aufl., S. 284-290, Binding gilt daher als der Begründer dogmatischer Trennung von Straf- und Zivilrecht; Jung, ZStW 1981, 1147, 1154.

[148] So meint Roxin, die Schwierigkeit der Juristen sich mit der Idee von Wiedergutmachung als Strafe oder als Strafe ersetzendes Institut anzufreunden, beruhe „[…] auf der strikten Trennung von Straf- und Zivilrecht, die sich aber erst in der zweiten Hälfte des 19. Jahrhunderts durchgesetzt hat […]", in Schöch, Wiedergutmachung und Strafrecht, 37, 39.

[149] So auch Kaspar, Wiedergutmachung und Mediation, S. 35 f.; Jung, Sanktionensysteme, S. 118.; auch Hellmer räumt „gewisse Berühungspunkte" ein, AcP 1956, 527, 542.

[150] Vgl. hierzu auch Frühauf, Wiedergutmachung zwischen Täter und Opfer, S. 133.

Abs. 1 Nr. 1 JGG und § 56b Abs. 2 S. 1 Nr. 1 StGB, wonach dem Täter die Schadenswiedergutmachung (nur) „nach Kräften" auferlegt werden kann. Auch die von § 46a Nr. 1 StGB und § 59a Abs. 2 S. 1 Nr. 2 StGB anerkannten „Bemühungen" belegen Fälle, in denen der strafrechtlichen Wiedergutmachungspflicht genügt sein kann, ohne dass die zivilrechtliche Schadensersatzpflicht erfüllt ist. Daneben dient § 153a Abs. 1 S. 2 Nr. 1 StPO als Exempel für eine strafrechtliche Wiedergutmachungsauflage, die sich mit dem zivilrechtlichen Schadensersatz quantitativ vollständig decken kann.[151] Ob die strafrechtliche Wiedergutmachung rechnerisch auch über den zivilrechtlich geschuldeten Schadensersatz hinausgehen darf, ist dagegen umstritten.[152] Zumindest für eine vom Täter freiwillig, i.S. einer eigeninitiativ erbrachten Wiedergutmachungsleistung, wird eine Begrenzung „nach oben" jedoch ausscheiden müssen, weil es dem Täter unbenommen sein muss, seinen Einsatz zur Konfliktbewältigung selbst zu bestimmen.[153] Schließlich geben § 153a Abs. 1 S. 2 Nr. 2 und 3 StPO Beispiele für strafrechtlich anerkannte sozial-konstruktive Leistungen, die den Kreis des zivilrechtlichen Schadenersatzes quantitativ nicht einmal berühren, weil die Leistungen nicht auf einer die konkrete Tat betreffende Ebene erfolgen (sog. symbolische Wiedergutmachung[154]).

Diese quantitativen Abweichungen der strafrechtlichen Wiedergutmachung von dem zivilrechtlichen Schadensausgleich sind Ausfluss der qualitativen Inkongruenz, die ihrerseits auf unterschiedlichen Zweckerwägungen beruht. Das Schadensersatzrecht des BGB verfolgt primär das Ziel, den entstandenen Schaden auszugleichen.[155] Die davon ausgehende präventive Wirkung oder das subjektive Empfinden eines auferlegten

---

[151] Vgl. Meyer-Goßner, StPO, § 153a, Rnr. 15 ff.

[152] Vgl. zu dieser Diskussion bereits ausführlich Kaspar, Wiedergutmachung und Mediation, S. 37 ff.;

[153] So auch Kaspar, der aber die zivilrechtlichen Maßstäbe auch bei der freiwilligen Wiedergutmachung zwischen den Parteien und zur strafrichterlichen Deutung der erbrachten Leistung heranziehen will, Wiedergutmachung und Mediation, S. 40 f.

[154] Hierunter fallen z.B. Geldbeträge zugunsten eines Dritten oder die Erbringung gemeinnütziger Leistungen, vgl. zum Begriff der symbolischen Wiedergutmachung Meier, Strafrechtliche Sanktionen, S. 341 f.; Müller-Dietz in Eser/Kaiser/Madlener, Neue Wege der Wiedergutmachung, S. 355, 358 f.

[155] Grüneberg in Palandt, BGB, Vorb v § 249, Rnr. 2.

Übels sind sekundäre Begleiterscheinungen. Die strafrechtliche Wiedergutmachung muss dagegen, will sie geeignet sein ein Zurücktreten der Strafe zu rechtfertigen, zu ihrer Legitimation den Strafzwecken und den damit verbundenen Anforderungen genügen. Darüber hinaus gilt für die Bemessung des Schadenersatzes das Prinzip der „Totalreparation", wonach der Schädiger den gesamten Schaden zu ersetzen hat, auch wenn die Schadenshöhe die Grenzen seiner Leistungsfähigkeit überschreitet.[156] Dagegen gilt für die strafrechtliche Wiedergutmachung, ebenso wie für die Strafe, das strafrechtliche Schuldprinzip.[157] Sicherlich beinhaltet auch das Zivilrecht pönale Elemente, die neben dem Ausgleichsgedanken Bereiche wie Abschreckung oder Vergeltung betreffen.[158] Dies belegt schon die Doppelfunktion[159] des immateriellen Schadensersatzes, wonach dem Verletzen auch über den eigentlichen Ausgleich für erlittene Schmerzen, Genugtuung verschafft werden soll. Daneben impliziert auch die strafrechtliche Wiedergutmachung, insbesondere da, wo sie als komplementäre Leistung unmittelbar an die Tatfolgen anknüpft, einen sozusagen zivilrechtlich inspirierten Ausgleichsgedanken. Hieraus darf aber nicht gefolgert werden, zivilrechtlicher Schadensersatz und strafrechtliche Wiedergutmachung seien gleichbedeutend. Das qualitative Inkongruenzmerkmal der strafrechtlichen Wiedergutmachung besteht vielmehr in der strafrechtlichen Zielsetzung, die ihre nicht nur quantitative, sondern auch qualitative Modifizierung zum zivilrechtlichen Schadensausgleich bedingt.

1.2.1.1.2. Die strafrechtliche Wiedergutmachung

Die eben durchgeführte Untersuchung ergab als Resultat einer, wenn man so will, *negativen* Abgrenzung, die qualitative Verschiedenheit von strafrechtlicher Wiedergutmachung zur zivilrechtlichen Schadenskompensation. Weiterhin offen bleibt dennoch die Frage, welche *positiven* Elemente die strafrechtliche Wiedergutmachung auszeichnen. Worin genau besteht der anerkennenswerte Wesensgehalt?

---

[156] Grüneberg in Palandt, BGB, Vorb v § 249, Rnr. 3.
[157] So auch Roxin in Schöch, Wiedergutmachung und Strafrecht, S. 50 f.
[158] So auch Meder in FS Rüping, 125, 150 ff.
[159] Zur doppelten Funktion BGH GrZS, NJW 55, 1675, 1675.

Für die vielfältigen Erscheinungsformen des Wiedergutmachungsgedankens gilt der international gebräuchliche Begriff „restorative justice“, der alle Formen von sozial-konstruktiver Leistung des Täters umfasst, die sich auf den Tatfolgenausgleich richten.[160] Restorativ justice programms sind Verfahren, „in denen das Opfer und der Täter und dort wo es angebracht erscheint, andere Individuen oder Gemeinschaftsmitglieder, die durch eine Straftat betroffen sind, gemeinsam aktiv, in der Regel mit der Hilfe eines unbeteiligten Dritten, an der Bereinigung der Folgewirkungen dieser Straftat teilhaben.“[161] Ihr Konzept beruht im Wesentlichen auf drei, sich wechselseitig bedingenden, Wesenselementen: das „soziale Element“, d.h. die Wahrnehmung und Bewältigung der Tat, das „partizipatorische Element“, die aktive Teilnahme an der Bewältigung des Konflikts und schließlich das „Element der Wiedergutmachung“, gerichtet auf den Ausgleich des materiellen Schadens und der Abmilderung der zugefügten Leiden.[162] Die Zielvorstellung der „restorative justice“ gründet somit auf dem eigenverantwortlich konstruktiven Umgang mit dem Konflikt und belegt den Paradigmenwechsel zur staatlich auferlegten Strafe.[163]

Diese Idee des eigenverantwortlichen und damit anerkennenswerten Tatfolgenausgleichs hat auch im deutschen Recht vielfach Eingang gefunden.[164] Hier ist zunächst festzustellen, dass das Strafrecht seinen eigenen Wiedergutmachungsbegriff kennt, der auf die Bereinigung der durch die Tat gestörten Beziehung im Verhältnis des Täters zum Recht, Staat und

---

160 Vgl. Schöch/Jehle, Angewandte Kriminologie, S. 415 ff.

161 Vgl. zur Begriffsklärung die Definition des UN Resolutionsentwurfes, E/2002/INF/2/Add.2, 2002/12, Basic principles on the use of restorative justice programmes in criminal matters, S. 3, abrufbar unter http://igps.victoria.ac.nz/events/completed-activities/RJ%20Mexico/UN%20Basic%20Principles%20RJ.pdf in welchem es wörtlich heißt: „'Restorative process' means any process in which the victim and the offender, and, where appropriate, any other individuals or community members affected by a crime, participate together actively in the resolution of matters arising from the crime, generally with the help of a facilitator."

162 Pelikan, Sustainable Austria Nr. 51, September 2010, 4, 4 f.

163 Pelikan, Sustainable Austria Nr. 51, September 2010, 4, 5.

164 Als Beispiel für den anerkennenswerten Umgang mit der Tat durch eine eigenverantwortliche Aufarbeitung des Tatgeschehens dienen insbesondere § 45 Abs. 2 S. 2 JGG und § 46a StGB.

Gemeinschaft gerichtet ist.[165] Eine Fülle unterschiedlichster Terminologien versucht den Inhalt der strafrechtlichen Wiedergutmachung zu bestimmen. *Weigend* versteht unter dem Begriff die „[…] Gesamtheit der Leistungen, die ein Täter als Ausgleich für die begangene Tat erbringt, mit Ausnahme der als solche verhängten Strafe“[166] Für *Roxin* begründet die strafrechtliche Restitution eine „Leistung eigenständiger Art“[167] und *Rössner* erkennt in ihr den „autonome[n] Weg für den Täter, sich vom Unrecht zu distanzieren und ggf. aktiv handelnd das Recht wiederherzustellen.“[168] Schlichter formuliert *Kilchling*, für den der „theoretische Gehalt des Wiedergutmachungsbegriffs […] erst bei einer Loslösung von dem mediativen Regelungskontext“[169] erkennbar wird. Ihm zufolge beziehe sich die Wiedergutmachung „in ihrer reinen Form ausschließlich auf die Ergebnisdimension und steht lediglich für den - im Grundsatz apersonalen - Ausgleich der (materiellen und immateriellen) Tatfolgen.“[170]

Übergeordnet lässt sich die strafrechtliche Wiedergutmachung damit als sozial-konstruktiver Umgang mit den Folgen einer Straftat umschreiben. Sie umfasst die Gesamtheit aller Leistungen, die ein Täter zum Tatausgleich erbringt.

Dabei kann sie als Strafaufhebungsgrund (§ 306e Abs.2 StGB), als Strafmilderungsgrund (§§ 46, 46a StGB), als Strafersatz (§ 153a StPO) oder als sanktionsbegleitende Zusatzreaktion (§ 59a StGB) fungieren. Dieser Umgang mit den Folgen der Tat kann, und schon hier bildet sich die erste Wegschneide bei der Bestimmung des restitutiven Wesensgehalts, auf einen selbstbestimmten Entschluss des Täters zurück gehen (wie bei einem Täter-Opfer Ausgleich nach § 46a StGB) oder durch die Strafverfolgungsorgane gegen den Willen des Täters auferlegt worden sein (z.B. § 10 JGG und § 15 JGG). Die Tat selbst vermag, wie der Rück-

[165] Vgl. Seelmann, ZEE1981, 44, 49 ff.
[166] Weigend in FS Müller-Dietz, 975, 977, Fn. 13.
[167] Roxin in Schöch, Wiedergutmachung und Strafrecht, S. 51.
[168] Rössner, NStZ 1992, 409, 411.
[169] Kilchling, NStZ 1996, 309, 310.
[170] Kilchling, NStZ 1996, 309, 310.

tritt zeigt, auch "nur" versucht worden sein.[171] Darüber hinaus wird der sozial-konstruktive Beitrag des Täters auch in den Fällen prämiiert, wo das Nachtatverhalten formeller Deliktsvollendung folgt (z.B. § 306e StGB, §§ 314a Abs. 1, 307 Abs. 1 StGB). *Hillenkamp* unterscheidet für diese Fälle zwischen sog. präventiver und kompensatorischer tätiger Reue.[172] Während Erstere ein Nachtatverhalten darstelle, welches vorrangig die Vermeidung von Schäden oder Schadensintensivierung bezwecke, ginge es Letzterer um die Reparation des bereits eingetretenen Schadens.[173] Schließlich würdigt der Gesetzgeber das wiedergutmachende Nachtatverhalten auch bei beendeten Taten. Dieses belegt vor allem § 46 Abs. 2 StGB, welcher das Nachtatverhalten, und damit die außerhalb der Tat liegenden Umstände, als Strafzumessungsfaktor berücksichtigt. Nicht zuletzt durch diese Norm demonstriert der Gesetzgeber den Wert und die Reichweite der strafrechtlichen Wiedergutmachung. Der sozialkonstruktive Beitrag in Form einer Wiedergutmachungsleistung kann in seinem Erscheinungsbild variieren, muss jedoch, um als Ausdruck von Verantwortungsübernahme zu gelten, seitens des Täters erfolgen.[174] Als Strafzumessungsfaktor ist aber auch die Schadenbeseitigung durch Dritte berücksichtigungsfähig.[175]

Im Hinblick auf den Zweck der strafrechtlichten Wiedergutmachung, der Leistungsart und den Umfang des zu erbringenden konstruktiven Beitrags wird vielfach zwischen dem Täter-Opfer-Ausgleich, der Schadenswiedergutmachung und der sog. symbolischen Wiedergutmachung differenziert.[176]

---

[171] Vgl. auch Kaspar, der das wiedergutmachende Element des Rücktritts bejaht, Wiedergutmachung und Mediation, S. 74; für Freund/Carrera ist der rechtzeitige und freiwillige Rücktritt sogar einen „besonders bedeutsamer Fall spezifisch strafrechtlicher Wiedergutmachung", ZStW 2006, 76, 77.

[172] Hillenkamp in Schöch, Wiedergutmachung und Strafrecht, S. 81, 83.

[173] Hillenkamp in Schöch, Wiedergutmachung und Strafrecht, S. 81, 83.

[174] Vgl. hierzu BGHSt 48, 134, 146, wonach zumindest im Rahmen eines Täter-Opfer-Ausgleichs die Genugtuungsfunktion zugunsten des Tatopfers wohl nicht erfüllt werde, wenn die Familie durch das Sammeln, Übergeben und Vorzählen des Geldes in Gegenwart der Geschädigten den Angeklagten „freikaufe".

[175] Theune in LK, StGB, § 46, Rnr. 214.

[176] Meier, Strafrechtliche Sanktionen, S. 339 ff.; ähnlich auch Kaspar, Wiedergutmachung und Mediation, S. 2 ff.; Kilchling, NStZ 1996, 309, 310.

Dabei beruht der Täter-Opfer-Ausgleich (§ 46a Nr.1 StGB) auf einer doppelten Zweckerwägung[177]: Er soll sowohl das Opferinteresse an der Schadenskompensation realisieren als auch den Täter zur Verantwortungsübernahme animieren. Im Zentrum der Tatbewältigung steht gerade die Konfliktbereinigung durch den kommunikativen Prozess[178], sodass auch dem (nur) ernsthaften Bemühen Rechnung getragen wird (§ 46a Nr. 1 StGB). Die Leistungsart selbst umfasst sowohl immaterielle Ausgleichleistungen (z.B. sich entschuldigen[179], die Opfer-Position anerkennen[180], ein Geständnis ablegen und sich damit seiner Schuld gegenüber dem Opfer bekennen[181]) als auch materielle Schadensleistungen (konkret: Schadensersatz und Schmerzensgeld[182]). Der Leistungsumfang selbst orientiert sich dabei nicht an quantitativen Maßstäben, sondern wird geprägt durch das Element der Verantwortungsübernahme. Ein „Wiedergutmachungserfolg" i.S. einer vollständigen Schadenskompensation ist für den Täter-Opfer-Ausgleich weder notwendige, noch hinreichende Bedingung.[183] Vielmehr muss sich der Leistungsbeitrag, um die friedensstiftende Wirkung der Schadenswiedergutmachung entfalten zu können, als Ausdruck der Verantwortungsübernahme darstellen.[184]

Dagegen begründet die Schadenswiedergutmachung eine Form des Tatfolgenausgleichs, die als Zielvorgabe nicht die Konfliktbereinigung mit dem Tatopfer vorsieht, sondern die Leistungserbringung des Täters in den Vordergrund stellt.[185] Sie kann als Mittel zur Konfliktbereinigung dienen (§ 46a Abs. 2 StGB) oder sich im engeren Sinne als eine Abschlussform des Tatfolgenausgleichs (mithin der Wiedergutmachung) darstellen.[186] Ihre Zweckbestimmung liegt in der Schadenskompensation durch materielle Ersatzleistungen (wie Schadensersatz und Schmerzensgeld), in Abgrenzung zum immateriellen (kommunikativen) Schadensausgleich des

---

[177] BT-Drucks. 12/6853, S. 21.
[178] BGHSt 48, 134, 142 f.; NJW 2002, 3264, 3265; NStZ 2006, 275, 276.
[179] Vgl. hierzu Rose, JR 2004, 275, 275 f.
[180] BGHSt 48, 134, 141; BGH, NStZ 2010, 82, 82.
[181] BGHSt 48, 134, 141.
[182] BGH, StV 1999, 89, 89; NJW 2001, 2557, 2557 f.
[183] Vgl. BGH, NStZ 2002, 364, 365.
[184] BGHSt 48, 134, 141.
[185] Meier, Strafrechtliche Sanktionen, S. 340.
[186] Kilchling, NStZ 1996, 309, 310.

Täter-Opfer-Ausgleichs.[187] Der Leistungsumfang ist dagegen umstritten. Die Rechtsprechung fordert zumindest für die Schadenswiedergutmachung nach § 46a Nr. 2 StGB einen über die materielle Schadenskompensation hinausgehenden Leistungsbeitrag als „Ausdruck der Verantwortungsübernahme"[188]. Danach steht im Zentrum der prämiierten Leistungserbringung durch Schadenswiedergutmachung eine persönliche, über die ohnehin nach § 46 StGB berücksichtigungswürdige, Anstrengung des Täters.[189] Derartige Anforderungen an den Leistungsumfang der Schadenswiedergutmachung hält ein Teil der Literatur für überhöht.[190] Das „Hineinlesen" solcher Anforderungen widerspräche der gesetzlichen Intention.[191] Darüber hinaus begründe schon der „freiwillige" materielle Schadensausgleich ein starkes Indiz für die Verantwortungsübernahme, sodass es keiner weiteren Anstrengung bedürfe. Etwas anderes könne nur dann gelten, wenn der Täter durch kalkuliertes, opferfeindliches Verhalten die Indizwirkung seiner Leistung entkräfte.[192]

Den Täter-Opfer-Ausgleich und die Schadenswiedergutmachung ergänzt die sog. symbolische Wiedergutmachung. Mit ihrer Hilfe kann der Täter auch dann noch eine anerkennenswerte Leistung zur Wiedergutmachung erbringen, wenn es keine konkreten Opfer gibt oder kein reparabler Schaden vorliegt. Damit begründet sie eine Form der Wiedergutmachung, die nicht unmittelbar tatbezogen ist.[193] Die Leistungsart umfasst daher typi-

---

[187] Meier, Strafrechtliche Sanktionen, S. 340; Kaspar, Wiedergutmachung und Mediation, S. 4; vgl. auch BGH, NStZ 1995, 492, 492, wonach die Rechtsprechung den TOA (§ 46a Nr. 1 StGB) und die Schadenswiedergutmachung (§ 46a Nr.2 StGB) nach der Art der eingetretenen Schäden bestimmt.

[188] BGH, NStZ 2001, 200, 200; BGH, NJW 2001, 2557, 2557.

[189] Vgl. BGH, NJW 2002, 3264, 3264 f.; vgl. auch BGH, NStZ-RR 2010, 147, 147.

[190] Meier, Strafrechtliche Sanktionen, S. 340; Kaspar, Wiedergutmachung und Mediation, S. 124 f.

[191] Vgl. Kaspar, Wiedergutmachung und Mediation, S. 124 f.

[192] Vgl. Kaspar, Wiedergutmachung und Mediation, S. 124 f.; Meier, Strafrechtliche Sanktionen, S. 341, der in einem solchen Fall den reduzierten Handlungswert bejaht, im Übrigen aber davon ausgeht, dass die erbrachte Leistung dennoch einen Wert setze, der zumindest bei der Strafzumessung zu berücksichtigen sei.

[193] Meier, Strafrechtliche Sanktionen, S. 342; Müller-Dietz in Eser/Kaiser/Madlener, Neue Wege der Wiedergutmachung, S. 355, 358 f.

scherweise Geldleistungen an Dritte oder gemeinnützige Dienste (vgl. § 153a StPO).

Diese Ausführungen verdeutlichen den Umfang und die Reichweite strafrechtlicher Wiedergutmachung. Im Ergebnis lässt sich ihr Wesensgehalt als sozial-konstruktiver Umgang mit den Folgen der Tat umschreiben. Die Tat selber und der Leistungsbeitrag können erheblich variieren. Der kompensatorische freiwillige Tatfolgenausgleich im Sinne eines nicht staatlich auferlegten Leistungsbeitrags, der sich auf die konkrete Tat bezieht und die aus ihr resultierenden Tatfolgen kompensiert, begründet dabei einen der möglichen Anwendungsfälle anerkennungswürdiger strafrechtlicher Wiedergutmachung. Ob und inwieweit die tatbezogene Schadenskompensation durch eigenverantwortliche Leistung des Täters einen Handlungs- und Erfolgswert begründet, der die Schuld beeinflusst und die Tat damit als nicht mehr ahndungswürdig erscheinen lässt oder zumindest im Rahmen des Präventionsprinzips Berücksichtigung finden kann, soll der folgende Abschnitt näher erläutern.

1.2.1.2. Kompatibilität mit den Strafzwecken

Ausgangspunkt der Überlegungen sind die Strafzwecke. Soll nämlich die dem kompensatorischen Tatfolgenausgleich zugrunde liegende Wiedergutmachungsleistung des Täters in der Weise anerkannt werden, dass sie an die Stelle von Strafe tritt, muss auch sie geeignet sein, die mit der Strafe verfolgten Zwecksetzungen zu verwirklichen. Hintergrund der folgenden Untersuchung ist der an den Staat gerichtete Anspruch nur so viel zu strafen wie nötig und so wenig wie möglich. Nur wenn sich also die strafrechtliche Wiedergutmachung in Form eines, wenn man so will *Tatausgleichs*, als geeignet erweist, die mit der Strafandrohung und Strafvollstreckung verfolgten Ziele zu erfüllen, lässt sich der Strafersatz durch Wiedergutmachung legitimieren, weil die Strafe als „ultima-ratio“ zurücktreten muss. Damit gilt es die Frage zu beantworten, ob und unter welchen Voraussetzungen die Wiedergutmachung als konstruktiver Leistungsbeitrag zur Kompensation der Tat aus den Strafzwecken abgeleitet werden kann und die Strafe damit in legitimer Weise zurücktreten lässt.

1.2.1.2.1. Die Straftheorien

Die Aufgabe des Strafrechts liegt nach herrschender Auffassung im Rechtsgüterschutz.[194] Das Strafrecht selbst unterliegt wegen seines einschneidenden Charakters dem verfassungsrechtlich verankerten und aus dem Rechtsstaatsprinzip abgeleiteten Verhältnismäßigkeitsgrundsatz.[195] Es wird damit nur dann für den Rechtsgüterschutz eingesetzt, „[...] wenn ein bestimmtes Verhalten über sein Verbotensein hinaus in besonderer Weise sozialschädlich und für das geordnete Zusammenleben der Menschen unerträglich, seine Verhinderung daher besonders dringlich ist.“[196] Das Strafrecht und seine Anwendung sind „ultima-ratio“ der staatlichen Schutzmaßnahmen und dem Subsidiaritätsprinzip unterworfen.[197] Wie das Strafrecht selbst, bezweckt auch die Sanktion durch Strafe den Rechtsgüterschutz zur Sicherung des Rechtsfriedens.[198] Ihr oberstes Ziel ist und kann auch nicht die Restitution des begangenen Normbruchs sein[199], sondern die Bewahrung der Gesellschaft vor sozialschädlichen Verhalten und der Schutz elementarer Werte des Gemeinschaftslebens.[200] Als Sanktionsform des Strafrechts darf auch die Strafe, wie das Strafrecht selbst, nur dort in die Rechtspostionen des Täters eingreifen, wo die mit der Strafe verfolgten Zwecke nicht durch andere Mittel gleichermaßen erreicht werden können.[201]

Hinsichtlich der Strafzwecke wird bekanntlich zwischen der absoluten und der relativen Straftheorie sowie der heute herrschenden Vereinigungstheorie unterschieden.

Die absolute Straftheorie, zurückgehend auf die Grundkonzeptionen von *Kant*[202] und *Hegel*[203], beschränkt die Strafe zweckgelöst von präventiven

---

[194] BGHSt 24, 40, 43; 47, 55, 60 ff.

[195] BVerfGE 6, 389, 433; BVerfGE 39, 1, 47; BVerfGE 92, 277, 326; BVerfGE 96, 245, 249.

[196] BVerfGE 88, 203, 258; BVerfGE 96, 245, 249.

[197] BVerfGE 39, 1, 47; BVerfGE 96, 245, 249.

[198] BVerfGE 32, 98, 109; BVerfGE 92, 277, 326.

[199] Radtke in Münchener Kommentar, Strafgesetzbuch, Vor §§ 38 ff., Rnr. 17; Kindhäuser, ZStW 1995, 701, 729 f.;

[200] BVerfGE 45, 187, 194 f.

[201] Vgl. BVerfGE 90, 145, 185.

[202] Kant, Metaphysik der Sitten,1982, S. 452 ff.

Erwägungen, auf die gerechte Vergeltung des durch die Tat verwirklichten Unrechts.[204] *Kant* formulierte hierzu folgenschwer: „Selbst wenn sich die bürgerliche Gesellschaft mit aller Glieder Einstimmung auflöste (z.B. das eine Insel bewohnende Volk beschlösse auseinander zu gehen und sich in alle Welt zu zerstreuen), müßte der letzte im Gefängnis befindliche Mörder vorher hingerichtet werden, damit jedermann das widerfahre, was seine Thaten werth sind [...].“[205] Zu diesem angestrebten “Ideal“ einer gerechten Vergeltung durch Strafe traten im Laufe strafwissenschaftlicher Entwicklungen die Gedanken der Genugtuung und der Sühne. Die Auferlegung von Strafe, für die durch die Tat zum Ausdruck gebrachte Schädigung der Rechtsordnung, diente der staatlichen Genugtuung.[206] Darüber hinaus sollte sie dem straffällig gewordenen Täter die Gelegenheit geben, das durch die Strafe auferlegte Leid zu akzeptieren und sich so von seiner Schuld zu lösen, mithin Sühne zu leisten.[207]

Diese an sich begrüßenswerte[208] Idee einer gerechten Strafe, unter Vermeidung von Instrumentalisierung des Täters durch etwaige staatliche Nützlichkeitserwägungen, ist in ihrer absoluten Form, losgelöst von jeglichen Zweckerwägungen, mit dem heutigen Verständnis eines zweckorientierten, den Legitimationsanforderungen staatlicher Eingriffe[209] unterliegendem Strafrecht nicht mehr vereinbar. Die absolute Straftheorie vermag weder zu erklären, warum die Wiederherstellung der Gerechtigkeit nur durch die Auferlegung eines Strafübels erreicht werden kann[210] noch nach welchen Maßstäben die Strafe zu verhängen ist.[211] Vor allem aber der ihr innewohnende Selbstzweck der Strafe widerspricht dem sich aus dem Prinzip der Verhältnismäßigkeit abgeleiteten Erfordernis eines

---

[203] Hegel, Grundlinien der Philosophie des Rechts, S. 190 ff.

[204] Vgl. Theune in LK, StGB, Vor §§ 46-50, Rnr. 24; Radtke in Münchener Kommentar, Strafgesetzbuch, Vor §§ 38 ff., Rnr. 33; Roxin, JuS 1966, 377, 377 ff.; Meier, Strafrechtliche Sanktionen, S. 18 ff.

[205] Kant, Metaphysik der Sitten, 1907, S. 333.

[206] Binding, Grundriss, AT, 203 ff., 226 ff. m.w.N.

[207] Foerster, Schuld und Sühne, S. 18ff.

[208] Vgl. Meier, Strafrechtliche Sanktionen, S. 20 f.; auch Radtke in Münchener Kommentar, Strafgesetzbuch, Vor §§ 38 ff., Rnr. 33.

[209] Vgl. hierzu BVerfGE 45, 187, 253 f.; 90, 145, 172 ff.

[210] Meier, Strafrechtliche Sanktionen, S. 19 f.

[211] Roxin, JuS 1966, 377, 378.

legitimen Zwecks.[212] Die Idee der gerechten Vergeltung des verursachten Unrechts wird heute aber noch zur Begrenzung der Strafe herangezogen. Das Bundesverfassungsgericht hat hierzu ausgeführt, die Strafe sei auch Vergeltung für begangenes Unrecht.[213] Sie müsse aber gleichzeitig in einem angemessenen Verhältnis zur Schwere der Tat und zum Verschulden des Täters stehen.[214] Darüber hinaus benennt auch der Bundesgerichtshof bis heute die Vergeltung und den gerechten Schuldausgleich als Strafzweck.[215] In ihrer Bestimmung als gerechter Schuldausgleich dürfe die Strafe die Schuld des Täters aber nicht übersteigen (sog. Übermaßverbot).[216]

In Abkehr zu der absoluten Straftheorie, verstehen die relativen Straftheorien den Zweck staatlichen Strafens als Prävention, die sich auf zwei Wirkungsebenen vollziehen soll.

Die, vor allem auf *Franz v. Liszt*[217] zurückgehende Theorie der Spezialprävention, sieht die Legitimation von Strafe in ihrer individualpräventiven Wirkung, namentlich der Verhinderung weiterer Straftaten des Täters.[218] Heute gelten die Resozialisierung, die Abschreckung und, soweit beides nicht hilft, der sichernde Freiheitsentzug als individualpräventive Wirkungen von Strafe.[219] Die Resozialisierung als Ausfluss sog. positiver Spezialprävention meint, dem Täter die Fähigkeit und den Willen zu verantwortlicher Lebensführung zu vermitteln und ihm beizubringen „[…] sich unter den Bedingungen einer freien Gesellschaft ohne Rechtsbruch

---

212 Meier, Strafrechtliche Sanktionen, S. 20; Radtke in Münchener Kommentar, Strafgesetzbuch, Vor §§ 38 ff., Rnr. 33; Wege, Rücktritt und Normgeltung, S. 42 ff.

213 BVerfGE 32, 98, 109; 64, 261, 271.

214 BVerfGE 45, 187, 228; 50, 205, 215; 90, 145, 173.

215 BGHSt 29, 319, 320; 34, 345; 40, 251, 255.

216 BGHSt 29, 319, 320.

217 v. Liszt, Strafrechtliche Aufsätze und Vorträge, S. 161 ff.

218 BVerfGE 35, 202, 202; Radtke in Münchener Kommentar, Strafgesetzbuch, Vor §§ 38 ff., Rnr. 41 ff.; Theune in LK, StGB, Vor §§ 46-50, Rnr. 25; Meier, Strafrechtliche Sanktionen, S. 24 f.

219 BVerfGE 35, 202, 235 ff.; BGHSt 24, 40 ff.; Radtke in Münchener Kommentar, Strafgesetzbuch, Vor §§ 38 ff., Rnr. 41 ff.; Theune in LK, StGB, Vor §§ 46-50, Rnr. 25; Meier, Strafrechtliche Sanktionen, S. 24 f; Roxin, JuS 1966, 377, 378.

zu behaupten, […]"[220]. Der Täter soll die Selbstbestimmtheit entwickeln, soziale Anpassungsschwierigkeiten, die mit der Tat zusammenhängen, zu überwinden.[221] Dagegen bezeichnet die sog. negative Spezialprävention die Abschreckungswirkung vor weiteren sozialschädlichen Verhaltensweisen und – als ultima-ratio zur Verhinderung weiterer Straftaten – die Sicherung des Täters durch freiheitsentziehende Maßnahmen.[222]
Diese Theorie der Spezialprävention weist gegenüber der absoluten Straftheorie eine Fülle von Vorzügen auf. Hervorzuheben ist dabei insbesondere die Zweckbindung an die Individualprävention und damit das Bemühen um den Schutz der Gesellschaft und schließlich auch des Täters.[223] Die Einwirkungen auf diesen folgen dabei gerade nicht dem Bedürfnis nach Vergeltung, sondern versuchen durch Akzentuierung der Tat und der Hinwendung zu seiner individuellen Person, einen Beitrag zur Selbsthilfe zu leisten, um eine (Wieder-) Integration in die Gesellschaft zu ermöglichen.[224] Dieser konkret umsetzbare Ansatz erlaubte schließlich eine Fülle von Reformen des 20. Jahrhunderts.[225]
Obwohl die Theorie der Spezialprävention durch die Zweckorientierung und ihrem Bestreben nach Resozialisierung einen lobenswerten Kern aufweist, werden auch gegen sie, zumindest sofern sie als alleinige Rechtfertigungsgrundlage für Strafe herangezogen werden soll, schwerwiegende Einwände erhoben. So wird zunächst vorgebracht, die Theorie der Spezialprävention stoße da an ihre Grenzen, wo der Täter nicht „besserungsbedürftig" sei, weil überhaupt keine Wiederholungsgefahr bestehe.[226] Auch habe sich die „erfolgsorientierte" Zielsetzung der theoretischen Resozialisierungskonzepte in ihrer praktischen Umsetzung nicht bestätigt.[227] Vor allem aber biete auch die Theorie der Spezialprävention

---

220 Vgl. BVerfGE 35, 202, 235.
221 BVerfGE 35, 202, 235; Vgl. auch BVerfGE 33, 1, 7.
222 BGHSt 24, 40 ff.; Radtke in Münchener Kommentar, Strafgesetzbuch, Vor §§ 38 ff., Rnr. 41 ff.; Theune in LK, StGB, Vor §§ 46-50, Rnr. 25; Meier, Strafrechtliche Sanktionen, S. 24 f; Roxin, JuS 1966, 377, 378.
223 Roxin, Strafrecht AT, § 3, Rnr. 16.
224 Zum Resozialisierungskonzept des deutschen Strafvollzugsrechts, vgl. Radtke, ZfStrVO 2001, 4, 6 ff.
225 Zur näheren Darstellung vgl. Meier, Strafrechtliche Sanktionen, S. 25 f.; vgl. hierzu auch die Ausführungen bei Naucke, ZStW 1982, 525, 525 ff.
226 Roxin, JuS 1966, 377, 379.
227 Roxin, Strafrecht AT § 3, Rnr. 20; Meier, Strafrechtliche Sanktionen, S. 27.

keinen Maßstab, der die Strafe inhaltlich begrenze.[228] Durch ihren Anspruch an Resozialisierung des Täters neige sie vielmehr dazu, ihn solange zu „behandeln“ bis eine „Besserung“ eintrete, was einem unbegrenzten Zugriffsrecht des Staates gleich käme.[229] Trotz ihres begrüßenswerten Grundgedanken vermag damit auch die Theorie der positiven Spezialprävention für sich allein nicht die Strafe zu legitimieren.

Ebenso, wie die Theorie der Spezialprävention, legitimiert auch die Theorie der Generalprävention die Strafe mit dem staatlichen Schutzauftrag zur Verhinderung weiterer Straftaten. Im Unterschied fokussiert sie jedoch nicht den straffällig gewordenen Täter, sondern wendet sich an die Allgemeinheit.[230] Die auf die These des „psychologischen Zwangs“[231] von *v. Feuerbach* zurückgehende negative Generalprävention bezweckt die Abschreckung der Allgemeinheit durch Strafdrohung und -vollstreckung. Schon das Gesetz (und damit bereits die darin zum Ausdruck kommende Strafandrohung[232]) begründete für *v. Feuerbach* ein wirksames Mittel zur Aufhebung des Impulses aller Übertretungen.[233] Die Strafvollstreckung diente ihm dann zur Bekräftigung des Gesetzes.[234]

Heute soll über die Strafandrohung hinaus vor allem das in der Strafe zum Ausdruck kommende Unwerturteil die Allgemeinheit davor abschrecken, weitere Straftaten zu begehen.[235] Darüber hinaus hat sich in den letzten Jahren vor allem der Strafzweck der positiven Generalprävention

---

[228] Roxin, JuS 1966, 377, 379; Roxin, Strafrecht AT, § 3, Rnr. 16.

[229] Vgl. Roxin, Strafrecht AT, § 3, Rnr. 16; Roxin, JuS 1966, 377, 379; Naucke, ZStW 1982, 525, 547 f.; ähnlich auch Radtke in Münchener Kommentar, Strafgesetzbuch, Vor §§ 38 ff., Rnr. 42, der zwar in dem Grad der Behandlungsbedürftigkeit ein selbst angelegtes Maß der notwendigen Strafe erblickt, dieses theorieimmanente Maß aber für unvereinbar mit dem Bestimmtheitsgebot des Art. 103 Abs. 2 GG hält.

[230] BGHSt 24, 40 ff.; Radtke in Münchener Kommentar, Strafgesetzbuch, Vor §§ 38 ff., Rnr. 35 ff.; Theune in LK, StGB, Vor §§ 46-50, Rnr. 25; Meier, Strafrechtliche Sanktionen, S. 21 f; Roxin, Strafrecht AT, § 3, Rnr. 21 f.; Roxin, JuS 1966, 377, 380.

[231] v. Feuerbach, Lehrbuch, S. 38.

[232] v. Feuerbach, Lehrbuch, S. 39.

[233] v. Feuerbach, Lehrbuch, S. 38.

[234] v. Feuerbach, Lehrbuch, S. 39.

[235] BVerfGE 45, 187, 255; BGHSt 24, 40, 45.

(sog. Integrationsprävention[236]) in der Rechtsprechung[237] und der Strafrechtswissenschaft[238] behauptet. Die positive Generalprävention bemisst die Evidenz von Strafe flächendeckend, indem sie nicht nur dem Täter, sondern der Allgemeinheit mittels Strafandrohung und -vollstreckung die „Unverbrüderlichkeit der Rechtordnung“[239] demonstriert und damit das Vertrauen der Bevölkerung in die Geltung der Rechtsordnung stärkt.[240] Im Bereich der positiven Generalprävention soll das strafrechtliche Intervenieren auf dreierlei Weise vor zukünftigen Rechtsbrüchen schützen: durch einen „Lerneffekt“, durch das mit der Durchsetzung der Rechtsordnung geschaffene Vertrauen in die Gültigkeit der Rechtsordnung („Vertrauenseffekt“) und schließlich durch den hervorgerufenen „Befriedigungseffekt“ der Allgemeinheit infolge staatlicher Sanktion.[241] Der letztgenannte Aspekt soll sich eben dann einstellen, „[...] wenn der Delinquent so viel getan hat, daß das allgemeine Rechtsbewußtsein sich über den Rechtsbruch beruhigt und den Konflikt mit dem Täter als erledigt ansieht.“[242]

Trotz dieser begrüßungswerten, sozusagen universalen, Grundkonzeption, wird auch gegenüber der Theorie der Generalprävention der Einwand erhoben, sie implementiere kein Strafmaß.[243] Mehr noch als die Spezialprävention berge gerade die negative Generalprävention die Gefahr an dem Einzelnen ein Exempel zu statuieren, um die gewünschte Abschreckungswirkung bei allen Mitgliedern der Rechtsgemeinschaft zu errei-

---

[236] Vgl. hierzu Roxin in FS Bockelmann, 279, 306.

[237] BVerfGE 45, 187, 256; BGHSt 6, 125, 127; 9, 258 f.; 22, 192, 198; 34, 150 f.

[238] Jakobs, ZStW 1995, 843, 844 f.; Müller- Tuckfeld, Integrationsprävention, S. 1 ff; Koriath in Radtke u.a., Muß Strafe sein?,S. 49 ff.

[239] BVerfGE 45, 187, 256.

[240] BVerfGE 45, 187, 256; BGHSt 6, 125, 127; 9, 258 f.; 22, 192, 198; 24, 40, 46; Radtke in Münchener Kommentar, Strafgesetzbuch, Vor §§ 38 ff., Rnr. 35; Theune in LK, StGB, Vor §§ 46-50, Rnr. 25; Meier, Strafrechtliche Sanktionen, S. 22; Roxin, Strafrecht AT, § 3, Rnr. 26.

[241] Radtke in Münchener Kommentar, Strafgesetzbuch, Vor §§ 38 ff., Rnr. 35; Meier, Strafrechtliche Sanktionen, S. 22 f.; Roxin, Strafrecht AT, § 3, Rnr. 27; Roxin in Schöch, Wiedergutmachung und Strafrecht, S. 48; vgl .auch Müller-Dietz in FS Jescheck, 813, 816 f.

[242] Roxin in Schöch, Wiedergutmachung und Strafe, S. 48.

[243] Radtke in Münchener Kommentar, Strafgesetzbuch, Vor §§ 38 ff., Rnr. 36; Meier, Strafrechtliche Sanktionen, S. 23 f.; Roxin, Strafrecht AT, § 3, Rnr. 32; Roxin, JuS 1966, 377, 380.

chen.[244] Als einzige Legitimationsgrundlage von Strafe neige sie damit zur Totalität staatlichen Strafens[245] und grundrechtsverletzender Objektivierung des straffällig gewordenen Täters.[246] Die positive Generalprävention wird dagegen insbesondere auf ihre unzulängliche empirische Nachweisbarkeit kritisiert.[247] Kriminologische Studien haben nicht nachweisen können, dass die Höhe der angedrohten Strafe und die Schärfe der Strafvollstreckung die Kriminalitätsrate unmittelbar beeinflussen und damit das Kriminalitätsaufkommen verringern können.[248] Lediglich im Bereich der Bagatellkriminalität wirke die subjektiv empfundene Entdeckungsgefahr vereinzelnd kriminalitätshemmend.[249] Im Ergebnis vermag damit auch die Theorie der Generalprävention für sich genommen nicht die Strafe zu legitimieren.

Jede der bisher dargestellten Theorien stößt bei isolierter Betrachtung auf verfassungsrechtliche Bedenken, sodass in der Folge eben die sog. Vereinigungstheorien[250] dominieren, welche sich darum bemühen, die Bestrebungen der aufgezeigten Grundkonzeptionen in ein gerechtes Verhältnis zu setzen. Während die früher überwiegend vertretenen vergeltenden Vereinigungstheorien die Schuldausgleichsfunktion in den Vordergrund staatlicher Straflegitimation stellten[251], bestimmen die heute überwiegen-

---

[244] Radtke in Münchener Kommentar, Strafgesetzbuch, Vor §§ 38 ff., Rnr. 36; Meier, Strafrechtliche Sanktionen, S. 23 f.; Roxin, Strafrecht AT, § 3, Rnr. 32; Roxin, JuS 1966, 377, 380.

[245] Jescheck/Weigend, Lehrbuch des Strafrechts, S. 75.

[246] Roxin, Strafrecht AT, § 3, Rnr. 32.

[247] Vgl. Roxin, JuS 1966, 377, 380; Meier, Strafrechtliche Sanktionen, S. 29.

[248] Vgl. hierzu Meier, Strafrechtliche Sanktionen, S. 27 ff. m.w.N.

[249] Radtke in Münchener Kommentar, Strafgesetzbuch, Vor §§ 38 ff., Rnr. 38 m.w.N.; Jung, Kriminalsoziologie, S. 103.

[250] Das Bundesverfassungsgericht hat Prävention, Resozialisierung, Schuldausgleich, Sühne und Vergeltung als Aspekte einer verhältnismäßigen Sanktion anerkannt, BVerfGE 28, 264, 278; 32, 98, 109; vgl. hierzu auch Theune in LK, StGB, Vor §§ 46-50, Rnr. 33; Radtke in Münchener Kommentar, Strafgesetzbuch, Vor §§ 38 ff., Rnr. 51 ff.; Jescheck/Weigend, Lehrbuch des Strafrechts, S.75 ff.; Roxin, Strafrecht AT, § 3, Rnr. 33 ff.; Meier, Strafrechtliche Sanktionen, S. 32 ff.

[251] RGSt 58, 106, 109; vertiefend Koriath, Jura 1995, 625, 625 ff.

den präventiven Vereinigungstheorien[252] den Zweck der Strafe im präventiven Rechtsgüterschutz. Dabei stehen spezial- und generalpräventive Zweckerwägungen gleichberechtigt nebeneinander.[253] Der Aspekt einer vergeltenden, im Sinne einer gerechten, Strafe, hat aber in den präventiven Vereinigungstheorien insoweit Eingang gefunden, als der Schuldgrundsatz maßgeblich ist, welcher verlangt, „[...] daß die einen Täter treffenden Folgen einer strafbaren Handlung zur Schwere der Rechtsgutsverletzung und des individuellen Verschuldens in einem gerechten Verhältnis stehen [...]“[254]. Die Schuld, und damit die subjektive Vorwerfbarkeit des Unrechts, bildet die Grenze staatlichen Strafens.[255]

1.2.1.2.2. Die Schuldrelevanz der strafrechtlichen Wiedergutmachung

Nach den bisherigen Darstellungen bildet die sog. präventive Vereinigungstheorie den einzig überzeugenden Ansatz zur Legitimation von Strafe. Weil aber gerade die Rechtsprechung[256] die primäre Aufgabe von Strafe bis heute nicht nur in der Prävention, sondern auch im Schuldausgleich erblickt, muss auch dieser Aspekt berücksichtigt werden. Die dahinterstehende Ausgangsüberlegung betrifft die Frage der Legitimation strafersetzender Wiedergutmachung. Soll diese an die Stelle von Strafe treten, muss sie geeignet sein, die mit der Strafe verfolgten Zwecksetzungen zu erfüllen. Wird ihr Zweck, zumindest nach der Rechtsprechung auch in dem Schuldausgleich gesehen, muss auch die Wiedergutmachungsleistung als positives Nachtatverhalten einen Schuldausgleich herbeiführen können. Über die Frage, ob und inwieweit das positive Nachtatverhalten überhaupt eine (unmittelbare) Schuldrelevanz aufweist, herrscht vornehmlich Unsicherheit.

---

[252] Roxin, Strafrecht AT, § 3, Rnr. 37 ff.; Meier, Strafrechtliche Sanktionen, S. 33 f.; Koriath, Jura 1995, 625, 635.
[253] Roxin, Strafrecht AT, § 3, Rnr. 37; Meier, Strafrechtliche Sanktionen, S. 33.
[254] BVerfGE 92, 277, 327.
[255] BVerfGE 20, 323, 331; BGHSt 20, 264, 266; Roxin, Strafrecht AT, § 3, Rnr. 51 ff.; Fischer, StGB, § 46, Rnr. 5.
[256] BVerfGE 28, 264, 278; 32, 98, 109; 45, 187, 253 ff.; BGHSt 29, 319, 320; 40, 251, 255.

Die Meinungen hierzu lassen sich im Wesentlichen in drei Lager einteilen: diejenigen, die eine Schuldrelevanz des Nachtatverhaltens ablehnen; diejenigen, die dem Nachtatverhalten zumindest eine indizielle Wirkung einräumen und schließlich diejenigen, die eine Schuldrelevanz bejahen (teils im Hinblick auf die Erfolgskomponente, teils im Hinblick auf Erfolgs- und Handlungskomponente).

Am weitesten formuliert im ersten Lager *Kaufmann*, wenn er die Berücksichtigung des Nachtatverhaltens des Täters als Anerkennung schuldfremden Verhaltens charakterisiert.[257] Seine Überlegungen gründen auf dem Verständnis eines unverrückbaren Schuldbegriffs, wonach Schuld „stets eine feste und bestimmte Größe" [258] sei. Da also „mit der Vollendung der Tat die beiden Größen Unrecht und Schuld für immer"[259] feststünden, könne in der Folge auch das Verhalten des Täters nach der Tat diese unanfechtbaren Größen nicht mehr verändern. Gegen einen unmittelbaren Zusammenhang von Schuld und Wiedergutmachung spricht sich auch *Pielsticker* aus.[260] Sie räumt zwar ein, dass die für die Strafzumessungsschuld maßgeblichen Umstände gegenüber den für die Strafbegründungsschuld zulässigen Faktoren umfangreicher bewertet werden müssten, es blieben aber dennoch „die gleichen Umstände".[261] Das durch die Tat schuldhaft verwirklichte Unrecht sei für die Strafbegründungs- und die Strafzumessungsschuld gleichermaßen zugrunde zu legen.[262] Eine singuläre Berücksichtigung der Wiedergutmachung im Rahmen der Strafzumessungsschuld begründe jedoch eine zu weite Differenzierung des Schuldbegriffs und bedinge schließlich die unzulässige Aufweichung des Schuldprinzips.[263]

Die Rechtsprechung und ein Teil des Schrifttums teilen im zweiten Lager die Auffassung *Kaufmanns* insoweit als sowohl Unrecht, als auch Schuld

---

[257] Kaufmann, Das Schuldprinzip, S. 259.
[258] Kaufmann, Das Schuldprinzip, S. 261.
[259] Kaufmann, Das Schuldprinzip, S. 259.
[260] Pielsticker, § 46a StGB, S. 94 ff.; ähnlich Walther, Vom Rechtsbruch zum Realkonflikt, S. 142 f.; kritisch auch Kaspar, Wiedergutmachung und Mediation, S. 90 ff.
[261] Pielsticker, § 46a StGB, S. 108.
[262] Pielsticker, § 46a StGB, S. 107.
[263] Pielsticker, § 46a StGB, S. 108.

mit der Beendigung der strafbaren Handlung abgeschlossen seien.[264] Anders als er, räumen sie aber der Wiedergutmachung durch positives Nachtatverhalten eine (immerhin noch) *indizielle* Schuldrelevanz ein, sog. Lehre von der Indizkonstruktion.[265] Obwohl der Unrechtsgehalt der Tat durch das Nachtatverhalten selbst nicht verändert werden könne, sei das Verhalten des Täters nach der Tat aber insoweit berücksichtigungsfähig, wie sich daraus „Schlüsse auf das Maß seiner persönlichen Schuld und auf seine Gefährlichkeit“[266] ziehen lassen könnten. Offenbare das Nachtatverhalten des Täters also wie er innerlich zur Tat stehe und begründe damit eine innere Konnexität zu dieser, könne von außerhalb der Tat liegenden Umständen ein schuldrelevanter Indizwert begründet werden.[267]

Unter Zugrundelegung eines erweiterten Tatbegriffs gelangt im dritten Lager dagegen *Lang-Hinrichsen* zur unmittelbaren Schuldrelevanz des Nachtatverhaltens.[268] Seiner Auffassung nach könne die Vollendung der Tat, im Sinne von Erfüllung des gesetzlichen Tatbestandes, nicht mit der Vollendung der Tat, im Sinne von Strafzumessung, gleichgesetzt werden, weil die Verwirklichung des gesetzlichen Tatbestandes immer nur einen Ausschnitt der „Gesamttat“[269] bilde. In der Folge stelle sich das Nachtatverhalten damit eben nicht als schuldfremd dar, sondern als ein Teil des in der Gesamttat liegenden Verschuldens, welches es angemessen zu würdigen gelte.[270]

Einen anderen Ansatz begründet vor allem *Zipf*, der von einem differenziellen Schuldbegriff des Strafzumessungsrechts und der Verbrechenslehre ausgeht und dem Nachtatverhalten schließlich hinsichtlich der Erfolgs-

---

[264] BGHSt 1, 105, 106.
[265] BGHSt 1, 105, 106; BGH MDR 1954, 693, 693; Bruns, Strafzumessungsrecht, S. 575 ff.
[266] BGHSt 1, 105, 106.
[267] BGHSt 1, 105, 106; BGH, MDR, 1954, 693, 693; Bruns, Strafzumessungsrecht, S. 575 ff.
[268] Lang-Hinrichsen in FS Engisch, 353, 359 f.
[269] Lang-Hinrichsen in FS Engisch, 353, 360.
[270] Lang-Hinrichsen in FS Engisch, 353, 360.

komponente eine unmittelbare Schuldrelevanz einräumt.[271] Er unterteilt die Strafzumessungsschuld in eine Erfolgs- und eine Handlungskomponente, die nur gemeinsam den „bei der Strafzumessung auszuwertenden Unrechts- und Schuldgehalt der Tat"[272] begründen können und streng vom Handlungs- und Erfolgsunrecht der tatbestandbezogenen Verbrechenslehre zu unterscheiden seien. Während das Handlungsunrecht des vorwerfbaren Verhaltens streng auf die Tat als solche beschränkt sei, erschöpfe sich die Erfolgskomponente der Strafzumessungsschuld keineswegs im Zeitpunkt der Tatbegehung.[273] Folglich beeinflussten außerhalb der Tat liegende Umstände die Erfolgskomponente der Strafzumessungsschuld unmittelbar, während sie im Verhältnis zur Handlungskomponente nur indiziell berücksichtigt werden könnten.[274]

Anders als *Zipf* vertritt *Horn* im Gleichklang mit der Rechtsprechung die Ansicht, die das Strafmaß bestimmenden Größen Unrecht und Schuld manifestierten sich mit der Vollendung der Tat. Gleichsam weist er dem Nachtatverhalten, allerdings ohne jegliche Erläuterung, die Eigenschaft zu, als eine „Art vorweggenommener Ersatz [...] der schuldangemessenen Strafe" gewertet werden zu können.[275] Die Wiedergutmachungsleistung selbst könne aber niemals den Handlungsunwert der Tat beeinflussen, allenfalls den Erfolgsunwert kompensieren und damit das Handlungsunrecht unter präventiven Aspekten milder erscheinen lassen.[276]

Vor allem *Brauns* wehrt sich gegen diese einseitige Berücksichtigung von Nachtatverhalten im stringenten Rahmen der Erfolgskomponente und plädiert, unter Zugrundelegung eines gegenüber dem Strafbegründungssachverhalts erweiterten Strafzumessungssachverhalt, für die Anerken-

---

[271] Zipf in Maurach/Gössel/Zipf, Strafrecht AT, Teilband 2, § 63 I, Rnr. 19 und Rnr. 53.

[272] Zipf in Maurach/Gössel/Zipf, Strafrecht AT, Teilband 2, § 63 I, Rnr. 19.

[273] Zipf in Maurach/Gössel/Zipf, Strafrecht AT, Teilband 2, § 63 I, Rnr. 54.

[274] Zipf in Maurach/Gössel/Zipf, Strafrecht AT, Teilband 2, § 63 I, Rnr. 55 f.

[275] Horn in SK-StGB, § 46, Rnr. 132.

[276] Horn in SK-StGB, § 46a, Rnr. 10; auch Theune geht - jedoch ohne weitere Begründung - davon aus, dass die Schadenswiedergutmachung lediglich den Erfolgsunwert der Tat verringern kann, NStZ 1986, 153, 158; gleichsam hält er die Wiedergutmachungsleistung für geeignet einen Schuldausgleich herbei zu führen, Theune in LK, StGB, § 46, Rnr. 30.

nung des Handlungswertes von Wiedergutmachungsleistungen.[277] Seine These basiert auf der Annahme einer Wesensverschiedenheit von Tatschuld und Strafzumessungsschuld.[278] Während Erstere mit Beendigung der Tat endgültig feststehe, erlaube Letztere, wie § 46 StGB verdeutliche, die Zugrundelegung eines für die Strafzumessung maßgeblichen erweiterten Sachverhalts[279] und damit die Würdigung des Nachtatverhaltens im Rahmen der Strafzumessungsschuld.[280] Da der Schuldbegriff über den Vorwurf der begangenen Tat hinaus die Bewertung der Schwere dieses Vorwurfs impliziere, müssten alle für diesen Faktor maßgeblichen Umstände, also die mit der Tat in Beziehung stehenden Umstände, berücksichtigt werden.[281] Im Fokus der Bewertung von Schuldschwere (Strafzumessungsschuld) stünde dabei das zurechenbare Unrecht, welches sich seinerseits aus den Komponenten des Handlungs- und Erfolgsunrechts zusammensetze.[282] Diesen Komponenten der Strafzumessungsschuld könne mit dem, in Beziehung zur Tat stehenden, Nachtatverhalten ein eigener „Wert" gegenüber gestellt werden, welcher zwar das Tatunrecht (die Tatschuld) unberührt lasse, im Rahmen der Strafzumessungsschuld jedoch das begangene Unrecht verringere oder beseitige.[283] Die Wiedergutmachungsleistung selbst begründe durch den Umstand, dass kein Dauerschaden geblieben sei[284] die Dezimierung der Tatfolgen und somit einen unabhängigen dem Erfolgsunrecht entgegengesetzten „Erfolgswert"[285]. Darüber hinaus bilde nach *Brauns* auch das zum Erfolg führende Verhalten, der Aspekt der Wiedergutmachungshandlung, einen eigen-

---

[277] Brauns, Wiedergutmachung der Folgen der Straftat, 212; ähnlich Meier, Strafrechtliche Sanktionen, S. 355 f.; Meier, GA 1999, 1, 11 f.

[278] Brauns, Wiedergutmachung der Folgen der Straftat, S. 175.

[279] Siehe auch Meier, Strafrechtliche Sanktionen, S. 189, der zwar keinen erweiterten Sachverhalt zugrunde legt, das tatbestandliche Unrecht aus der Perspektive der Strafzumessungsschuld jedoch als vorläufig erachtet und damit die Erfolgs- und Handlungskomponente des tatbestandlichen Unrechts für nachträglich veränderbar ansieht.

[280] Brauns, Wiedergutmachung der Folgen der Straftat, S. 175.

[281] Brauns, Wiedergutmachung der Folgen der Straftat, S. 176.

[282] Brauns, Wiedergutmachung der Folgen der Straftat, S. 176 f.

[283] Brauns, Wiedergutmachung der Folgen der Straftat, S. 178 und S. 212.

[284] Von Brauns als „Zeitfaktor" qualifiziert, Wiedergutmachung der Folgen der Straftat, 177; zur Beseitigung des Dauerschadens, ebenso Bruns, Strafzumessungsrecht, S. 608.

[285] Brauns, Wiedergutmachung der Folgen der Straftat, 178.

ständigen, dem Handlungsunrecht gegenüber zu stellenden „Handlungswert“[286]. Dabei könne die Wiedergutmachungshandlung des Nachtatverhaltens richtigerweise dann nicht in unmittelbaren Bezug zur Handlungskomponente der Strafzumessungsschuld gesetzt werden, wenn man sie als tatbestandsbezogenen Verhaltensunwert und damit als mit der Tatvollendung abgeschlossen erachte.[287] Indes müsse von einem über den Sachverhalt der Tatschuld hinausgehenden Strafzumessungssachverhalt ausgegangen werden, der die Berücksichtigung des Nachtatverhaltens gebiete und „bei erschöpfender Bewertung“[288] der Wiedergutmachung die gleichsame Würdigung der den Erfolg bewirkenden Handlung gebiete. Die Wiedergutmachungshandlungen seien dabei nicht als ein das Unrecht und die Tatschuld vernichtender „actus contrarius“ zu werten, sondern müssten vielmehr als „zusätzliche Wertungsaspekte bei der Verhaltenskomponente der Strafzumessungsschuld“[289] verstanden werden. Im Hinblick auf den Handlungswert von Nachtatverhalten seien neben dem unmittelbaren Bezug zur Tat vor allem die Aspekte der Freiwilligkeit, verstanden als „Merkmal, das auf das Fehlen oder die Intensität des äußeren Zwangs […] abhebt“[290], der Zeitpunkt der Wiedergutmachungshandlung und die Situation des Täters, von tragender Bedeutung.[291]

Die Schuld des Täters ist der individuelle Vorwurf seiner konkreten Tat[292], genauer die Vorwerfbarkeit seines begangenen Unrechts.[293] Der Inhalt dieses Unrechts bestimmt sich durch die Komponenten des Handlungs- und Erfolgsunrechts, denen ein jeweiliger Unwert zugrunde liegt.[294] Nach der herrschenden Meinung umfasst der Handlungsunwert einer Tat das tatbestandliche Verhalten sowie die in der Person des Täters liegenden Unrechtsmerkmale.[295] Der Erfolgsunwert dagegen bestimmt

---

[286] Brauns, Wiedergutmachung der Folgen der Straftat, 204.
[287] So Zipf in Maurach/Gössel/Zipf, Strafrecht AT, Teilband 2, § 63 I, Rnr. 22.
[288] Brauns, Wiedergutmachung der Folgen der Straftat, 212.
[289] Brauns, Wiedergutmachung der Folgen der Straftat, 214.
[290] Brauns, Wiedergutmachung der Folgen der Straftat, 218.
[291] Brauns, Wiedergutmachung der Folgen der Straftat, 228 ff.
[292] Fischer, StGB, § 46, Rnr. 5.
[293] Meier, Strafrechtliche Sanktionen, S. 164.
[294] Vgl. BGH, JZ 1988, 367, 367; Erhard, Strafzumessung bei Vorbestraften, S. 205 ff.; Hörnle, Tatpropotionale Strafzumessung, S. 195 ff.
[295] Vgl. hierzu Meier, Strafrechtliche Sanktionen, S. 166 m.w.N.

sich durch alle Umstände, die den Umfang der Gefährdung oder Verletzung des jeweiligen Schutzobjekts bestimmen.[296] Die auf *Achenbach*[297] zurückgehende und weitgehend anerkannte Unterscheidung zwischen Strafbegründungs- und Strafzumessungsschuld hat, und zumindest insoweit ist *Pielsticker* zuzustimmen, den gemeinsamen Bezugspunkt des verwirklichten Unrechts. Obwohl damit beiden Begriffen dieselbe Sachfrage zugrunde gelegt wird, ergibt sich schon aus den gesetzlichen Strafrahmen eine sachliche Wesensverschiedenheit zwischen der Strafbegründungs- und der Strafzumessungsschuld, indem die Strafe zwar immer Schuld voraussetzt, ihre Zumessung aber nach § 46 Abs. 2 StGB eine Abwägung aller für und gegen den Täter sprechenden Umstände verlangt. Während damit die Strafbegründungsschuld nach dem „ob" der Vorwerfbarkeit fragt, betrifft die Strafzumessungsschuld das graduierbare Maß des gegen den Täter erhobenen Vorwurfs, explizit die Frage, „wie schwer" der Vorwurf der ihm zurechenbaren Rechtsstörung wiegt.[298] Dabei wird die Strafzumessungsschuld in ständiger Rechtsprechung, und zur Abgrenzung unzulässiger Täterschuldkonzepte[299], als Tatschuld qualifiziert.[300] Das Bundesverfassungsgericht bestimmt sie als den „aus der Verwirklichung des Straftatbestandes abzuleitenden Unrechtsgehalt"[301], was bei Zugrundelegung dieser Wertung die abschließende Fixierung des Unrechts mit der Begehung der Tat[302] und die Anwendung der sog. Indizkonstruktion erklärt.[303] Diese indizielle Berücksichtigung des Nachtatverhaltens ist jedoch abzulehnen, weil sie die praktisch untragbare Gefahr von Fehldeutungen impliziert. Bis heute existieren nämlich keine inhaltlichen Parameter, die der Frage, *wann* außertatbestandliches Verhalten

---

[296] Vgl. hierzu Meier, Strafrechtliche Sanktionen, S. 166 m.w.N.

[297] Achenbach, Dogmatische Grundlagen, S.1 ff.

[298] Zipf in Maurach/Gössel/Zipf, Strafrecht AT, Teilband 2, § 63 I, Rnr. 19 ff.; Miebach in Münchener Kommentar, Strafgesetzbuch, § 46, Rnr. 23; Meier, Strafrechtliche Sanktionen, S. 164.

[299] Vgl. zur früher vertretenen sog. Lebensführungsschuld, Mezger, ZStW, 1937, 675, 688.

[300] BGHSt 5, 124, 131; NStZ 1984, 259, 259.

[301] BVerfG 2 BvR 750/06 (1. Kammer des Zweiten Senats) - Beschluss vom 21. Juni 2006, einsehbar unter http://www.bundesverfassungsgericht.de/entscheidungen/rk20060621_2bvr075006.html, Rnr.13, NStZ 2006, 680, 681.

[302] BGHSt 1, 105, 106.

[303] Vgl. zur Indizkonstruktion die Ausführungen auf S.48.

Rückschlüsse auf das Maß der persönlichen Schuld erlaubt, einheitlich zugrunde gelegt werden können.[304] Das Nachtatverhalten erlangt vielmehr unmittelbare Schuldberücksichtigung, weil den der Strafzumessungsschuld innewohnenden Komponenten, Handlungs- und Erfolgsunrecht, mit der an die Tat unmittelbar anknüpfenden Wiedergutmachungsleistung des Täters, ein Handlungs- und Erfolgswert gegenüber gestellt wird, welcher den Schuldgehalt der Tat zu relativieren vermag.[305]

So hat auch das Bundesverfassungsgericht im Hinblick auf die unangemessene Verfahrensdauer ausgeführt, dass diese den aus der Verwirklichung des Straftatbestandes abzuleitenden Unrechtsgehalt der Tat (und damit die Tatschuld) abmildern könne.[306] Der sachliche Grund hierfür läge in der durch die überlange Verfahrensverzögerung hervorgerufenen besonderen Belastung, die einen sanktionsähnlichen Charakter aufweise.[307] Darüber hinaus nehme das Interesse an der Verwirklichung des staatlichen Strafanspruchs bei fortschreitendem Zeitablauf unter Berücksichtigung der Strafziele ab, wodurch sich der gegenüber dem Täter erhobene Unrechtsvorwurf relativiere.[308] Die rechtliche Grundlage einer solchen Wertung bilde § 46 Abs. 2 StGB.[309]
Nun lässt sich diese Sichtweise nicht ohne weiteres auf die Berücksichtigung des positiven Nachtatverhaltens übertragen, weil die Wiedergutmachung weder einen sanktionsähnlichen Charakter aufweist noch eine Situation bildet, die den Täter ohne die Möglichkeit jeglicher Einflussnahme einer besonderen Belastung aussetzt. Die Entscheidung des Bundesverfassungsgerichts verdeutlicht aber, dass außertatbestandliche Ereignis-

---

[304] Die Indizkonstruktion ablehnend Lang-Hinrichsen in FS Engisch, 353, 358; Frisch, ZStW 1987, 751, 779 f.; selbst von Bruns als Anhänger der Indizkonstruktion wird diese Problematik anerkannt, Strafzumessungsrecht, S. 578.
[305] So auch Brauns, Wiedergutmachung der Folgen der Straftat, 202 f., 212 f.; Meier, Strafrechtliche Sanktionen, S. 355 f.; zumindest für die Erfolgskomponente der Wiedergutmachungsleistung zustimmend Zipf in Maurach/Gössel/Zipf, Strafrecht AT, Teilband 2, § 63 I, Rnr. 55 f.; auch Horn in SK-StGB, § 46a, Rnr. 10; ohne weitere Begründung geht auch Theune davon aus, dass die Schadenswiedergutmachung zumindest den Erfolgsunwert der Tat verringern kann, NStZ 1986, 153, 158.
[306] BVerfG, NStZ 2006, 680, 681.
[307] BVerfG, NStZ 2006, 680, 681.
[308] BVerfG, NStZ 2006, 680, 681.
[309] BVerfG, NStZ 2006, 680, 681.

se den Unrechtsgehalt der Tat relativieren können. Diese Wertung muss auch der Wiedergutmachung zugrunde gelegt werden, weil die gesetzliche Regelung des § 46 Abs. 2 StGB die Berücksichtigung aller für die Strafzumessung relevanten Umstände nicht nur intendiert, sondern voraussetzt. Die Beurteilung der Strafzumessungsschuld erstreckt sich damit auf alle für die Schwere des Vorwurfs relevanten Umstände und wird durch das Geschehen nach der Tat maßgeblich mitbestimmt.[310] Der Sachverhalt der Strafzumessung und damit alle für die Strafzumessungsschuld relevanten Umstände reichen, wie es von § 46 Abs. 2 StGB demonstriert wird, über den rein tatbestandsbezogenen Sachverhalt hinaus. Das Erfolgsunrecht der Strafzumessungsschuld umfasst damit sämtliche dem Täter zurechenbaren tatbestandlichen und außertatbestandlichen Folgen.[311] Diesem Erfolgsunrecht wird mit der sozial-konstruktiven Leistung des Täters (z.B. im Falle der Schadensbeseitigung) ein quantitativ messbarer Gegenwert gegenübergestellt, der dem eingetretenen Erfolgsunwert entgegen gesetzt werden kann.[312] Als Wiedergutmachungsleistung kommen dabei alle Leistungen in Betracht, die geeignet sind, das tatbezogene zurechenbare Erfolgsunrecht auszugleichen.

Unter Zugrundelegung des für die Strafzumessung relevanten Sachverhalts, ist darüber hinaus auch der Handlungswert der erbrachten Wiedergutmachungsleistung im Rahmen der Strafzumessungsschuld zu berücksichtigen.[313] Diese Wertung resultiert dabei nicht lediglich aus der sonst unvollständigen Beurteilung der Strafzumessungsschuld, sondern begründet sich aus einer dogmatischen Logik. Da im Strafrecht kein Er-

---

[310] Meier, Strafrechtliche Sanktionen, S. 188 f.; Brauns, Wiedergutmachung der Folgen der Straftat, S. 214.

[311] Meier, Strafrechtliche Sanktionen, S. 189 f.; Brauns, Wiedergutmachung der Folgen der Straftat, S. 177 ff; Zipf in Maurach/Gössel/Zipf, Strafrecht AT, Teilband 2, § 63 I, Rnr. 55; im Fall der unangemessenen Verfahrensdauer sogar die dem Täter nicht zurechenbare Verfahrensverzögerung, BVerfG, NStZ 2006, 680, 681.

[312] So auch, Meier, Strafrechtliche Sanktionen, S. 189 f.; Brauns, Wiedergutmachung der Folgen der Straftat, S. 177 ff; Zipf in Maurach/Gössel/Zipf, Strafrecht AT, Teilband 2, § 63 I, Rnr. 55; Kaspar, Wiedergutmachung und Mediation, S. 91.

[313] So auch, Meier, Strafrechtliche Sanktionen, S. 356; Brauns, Wiedergutmachung der Folgen der Straftat, S. 212 ff.

folgsunrecht ohne Handlungsunrecht existiert[314], gibt es auch keinen Erfolgswert ohne einen ihm zugrundeliegenden Handlungswert. Dieser muss gerade beim Tatausgleich (als Form einer vollständig kompensatorischen Wiedergutmachung) umfänglich gewürdigt werden, weil das Verhalten des Täters an das begangene Handlungsunrecht der Tat anknüpft und sich damit in unmittelbare Beziehung zum Unrecht der Tat setzen lässt. Die durch Freiwilligkeit geprägte Wiedergutmachungsleistung unterstreicht dabei den Handlungswert des konstruktiven Leistungsbeitrags.[315] Freiwilligkeit darf jedoch nicht als eine Form von Reue oder Sühne gefordert werden, sondern lediglich als Leistungserbringung ohne staatlichen Zwang.[316] Sie ist Ausdruck von Eigenverantwortlichkeit, weil der Täter ohne eine staatlich auferlegte Maßnahme, auf seine begangene Tat Bezug nimmt und nonkonformistisch handelt.[317] Nun mag man dem entgegensetzen der Täter erbringe die Leistung nur, um die ihm sonst drohende Strafe abzuwenden und zeige damit keineswegs Verantwortung, sondern agiere aus reinem Kalkül.[318] Dieses Argument verfängt sich aber schon nicht in den Fällen, in denen die Tat noch nicht entdeckt ist, weil dem Täter insoweit (noch) gar keine Strafe bevorsteht. Aber auch nach Eröffnung des Strafverfahrens, damit Tatentdeckung und ggf. bevorstehender Strafe, bleibt dem Täter immer noch eine Wahl. Entscheidet er sich für die Wiedergutmachungsleistung, obwohl seine Schuld noch nicht bewiesen ist, zeugt gerade dieser Entschluss von Einsicht und anerkennungswürdiger Bereitschaft sich mit den Folgen seiner begangenen Tat auseinander zu setzen und bewusst zu restituieren. Gerade durch ei-

---

[314] Roxin, Strafrecht AT, § 10, Rnr. 96.

[315] Brauns, Wiedergutmachung der Folgen der Straftat, S. 217; Meier, Strafrechtliche Sanktionen, S. 356; Wambach, Straflosigkeit nach Wiedergutmachung, S. 176 ff.; a.A. Walther, Vom Rechtsbruch zum Realkonflikt, S. 138, die den Versuch, die Strafäquivalenz von Wiedergutmachung mit dem Verweis auf ein Erfordernis der freiwilligen Übernahme von Verantwortung, für „konstruiert" hält; auch Janke, Täter-Opfer-Ausgleich im Strafverfahren, S. 272, hält die freiwillige Verantwortungsübernahme im Täter-Opfer-Ausgleich für eine bloße Fiktion, solange gegen den Beschuldigten ein Strafverfahren läuft und er nur deshalb am Täter-Opfer-Ausgleich teilnimmt, um die drohende Strafe abzuwenden.

[316] Meier, Strafrechtliche Sanktionen, S. 339; Brauns, Wiedergutmachung der Folgen der Straftat, S. 218.

[317] Meier, GA 1999, 1, 4 f.

[318] Janke, Täter-Ofer-Ausgleich im Strafverfahren, S. 272; Hirsch, ZStW 1990, 534, 549; Loos, ZRP 1993, 51, 54 f.; Lampe, GA 1993, 485, 487 ff.

nen eigenverantwortlichen vollständigen Tatausgleich, als Form strafrechtlicher Wiedergutmachung, kompensiert der Täter das durch die Tat verübte Handlungs- und Erfolgsunrecht, sodass sich der gegen ihn erhobene Vorwurf der Rechtsstörung (die Schwere seiner Schuld) und das Wertungsmoment der Tat relativieren können. Der die Tat unmittelbar anknüpfende Tatausgleich ist damit ebenso wie die Strafe geeignet, einen Schuldausgleich herbeizuführen.[319]

1.2.1.2.3. Strafrechtliche Wiedergutmachung und ihre Vereinbarkeit mit dem Strafzweck der Spezialprävention

Unabhängig von der Schuldwertung stellt sich die Frage, ob die strafrechtliche Wiedergutmachung dem Strafzweck der Spezialprävention gerecht werden kann. Dazu muss auch sie, ebenso wie die Strafe selbst, geeignet sein, die negativen und positiven Komponenten der Spezialprävention zu erfüllen.

In jedem Fall ist davon auszugehen, dass die Wiedergutmachung dem Sicherungseffekt der Strafe nicht entsprechen kann. Der Freiheitsentzug des Täters ist jedoch ultima-ratio und dürfte in der Regel nur den schmalen Anwendungsbereich schwerster Gewalttaten mit irreparablen Rechtsgutsverletzungen eines resozialisierungsresistenten Täters betreffen, von dem weitere Straftaten zu erwarten sind, die ohne seine Sicherung nicht verhindert werden könnten. Für die große Masse übriger Delinquenz stellt sich aber die Frage, ob den weiteren Strafzwecken, Abschreckung und Resozialisierung, mittels eines Tatausgleichs genügt werden und die Wiedergutmachung die Strafmilderung oder gar den Straferlass rechtfertigen kann.

Auf den ersten Blick erscheint die abschreckende Wirkung der Wiedergutmachung sicherlich geringer als die der Strafe. Diese Wertung relati-

---

[319] Ähnlich Stein, NStZ 2000, 393, 396, der richtigerweise davon ausgeht, dass die Schuld nicht nur durch das passive Erleiden von Strafe, sondern auch durch die positive Leistung der Wiedergutmachung, ausgeglichen werden kann; auch Rössner in Marks/Rössner, Täter-Opfer-Ausgleich, S. 20; Rössner, NStZ 1992, 409, 412; für eine Schuldausgleichskompetenz der Wiedergutmachung auch Dölling, JZ 1992, 493, 494; unter Ausklammerung präventiver Erwägungen hält Schmidt-Hieber den Ausgleichsgedanken für ein Gebot staatlichen Schutzauftrages und spricht sich für eine vermehrte Anerkennung von Ausgleichsbemühungen im Strafrecht aus, NJW 1992, 2001 ff.

viert sich jedoch bei genauerer Betrachtung: Empirische Studien konnten keinen Zusammenhang zwischen dem Kriminalitätsaufkommen und der Schwere der Strafe nachweisen, abschreckend wirkte lediglich das vom Täter subjektiv empfundene Entdeckungsrisiko.[320] Dieses bleibt jedoch von der strafrechtlichen Wiedergutmachung unberührt.[321] Auch die abschreckende Wirkung der Strafandrohung wird durch eine in Aussicht gestellte Strafmilderung oder gar einen Straferlass nicht gemindert, weil die Strafe solange als Damoklesschwert über dem Täter schwebt wie er nicht annehmen kann, die Wiedergutmachungsleistung entspreche automatisch den gesetzlichen Vorgaben und schütze ihn zwangsläufig vor Bestrafung. Gerade für Fälle, in denen die Honorierung seiner Leistung von dem ernsthaften Erstreben einer Wiedergutmachung abhängt oder der Eintritt etwaiger Ausschlussgründe vom Täter nicht kalkulierbar ist, werden Einbußen an abschreckender Wirkung kaum zu befürchten sein.

Hinsichtlich positiv spezialpräventiver Wirksamkeit wird der Wiedergutmachung sogar ein weitestgehend hohes Potential zugesprochen.[322] Anders als die bloße Hinnahme einer Strafsanktion, ermögliche die Wiedergutmachung eine konstruktive Auseinandersetzung mit der Tat und führe zu einem resozialisierenden Lernprozess.[323] Die logische Nähe zur Tat erlaube dem Täter die Erbringung seiner Wiedergutmachungsleistung als gerecht zu empfinden und könne schließlich zur Anerkennung des Rechts führen.[324] Anders als die mit dem Konzept der Resozialisierung verbundene Gefahr von unbegrenzter Besserung, impliziere die tatbezogenen Wiedergutmachung überdies eine dem Schuldprinzip gerecht werdende rechtsstaatliche Begrenzung.[325]

---

[320] Radtke in Münchener Kommentar, Strafgesetzbuch, Vor §§ 38 ff., Rnr. 38; auch Dölling, ZStW 1990, 1. 3 ff. m.w.N.

[321] Meier, JuS 1996, 436, 439.

[322] Roxin in Schöch, Wiedergutmachung und Strafrecht, S. 50 f.; Roxin in FS Lerche, 301, 303; Meier, JuS 1996, 436, 438 f.; Kaspar, Wiedergutmachung und Mediation, S. 13 f.; vgl. Götting, Schadenswiedergutmachung im Strafverfahren, S. 13; Frehsee, Schadenswiedergutmachung, S. 94 ff.; ähnlich Rössner, NStZ 1992, 409, 412.

[323] Roxin in Schöch, Wiedergutmachung und Strafrecht, S. 50; Meier, Strafrechtliche Sanktionen, S. 358; Frehsee, Schadenswiedergutmachung, S. 96 f.

[324] Roxin in Schöch, Wiedergutmachung und Strafrecht, S. 50.

[325] Roxin in Schöch, Wiedergutmachung und Strafrecht, S. 50; a.A. Pielsticker, § 46a StGB, die für die Fälle, in denen ein tatsächlicher Ausgleich der Tatfolgen

Diesen Auffassungen ist zuzustimmen. Das Resozialisierungskonzept der Strafe möchte dem Täter die Fähigkeit und den Willen zu verantwortlicher Lebensführung in Selbstbestimmtheit vermitteln. Dieser Strafzweck wird durch den tatbezogenen Wiedergutmachungsakt gleichermaßen erreicht, weil sich die Tatfolgen für den Täter nicht in der passiven Erduldung von Strafe erschöpfen, sondern einen konstruktiven Leistungsbeitrag fordern, der seinerseits Gelegenheit zu einem selbstbestimmten Agieren vermittelt und den Lernprozess fördert. Nun mag man dem entgegenhalten, jeglicher Lernprozess würde unterbunden und die positiv spezialpräventive Wirksamkeit der Wiedergutmachung damit schließlich aufgehoben, wenn der Täter nicht aus einem Gefühl des Verantwortungsbewusstseins heraus, sondern aus reiner Berechnung handle. Sicherlich wird es immer Täter geben, die durch die Wiedergutmachung nicht zur Einsicht gebracht werden können und sie lediglich als einen Weg erachten noch einmal glimpflich davon gekommen zu sein. Dieses mag auch in einigen Fällen dazu führen, dass der Täter erneut straffällig wird. Vor diesem Restrisiko schützt aber auch die Strafe nicht. Die Annahme der Täter handle bei seiner Wiedergutmachung aus schierer Berechnung stützt sich einzig auf eine Einschätzung seiner inneren Motivation, die sich in den wenigsten Fällen nachweisen lassen wird. Der Wiedergutmachungsakt des Täters vergegenwärtigt vielmehr objektiv betrachtet die Auseinandersetzung mit den Folgen der Tat und dem geschützten Rechtsgut. Diese Konfrontation führt notwendig zu einem Bewältigungsprozess und zwar auch dann, wenn der Täter mit der Leistung (zumindest auch) die ihm sonst drohende Strafe verhindern will. Der Zweifel über seine innere Gesinnung rechtfertigt es nicht den Wert der vom Täter objektiv erbrachten Leistung und die Geeignetheit der strafrechtlichen Wiedergutmachung zur Resozialisierung gänzlich abzustreiten.

---

nicht möglich sei, davon ausgeht, dass eine Orientierung (der vom Täter zu erwartenden Bemühungen um Wiedergutmachung) an Resozialisierung ebenso wie die Strafe eine Gefahr übermäßiger Erwartung wecke.

1.2.1.2.4. Strafrechtliche Wiedergutmachung und ihre Vereinbarkeit mit dem Strafzweck der Generalprävention

Das Konzept der strafrechtlichen Wiedergutmachung muss sich auch als vereinbar mit der Generalprävention erweisen, um es als Ersatz zur Strafe oder wenigstens zur Strafmilderung legitimieren zu können.
Den Einwänden hinsichtlich der negativ spezialpräventiven Wirksamkeit von Wiedergutmachung entsprechend, wird auch in Bezug auf die negative Generalprävention eine Schwächung der Effizienz von Strafandrohung und damit eine Verminderung der abschreckenden Wirkung befürchtet.[326] Diese Befürchtungen relativieren sich bei einer Übertragung der für die individuelle Abschreckungswirkung bereits dargestellten Argumentation auf die Allgemeinheit.[327] Einbußen der negativ generalpräventiven Wirkungen durch die Honorierung der Wiedergutmachungsleistung sind auch hier zumindest dann nicht zu befürchten, wenn sich die Abwendung der Strafe für die Allgemeinheit als nicht berechenbar darstellt und dem Schutz des Rechtsguts vor künftigen Verletzungen auch mit der Wiedergutmachung genüge getan wird.[328]
Die Anforderungen an einer Vereinbarkeit der Wiedergutmachung mit dem Strafzweck der negativen Generalprävention relativeren sich darüber hinaus auch im Hinblick auf die in den letzten Jahren vermehrt in den Vordergrund gerückte positive Generalprävention und den ihr zugrunde gelegten Prämissen. Einer abschreckenden Wirkung von Strafe bedarf es nämlich umso weniger, je stärker die Geltung der Norm im Rechtsbewusstsein der Allgemeinheit behaftet ist.[329] Die Forderung nach höheren Strafen als vermeintliches[330] Mittel zur Verhütung zukünftiger Straftaten folgt weniger einem Hang zur Vergeltung, als vielmehr dem Bedürfnis nach Sicherheit.[331] Kann also dieses Sicherheitsbedürfnis mittels eines gestärkten Vertrauens in die Rechtsordnung auf anderem Wege als durch Strafe erlangt werden, etwa in Form einer kompensatorischen Wieder-

---

[326] Loos, ZRP, 51, 52 f.; Lampe, GA 1993, 485, 491 f.
[327] Vgl. hierzu S. 56 f.
[328] Dass die abschreckende Wirkung der Generalprävention zumindest durch § 46a StGB nicht beeinträchtigt wird, hat Pielsticker eindrucksvoll dargelegt, § 46a StGB, S. 66 ff.
[329] So auch Pielsticker, § 46a StGB, S. 69 f.
[330] Vgl. auch Kampen/Rasehorn, ZRP 1972, 21, 22.
[331] Kerner, Kriminalitätseinschätzung, S. 147.

gutmachung, muss das strafrechtliche Reaktionsbedürfnis und das Verlangen nach härteren Strafen zurücktreten.

Überwiegend wird hierzu angenommen, dass die durch die Straftat hervorgerufene Erschütterung der Rechtsordnung zumindest durch eine freiwillige Wiedergutmachung wieder stabilisiert werden kann.[332] Mit der auf die konkreten Tatfolgen ausgerichteten sozial-konstruktiven Leistung des Täters demonstriere dieser die Übernahme von Verantwortung und die Anerkennung der Rechtsordnung, sodass sich die Allgemeinheit über den Rechtsbruch beruhige, wodurch sich schließlich der für die positive Generalprävention so notwenige Befriedigungseffekt einstelle.[333] Diesen Auffassungen ist beizupflichten. Es erscheint plausibel, dass der Täter die Anerkennung der Rechtsordnung durch die aktive Erbringung einer tatbezogenen sozial-konstruktiven Leistung stärker demonstriert als durch die passive Entgegennahme einer Strafe. Durch die Auseinandersetzung mit der Tat, ihren Folgen, dem geschützten Rechtsgut und dem Opfer erwirkt der Täter einen Bewältigungs- und Befriedigungsmechanismus, der dazu beiträgt, dass sich die Allgemeinheit über den Rechtsbruch beruhigen kann. Dieser Befriedigungsaspekt stellt sich umso stärker ein, wie die Wiedergutmachung auf einer freien Willensentscheidung des Täters beruht.[334] Dabei ist nicht anzunehmen, dass die "reale Wertigkeit" des Bewältigungs- und Befriedigungsaspekts gemindert würde, wenn die Bereitschaft des Täters zur Tatbewältigung durch einen Rat der Familie oder der Freunde hervorgerufen würde.[335] Eine derartige Wertung verbietet sich schon deshalb, weil es völlig lebensfremd wäre, nur eine solche Entscheidung des Täters anzuerkennen, die außerhalb jeglicher sozialer Gefilde zustande gekommen ist. Auch wenn der Täter einem gut gemein-

[332] Meier, Strafrechtliche Sanktionen, S. 357 f.; Meier, GA 1999, 1, 14 f.; Roxin in Schöch, Wiedergutmachung und Strafrecht, S. 47 ff.; Roxin in FS Lerche, 301, 304 f.; Freund/Carrera, ZStW 2006, 76, 85 ff.; Pielsticker, § 46a StGB, S. 65.

[333] Meier, Strafrechtliche Sanktionen, S. 357 f.; Meier, GA 1999, 1, 14 f.; Roxin in Schöch, Wiedergutmachung und Strafrecht, S. 47 ff.; Roxin in FS Lerche, 301, 304 f.; Freund/Carrera, ZStW 2006, 76, 85 ff.

[334] Vgl. auch Freund/Carrera, ZStW 2006, 76, 87, die richtig davon ausgehen, die Erschütterung des Rechtsbewusstseins werde umso deutlicher gemindert, sogar beseitigt, wenn der Täter die Tat ausgleicht, noch bevor die Strafverfolgungsbehörden von seiner Tatbeteiligung erfahren haben.

[335] So aber Walther, Vom Rechtsbruch zum Realkonflikt, S. 126.

ten Ratschlag folgt, mindert das nicht den Wert seiner Handlung und den Bewältigungsprozess, solange er – und das kann selbst bei dringendem Anraten wohl kaum abgestritten werden, weil auch hier keine zwangsweise Einwirkung erfolgt – die endgültige Entscheidung selber treffen kann.

1.2.1.3. Die strafbefreiende Selbstanzeige als strafrechtlich legitimierte Wiedergutmachung

Vorstehend wurde ausgeführt, inwieweit die strafrechtliche Wiedergutmachung eine Schuldrelevanz begründen kann und unter welchen Bedingungen sie als Strafmilderung bzw. Strafersatz legitimierbar ist. Im Folgenden soll nunmehr untersucht werden, ob die strafbefreiende Selbstanzeige gemäß § 371 AO diesen Ansprüchen gerecht werden kann und sich damit, neben ihrer fiskalischen Ausrichtung, auch als strafrechtliche Restitution legitimiert.[336]

1.2.1.3.1. Ein Rechtsinstitut zwischen Straf- und Steuerrecht

Ausgangspunkt jeglicher Untersuchung über die strafrechtlicher Legitimation der strafbefreienden Selbstanzeige ist die Positionierung dieses Rechtsinstituts im deutschen Rechtssystem, denn nur wenn sich die strafbefreiende Selbstanzeige (zumindest auch) als ein Instrument des Strafrechts erweist, kann sie überhaupt strafrechtlich legitimiert werden.

---

[336] So Rüping in Hübschmann/Hepp/Spitaler, Abgabenordnung, § 371, Rnr. 21 ff.; Joecks in Franzen/Gast/Joecks, Steuerstrafrecht, § 371, Rnr, 24 ff., der ihr zumindest einschränkend den Wert einer Schadenswiedergutmachung beimisst; Löffler, Grund und Grenzen der steuerstrafrechtlichen Selbstanzeige, S. 269 ff., welcher die strafbefreiende Selbstanzeige als strafrechtliche Rücktrittsvorschrift versteht; Terstegen, Steuer-Strafrecht, S. 120; Wrenger, DB 1987, 2325, 2327, für den die Nachzahlungspflicht eine Form der Wiedergutmachung darstellt; Kratzsch, StuW 1974, 68, 69, der die strafbefreiende Selbstanzeige zwar für systemwidrig, aber auf einem Wiedergutmachungsprinzip beruhend, hält; a.A. Kopacek, NJW 1970, 2098, 2099; Tiedemann, JR 1975, 385, 387; Müller, DB 1981, 1480, 1481; Hoffschmidt, Über die Rechtfertigung der strafbefreienden Selbstanzeige, S. 200.

Ausgehend von ihrer systematischen Stellung im Achten Teil der Abgabenordnung unter Straf- und Bußgeldvorschriften, Erster Abschnitt Strafvorschriften, wird schnell der Schluss gezogen, bei der strafbefreienden Selbstanzeige nach § 371 AO handele es sich um eine Vorschrift des materiellen Steuerstrafrecht ohne nennenswerte Zuordnung zum Besteuerungsverfahren.[337]

Tatsächlich erfolgt die Erstattung der Selbstanzeige aber im Besteuerungsverfahren. Das materielle Steuerstrafrecht und das Steuerrecht werden aber durch die Blankettnorm[338] des § 370 AO miteinander verknüpft und auf diese wiederum bezieht sich die Selbstanzeige. Im Besteuerungsverfahren hat der Steuerpflichtige Aufklärungs- und Mitwirkungspflichten (vgl. § 90 AO, § 200 AO), deren Verletzung die tatbestandliche Voraussetzung der Steuerhinterziehung begründet.[339] Wer nach § 370 AO bestraft wird, wird bestraft, weil er Steuergesetzen zuwider handelt, in dem er z.B. über steuerlich erhebliche Tatsachen unrichtige Angaben macht und so die Steuern verkürzt. Mit der Erstattung der Selbstanzeige berichtigt der Steuerpflichtige dann seine unrichtigen Angaben oder vervollständigt sie und ermöglicht damit erst die ordnungsgemäße Festsetzung seiner Steuer, die wiederum Teil des Besteuerungsverfahrens ist.

Die strafbefreiende Selbstanzeige entfaltet aber strafrechtliche Wirkung. Gerade diese Wirkung bestimmt ihr Wesen, denn wenn nach der Legitimation der Selbstanzeige gefragt wird, wird nach der Rechtfertigung der nachträglichen Strafbefreiung gefragt. Im Schnittpunkt zwischen Steuer- und Strafrecht platziert, ist die Selbstanzeige nach § 371 AO damit nicht nur eine steuerrechtliche Regelung, sondern in ihrer Wirkung und damit ihrer Bedeutung entsprechend, vor allem auch ein Instrument des Strafrechts, das eine strafrechtlich legitimierte Analyse gestattet.

Dabei ist eine Zuordnung der strafbefreienden Selbstanzeige in den Katalog strafrechtlicher Rücktrittsregelungen[340] jedoch abzulehnen. Der

[337] So Henneberg, BB 1973, 1301, 1301.

[338] BVerfGE 37, 201, 208; BGHSt 5, 90, 92; BGHSt 23, 319, 322; BFHE 108, 286, 288; BFHE 193, 63, 68.

[339] Joecks in Franzen/Gast/Joecks, Steuerstrafrecht, § 370, Rnr. 16.

[340] Breyer, Der Inhalt der strafbefreienden Selbstanzeige, S. 41; Löffler, Grund und Grenzen der steuerstrafrechtlichen Selbstanzeige, S. 165 f.; Holper, Die steuerrechtliche Selbstanzeige, S. 3 ff.

strafbefreienden Selbstanzeige und dem strafrechtlichen Rücktritt ist zwar gemein, dass sie eine Leistungserbringung des Täters mit Straffreiheit honorieren, § 24 StGB erfordert aber von dem Täter einen Moment autonomer Freiwilligkeit.[341] Dieser ist schon dann ausgeschlossen, wenn der Täter von der weiteren Tatausführung absieht, „[…] weil sich das mit der Tatbegehung verbundene Risiko für den Täter – wenn auch nur nach dessen Vorstellung –beträchtlich erhöht hat […]“[342]. Von diesem Erfordernis abstrahiert das Institut der strafbefreienden Selbstanzeige, da es zur Erlangung seiner strafbefreienden Wirkung keines auf „autonomen Motiven“ beruhenden freiwilligen Verhaltens bedarf.[343] Vielmehr wird die strafbefreiende Wirkung der Selbstanzeige dem Täter lediglich unter den in § 371 Abs. 2 AO normierten Umständen versagt. Ein etwaiges von ihm subjektiv empfundenes Risiko einer Tataufdeckung genügt, dem gesetzgeberischen Willen entsprechend, gerade nicht zum Ausschluss der strafbefreienden Wirkung. In Anbetracht des eindeutigen Wortlauts ist es auch unzulässig ein Freiwilligkeitserfordernis als ungeschriebene Wirksamkeitsvoraussetzung in die gesetzliche Regelung der Selbstanzeige hineinzulesen.[344] Darüber hinaus beschränkt § 24 StGB den Anwendungsbereich auf nicht vollendete Taten[345], während § 371 AO die Straffreiheit auch noch nach Tatvollendung gewährt.[346] Anders als die Selbstanzeige bezweckt der strafrechtliche Rücktritt die Verhütung schlimmerer Folgen und damit schließlich den Opferschutz.[347] Das in Aussichtstellen von Straffreiheit fungiert als Mittel zur Umsetzung des Präventionsgedankens, weil es den Täter dazu animieren soll, von der weiteren Tatausführung abzusehen und damit den Eintritt der Vollendung zu verhin-

[341] Fischer, StGB, § 24, 18 ff.

[342] BGH, NStZ 93, 279, 279; ähnlich BGH, NStZ 93, 76, 77; NStZ-RR 06, 168, 169; NStZ 07, 265, 265.

[343] Joecks in Franzen/Gast/Joecks, Steuerstrafrecht, § 371, Rnr. 16 f.; Rüping in Hübschmann/Hepp/Spitaler, Abgabenordnung, § 371, Rnr. 23; Simon in Simon/Vogelberg, Steuerstrafrecht, S. 174.

[344] Rüping in Hübschmann/Hepp/Spitaler, Abgabenordnung, § 371, Rnr. 23, der darüber hinaus auch auf die Historie der strafbefreienden Selbstanzeige verweist, wonach der Gesetzgeber bewusst auf das Erfordernis einer Freiwilligkeit verzichtet hat.

[345] Fischer, StGB, § 24, Rnr. 3.

[346] Joecks in Franzen/Gast/Joecks, Steuerstrafrecht, § 371, Rnr. 47.

[347] Vgh. hierzu BGHSt 35, 184, 186.

dern.[348] Die strafbefreiende Selbstanzeige schützt dagegen den staatlichen Steueranspruch durch Anerkennung einer Leistungserbringung auch noch nach Vollendung der Tat und demonstriert damit die Wesensverschiedenheit von dem strafrechtlichen Rücktritt.

1.2.1.3.2. Kompensation des Tatunrechts der Steuerhinterziehung durch die strafbefreiende Selbstanzeige

Im Hinblick auf die strafrechtliche Wiedergutmachung wurde eingangs festgestellt, dass diese eine Schuldrelevanz aufweise, weil sie in Form eines vollständigen Tatausgleichs geeignet sei, das Handlungs- und Erfolgsunrecht der Tat zu kompensieren. Die vollständige Kompensation des Tatunrechts beseitige damit die Strafwürdigkeit und legitimiere, in Kompatibilität mit den Strafzwecken, die strafrechtliche Wiedergutmachung als Strafersatz.[349] Im Folgenden soll nun mehr untersucht werden, ob sich die strafbefreiende Selbstanzeige als Tatausgleich (im Ergebnis demnach als eine spezifische Form der strafrechtlichen Wiedergutmachung[350]) darstellt, welcher das Tatunrecht der Steuerhinterziehung zu kompensieren vermag und damit den sachlichen Grund fehlender Strafwürdigkeit begründet, der die obligatorische Strafbefreiung rechtfertigt.

Um herauszufinden, ob die strafbefreiende Selbstanzeige nach § 371 AO die nachträgliche Korrektur des Tatunrechts der Steuerhinterziehung gemäß § 370 AO bewirkt, gilt es in einem ersten Schritt das Tatunrecht der Steuerhinterziehung zu bestimmen. In einem zweiten Schritt soll schließlich ermittelt werden, ob der mit der strafbefreienden Selbstanzeige gesetzte Wert dieses Tatunrecht auszugleichen vermag.

Die Steuerhinterziehung nach § 370 AO stellt die wohl wichtigste Erscheinungsform von Steuerdelinquenz dar[351] und bildet wegen der Wechselbeziehung zur strafbefreienden Selbstanzeige den maßgeblichen Ansatz bei der Frage nach ihrer Legitimation. Das von § 370 Abs. 1 AO

---

[348] BGHSt 35, 184, 186; Fischer, StGB, § 24, Rnr. 2.

[349] Vgl. S. 46 ff.

[350] Zu den verschiedenen Ausprägungen der strafrechtlichen Wiedergutmachung vgl. Seite 32 ff.

[351] Vgl. zu den Statistiken des BMF Joecks in Franzen/Gast/Joecks, Steuerstrafrecht, § 370, Rnr. 6 ff. m.w.N.

geschützte Rechtsgut liegt nach herrschender Meinung im öffentlichen Interesse am vollständigen und rechtzeitigen Aufkommen der einzelnen Steuern und damit dem staatlichen Anspruch auf den vollen Ertrag aus jeder einzelnen Steuer.[352] Weil der Tatbestand des § 370 AO nicht nur die Verletzung von Mitwirkungs- und Offenbarungspflichten erfordert, sondern vor allem die Steuerverkürzung oder die Erlangung eines Steuervorteils als Erfolg voraussetzt (§ 370 Abs. 1 AO), handelt es sich bei der Steuerhinterziehung um ein Vermögensdelikt.[353] *Kohlmann* formulierte diesbezüglich zugespitzt, die Strafe schütze „also nur die öffentliche Kasse, mehr nicht“[354]. Worin aber liegt nun das begangene Unrecht des Steuerhinterziehers? Lässt sich zudem dieses Unrecht, auch nach Tatvollendung[355], immer noch durch die Einreichung der Selbstanzeige und der Nachzahlung der hinterzogenen Steuern kompensieren?

1.2.1.3.2.1. Kompensation des Handlungsunrechts

Soll im Folgenden das Handlungsunrecht der Steuerhinterziehung bestimmt werden, bedarf es zu seinem Verständnis und der weiteren Prüfung seiner Kompensation durch die strafbefreiende Selbstanzeige zunächst eines Rückgriffes auf die Mitwirkungspflichten der Beteiligten nach §§ 90 ff. AO. Gemäß § 85 S.1 AO haben die Finanzbehörden die Pflicht, die Steuern nach Maßgabe der Gesetze gleichmäßig festzusetzen und zu erheben. Dieser aus Art. 20 Abs. 3 GG abgeleitete Auftrag verpflichtet die Finanzbehörden zur Wahrung der Fundamentalgrundsätze über die Gesetz- und Gleichmäßigkeit der Besteuerung. Sie haben also die Pflicht, die gesetzlich geschuldete Steuer gleichmäßig fest- und

---

[352] Vgl. zur Gleichmäßigkeit der Besteuerung BVerfGE 110, 94 ff.; RGSt 59, 258, 262; RGSt 77, 196, 198; BGHSt 36, 100, 102; BGHSt 40, 109, 111; BGHSt 51, 356, 361; Hellmann in Hübschmann/Hepp/Spitaler, Abgabenordnung, § 370, Rnr. 40.; andere Auffassung Salditt in FS Tipke, S. 475, 477 ff. der die gerechte und gleichmäßige Lastenverteilung als geschütztes Rechtsgut bestimmt, dabei jedoch verkennt, dass diese lediglich das Leitprinzip der Besteuerung bildet.

[353] BVerwG, NJW 1990, 1864, 1864; Joecks in Franzen/Gast/Joecks, Steuerstrafrecht, § 370, Rnr. 14; Hellmann in Hübschmann/Hepp/Spitaler, Abgabenordnung, § 370, Rnr. 43 m.w.N.

[354] Kohlmann in Strafverfolgung und Strafverteidigung, 5, 19.

[355] Anders als der Rücktritt kann die Selbstanzeige auch noch nach Tatvollendung eine Straffreiheit herbeiführen, Jäger in Klein, AO, § 371, Rnr. 5.

durchzusetzen.[356] Dazu haben die Finanzbehörden den Sachverhalt grundsätzlich von Amtswegen zu ermitteln (§ 88 Abs. 1 S.1 AO) und alle für den Einzelfall bedeutsamen sowie auch die für die Beteiligten günstigen Umstände zu berücksichtigen (§ 88 Abs. 2 AO). Die gesetzmäßige und gleichmäßige Besteuerung knüpft jedoch an Umstände an, die häufig außerhalb der Wahrnehmung der Finanzbehörden in der Sphäre der Beteiligten liegen. Sie sind die „primären Wissensträger" und verwirklichen den Steuertatbestand.[357] Auf ihr Wissen um die steuererheblichen Tatsachen und ihre Nähe zu den Besteuerungsgrundlagen sind die Finanzbehörden unablässig angewiesen. Der Gesetzgeber hat diesem Umstand Rechnung getragen, indem er in §§ 90 ff. AO für die Beteiligten nicht nur das Recht, sondern auch die Pflicht normiert, alle für die Besteuerung erheblichen Tatsachen vollständig und wahrheitsgemäß offenzulegen. Diese Mitwirkungspflicht ist in Kooperation[358] mit dem oben beschriebenen Amtsermittlungsgrundsatz (§ 88 AO) existenzielle Bedingung zur gleichmäßigen Fest- und Durchsetzung der Steueransprüche nach Maßgabe der Gesetze.[359] Auch wenn sich das von § 370 AO geschützte Rechtsgut als der Anspruch auf den vollen Steuerertrag aus jeder einzelnen Steuerart darstellt, sanktioniert § 370 AO letztlich auch die Verletzung der steuerlichen Mitwirkungspflicht zur Offenlegung aller steuererheblichen Tatsachen[360], weil der Staat seinem Anspruch auf den vollen Ertrag aus jeder einzelnen Steuerart nur insoweit gerecht werden kann, wie er auch Kenntnis darüber hat.

Infolgedessen macht sich nach § 370 Abs. 1 AO strafbar, wer gegenüber den Finanzbehörden oder anderen Behörden über steuerlich erhebliche Tatsachen unrichtige oder unvollständige Angaben macht (§ 370 Abs. 1 Nr. 1 AO), die Finanzbehörden über solche pflichtwidrig in Unkenntnis lässt (§ 370 Abs. 1 Nr. 2 AO) oder pflichtwidrig die Verwendung von Steuerzeichen oder Steuerstempel unterlässt (§ 370 Abs. 1 Nr. 3 AO) und Steuern verkürzt oder ungerechtfertigte Steuervorteile erlangt. Die Tathandlung besteht somit in der Mitteilung wahrheitswidriger Angaben bzw. dem Unterlassen wahrheitsgemäßer Angaben. Damit enthält § 370

---

[356] Seer in Tipke/Lang, Steuerrecht, § 21, Rnr. 1 f.

[357] Söhn in Hübschmann/Hepp/Spitaler, Abgabenordnung, § 90, Rnr. 24 m.w.N.

[358] Zum Begriff der Kooperationsmaxime, vgl. Seer in Tipke/Lang, Steuerrecht, § 21, Rnr. 4.

[359] Söhn in Hübschmann/Hepp/Spitaler, Abgabenordnung, § 90, Rnr.

[360] Hellmann in Hübschmann/Hepp/Spitaler, Abgabenordnung, § 370, Rnr. 41.

Abs. 1 AO sowohl das Verbot, unrichtige oder unvollständige Erklärungen abzugeben als auch das Gebot, steuerlich erhebliche Tatsachen vollständig und wahrheitsgemäß zu offenbaren.[361]

Wie *Lütt* jedoch zutreffend herausgearbeitet hat, liegt das der Steuerhinterziehung immanente Handlungsunrecht, auch bei einem Agieren nach § 370 Abs. 1 Nr. 1 AO, nicht in der Abgabe unrichtiger und unvollständiger Angaben, sondern vielmehr in dem Unterlassen der wahrheitsgemäßen Angaben.[362] Der Vorwurf lautet, dass der Erklärende nicht alles angegeben hat, was er hätte angeben sollen.[363] Eben diesen Vorwurf greift die strafbefreiende Selbstanzeige unmittelbar auf und verlangt gemäß § 371 Abs. 1 AO in jedem Fall (also auch dann, wenn der Täter die Steuern nicht zu seinen Gunsten hinterzogen hat) für die Erlangung von Straffreiheit, die vollständige und zutreffende Angabe aller steuerlich erheblichen Tatsachen. Spiegelbildlich zur Tathandlung des § 370 Abs. 1 AO erfordert § 371 Abs. 1 AO die Berichtung der unrichtigen, die Ergänzung der unvollständigen und die Nachholung der unterlassenen Angaben. Die strafbefreiende Selbstanzeige knüpft dadurch unmittelbar an das Handlungsunrecht der Steuerhinterziehung an. Dabei erfordert der Umfang der Berichtigungserklärung nicht nur die Richtigstellung im Hinblick auf eine Tat i.S.d. § 370 AO[364], sondern zur Wirksamkeit der Selbstanzeige darüber hinaus sogar die Berichtigung aller unverjährten Taten einer Steuerart.

Im Hinblick auf die strafrechtliche Wiedergutmachung und ihren Einfluss auf das Handlungsunrecht wurde oben bereits ausgeführt, dass jedem Erfolgswert ein ebenso zu berücksichtigender Handlungswert zugrunde liegt.[365] Im Fall der Erstattung einer Selbstanzeige und der Nachzahlung der Steuern ist das nicht anders zu bewerten, weil die ordnungsgemäße Veranlagung und damit schließlich der nachzuzahlende Steuerbetrag nur

---

[361] Hellmann in Hübschmann/Hepp/Spitaler, Abgabenordnung, § 370, Rnr. 41.

[362] Lütt, Das Handlungsunrecht der Steuerhinterziehung, S. 60 f.; ihm beipflichtend Joecks in Franzen/Gast/Joecks, Steuerstrafrecht, § 371, Rnr. 25; Löffler, Grund und Grenzen der steuerstrafrechtlichen Selbstanzeige, S. 182.

[363] Lütt, Das Handlungsunrecht der Steuerhinterziehung, S. 128.

[364] Zum Tatbegriff nach Steuerart, Besteuerungszeitraum und Steuerpflichtige, vgl. BGH, wistra 2000, 219, 219.

[365] Vgl. die Ausführungen auf S. 46 ff.

durch die wahrheitsgemäße vollständige Berichtigung ermöglicht werden kann. Weil die an die Berichtigungserklärung gestellten Anforderungen deckungsgleich sind mit den Anforderungen zur ordnungsgemäßen Erfüllung der steuerrechtlichen Offenbarungspflichten, denen der Anzeigerstatter schon früher hätte entsprechen müssen[366] und deren Missachtung gemeinsam mit der Verkürzung der Steuern den Tatbestand der Steuerhinterziehung erfüllt, bildet die Erstattung der Selbstanzeige durch eine vollständige und richtige Berichtigungserklärung einen eigenständigen Handlungswert, der das Handlungsunrecht der Steuerhinterziehung kompensiert.[367] Dieser Handlungswert der strafbefreienden Selbstanzeige manifestiert sich also in der Erfüllung ursprünglicher Offenbarungspflicht, weil der Anzeigeerstatter die bisherige Unkenntnis des Staates über die relevanten Steuertatsachen beseitigt und damit schließlich die ordnungsgemäße Veranlagung ermöglicht. Dass gerade die Berichtigungserklärung diesen strafrechtlichen, mithin nicht nur fiskalischen, Charakter aufweist, zeigt sich vor allem daran, dass die schlichte Nachzahlung der verkürzten Steuerbeträge ohne berichtigende Erklärung nicht zur Erlangung von Straffreiheit ausreicht.[368] Die mit der strafbefreienden Selbstanzeige erfolgte Berichtigungserklärung ist damit Schaubild des strafrechtlichen Handlungswerts, welcher das Handlungsunrecht der Steuerhinterziehung kompensiert.

1.2.1.3.2.2. Kompensation des Erfolgsunrechts

Die Steuerhinterziehung als Erfolgsdelikt[369] setzt gemäß § 370 Abs. 1 AO den tatbestandlichen Erfolg einer Steuerverkürzung oder die Erlangung eines ungerechtfertigten Steuervorteils voraus. Dabei enthält § 370 Abs. 4 S. 1 AO eine exemplarische Aufzählung der häufig vorkommenden Fall-

---

[366] Vgl. zum Inhalt der Berichtigungserklärung BGHSt 12, 100, 101; Rüping in Hübschmann/Hepp/Spitaler, Abgabenordnung, § 371, Rnr. 67; Joecks in Franzen/Gast/Joecks, Steuerstrafrecht, § 371, Rnr. 50; Zacharias/Rinnewitz/Spahn, DStZ 1988, 391, 392; Theil, BB 1983, 1274, 1276.

[367] So auch Rüping in Hübschmann/Hepp/Spitaler, Abgabenordnung, § 371, Rnr. 97; Joecks in Franzen/Gast/Joecks, § 371, Rnr. 25; Löffler, Grund und Grenzen der steuerstrafrechtlichen Selbstanzeige, S. 182.

[368] BGH, DStZ/B 1959, 499, 500.

[369] BGH, wistra 09, 114, 117.

gruppen von Steuerverkürzungen.[370] Steuern sind namentlich dann verkürzt, wenn die Steuer nicht, nicht in voller Höhe oder nicht rechtzeitig festgesetzt worden ist.[371] Nach der Legaldefinition des § 3 Abs. 1, 1 Hs. AO handelt es sich bei Steuern um Geldleistungen, die nicht eine Gegenleistung für die besondere Leistung darstellen und von einem öffentlich-rechtlichen Gemeinwesen zur Erzielung von Einnahmen allen auferlegt werden, bei denen der Tatbestand zutrifft, an den das Gesetz die Leistungspflicht knüpft. Gegenstand der Steuerhinterziehung können damit nur Abgaben sein, die Steuern sind.[372] Für den Eintritt des tatbestandlichen Verkürzungserfolgs und damit den Zeitpunkt der Tatvollendung differenziert die herrschende Meinung zwischen Fälligkeits- und Veranlagungssteuern.

Fälligkeitssteuern sind solche Steuern, deren Fälligkeit kraft Gesetzes eintritt.[373] Zu diesen gehören insbesondere die sog. Selbstberechnungssteuern, für die es keiner (hoheitlichen) Steuerfestsetzung bedarf, weil der Steuerpflichtige mit seiner Steueranmeldung (§ 150 Abs. 1 S. 3 AO) verpflichtet wird, die Steuer selbst anzumelden und zu berechnen.[374] Der tatbestandsmäßige Verkürzungserfolg soll in diesen Fällen dann eintreten, wenn die Steuer zum Fälligkeitstermin nicht gezahlt wird.[375] Diese Auffassung ist zumindest insoweit missverständlich, wie die Steuer pünktlich angemeldet worden und lediglich ihre Zahlung unterblieben ist, denn die bloße Nichtzahlung der Steuer, trotz rechtzeitiger und korrekter Steueranmeldung, begründet mangels tatbestandsmäßigen Verhaltens noch keinen Fall der Steuerhinterziehung nach § 370 Abs. 1 AO.[376] Richtigerweise führt daher nicht etwa die Nichtzahlung der Steuer zum Fälligkeitszeitpunkt, sondern im Allgemeinen die vom Täter nicht angemeldete Steuer zum Zeitpunkt der Fälligkeit, den tatbestandlichen Verkür-

---

[370] Joecks in Franzen/Gast/Joecks, Steuerstrafrecht, § 370, Rnr. 44.
[371] Vgl. BGHSt 7, 336, 336 ff.
[372] Hellmann in Hübschmann/Hepp/Spitaler, Abgabenordnung, § 370, Rnr. 123.
[373] Seer in Tipke/Lang, Steuerrecht, § 21, Rnr. 281.
[374] Seer in Tipke/Lang, Steuerrecht, § 23, Rnr. 30; Rätke in Klein, AO, § 150, Rnr. 7.
[375] BGH, NJW 1953, 1841. 1841.
[376] Joecks in Franzen/Gast/Joecks, Steuerstrafrecht, § 370, Rnr. 37; Hellmann in Hübschmann/Hepp/Spitaler, Abgabenordung, § 370, Rnr. 65.

zungserfolg herbei.[377] Hat der Täter seine Steueranmeldung pünktlich, jedoch unkorrekt abgegeben, so tritt der Zeitpunkt der Tatvollendung auch schon vor dem Fälligkeitstermin ein, weil nach § 168 S. 1 AO die Steueranmeldung einer Steuerfestsetzung unter Vorbehalt gleichkommt.[378] Führt die Steueranmeldung dagegen zu einer Herabsetzung der bisher zu entrichtenden Steuer oder gar zu einer Steuervergütung, so steht sie einer Steuerfestsetzung unter Vorbehalt erst bei Zustimmung der Finanzbehörde gleich (§ 168 S. 2 AO).[379]

Dagegen handelt es sich bei Veranlagungssteuern um solche Steuern, die erst mit einer Veranlagungshandlung des Finanzamtes, nämlich der Steuerfestsetzung und ihrer Bekanntgabe (§§ 220 Abs. 2 S. 2, 122 AO) fällig werden.[380] Der tatbestandliche Verkürzungserfolg tritt hier ausweislich des § 370 Abs. 4 S. 1 AO schon dann ein, wenn die Steuer zu niedrig festgesetzt worden ist. Ist die Festsetzung dagegen gänzlich unterblieben, bestimmt sich der tatbestandliche Verkürzungserfolg nach dem hypothetischen Verlauf des Besteuerungsverfahrens. Zugunsten des Täters tritt der Verkürzungserfolg erst dann ein, wenn die Veranlagungsarbeiten in dem jeweiligen Veranlagungsbezirk abgeschlossen worden wären.[381]

Trotz aller Unterschiede zwischen der Verkürzung von Fälligkeits- und Veranlagungssteuern, tritt für beide Fallgruppen eine Steuerverkürzung und damit der tatbestandliche Verkürzungserfolg dann ein, wenn „ein Vergleich der tatsächlich festgesetzten Steuer (‚Ist-Steuer') mit der gesetzlich geschuldeten Steuer (‚Soll-Steuer') ein Minus der Ist- gegenüber der Soll-Steuer ergibt"[382] oder die Steuerfestsetzung nicht rechtzeitig erfolgt, obwohl ein Steueranspruch besteht.[383] Mit dem Eintritt des tatbe-

---

[377] So die neueren Meinungen in der Literatur, vgl. Hellmann in Hübschmann/Hepp/Spitaler, § 370, Rnr. 139; Joecks in Franzen/Gast Joecks, Steuerstrafrecht, Rnr. 37.

[378] Joecks in Franzen/Gast/Joecks, Steuerstrafrecht, § 376, Rnr. 22.

[379] Für den Bereich der Umsatzsteuervoranmeldung, vgl. BGH, wistra 2000, 219, 222.

[380] Seer in Tipke/Lang, Steuerrecht, § 23, Rnr. 30.

[381] BGHSt 37, 340, 344 f.

[382] BGH, NStZ 1986, 79, 79; Hellmann in Hübschmann/Hepp/Spitaler, Abgabenordnung, § 370, Rnr. 138.

[383] Hellmann in Hübschmann/Hepp/Spitaler, Abgabenordnung, § 370, Rnr. 138; Joecks in Franzen/Gast/Joecks, Steuerstrafrecht, § 370, Rnr. 63.

standlichen Verkürzungserfolg durch falsche oder verspätete Festsetzung der Steuern, hat der Gesetzgeber den tatbestandlichen Erfolg somit als von der tatsächlichen Verringerung des Steuerertrages unabhängig erklärt, weil der Steuerpflichtige seine Steuerschulden zwar immer noch innerhalb des üblichen Zahlungszeitraums begleichen kann,[384] die Zahlung wegen § 370 Abs. 4 S. 1 AO aber nicht mehr zur Verhinderung des tatbestandlichen Erfolgseintritts führen kann.[385]

Diesem tatbestandlichen Erfolg der Steuerverkürzung ist gemäß § 370 Abs. 1 AO die Erlangung eines ungerechtfertigten Steuervorteils für sich oder einen anderen gesetzlich gleichgestellt. Entsprechend der gesetzlichen Legaldefinition sind nicht gerechtfertigte Steuervorteile gemäß § 370 Abs. 4 S. 2, 2. Hs. AO dann erlangt, und damit der tatbestandliche Erfolg eingetreten, soweit diese zu Unrecht gewährt oder belassen worden sind. Die Gewährung und Belassung des Steuervorteils erfolgt dabei in der Regel durch einen ausdrücklich begünstigenden Bescheid (§§ 155 Abs. 1 S. 2 AO, 118, 122, 124 AO).

Sowohl für die Steuerverkürzung als auch für die Erlangung eines ungerechtfertigten Steuervorteils gilt nach den bisherigen Ausführungen, dass der tatbestandliche Verkürzungserfolg des § 370 Abs. 1 AO nicht gleichbedeutend mit der tatsächlichen Verringerung des Steueraufkommens und damit dem tatsächlich eingetretenen Steuerschaden ist.[386] Das tatbestandliche Erfolgsunrecht der Steuerhinterziehung liegt in der Steuerverkürzung und der Erlangung nicht gerechtfertigter Steuervorteile. Dieses tatbestandliche Erfolgsunrecht deckt sich jedoch nicht zwangsläufig mit dem abschließenden Erfolgsunrecht der Tat. Wie schon im obigen Abschnitt über die strafrechtliche Wiedergutmachung ausgeführt wurde, erschöpft sich der Erfolgsunwert einer Tat nicht im tatbestandlichen Erfolg, sondern betrifft darüber hinaus alle (damit auch außertatbestandliche) Umstände, die sich zu dem tatbestandlichen Erfolg in Beziehung setzen lassen und vom Schutzbereich der verletzen Norm erfasst wer-

---

[384] Joecks in Franzen/Gast/Joecks, Steuerstrafrecht, § 370, Rnr. 45.

[385] BGH, wistra 2006, 66, 66 f.; Joecks in Franzen/Gast/Joecks, Steuerstrafrecht, § 370, Rnr. 45.

[386] Hellmann in Hübschmann/Hepp/Spitaler, Abgabenordnung, § 370, Rnr. 154 und Rnr. 168.

den.[387] Dass diese Betrachtungsweise nicht nur für Delikte des Strafgesetzbuches gilt, sondern auch im Steuerstrafrecht bezüglich der Steuerhinterziehung Anwendung findet, zeigt sich vor allem daran, dass das Ausmaß der Schädigung, d.h. der tatsächliche Steuerschaden, welcher unter Umständen geringer sein kann als der tatbestandliche Verkürzungserfolg, der Strafzumessung zugrundegelegt werden muss.[388] In der Folge bestimmt das Kompensationsverbot des § 370 Abs. 4 S. 3 AO den Eintritt des tatbestandmäßigen Verletzungserfolg unabhängig von jeglichem Vorteilsausgleich, schließt aber die Berücksichtigung von Steuerermäßigungsgründen im Rahmen der Strafzumessung und damit bei der Bewertung des tatsächlich eingetretenen Steuerschadens nicht aus.[389]

Es stellt sich nunmehr die Frage, ob eine den gesetzlichen Anforderungen gemäß § 371 Abs. 3 AO fristgemäße Nachzahlung das Erfolgsunrecht der Steuerhinterziehung kompensieren vermag. Sind Steuerverkürzungen bereits eingetreten oder Steuervorteile erlangt, so tritt nach § 370 Abs. 3 AO die Straffreiheit für den an der Tat Beteiligten nur ein, wenn er die aus der Tat zu seinen Gunsten hinterzogenen Steuern fristgemäß nachzahlt. Die Pflicht zur Entrichtung der hinterzogenen Steuern als notwendige Voraussetzung zur Erlangung obligatorischer Straffreiheit entspricht dem fiskalischen Bestreben des Gesetzgebers, in den Besitz der geschuldeten Steuern zu gelangen und sein Steueraufkommen zu vermehren.[390] Fraglich ist aber, ob der fristgerechten Nachzahlung gemäß § 371 Abs. 3 AO auch eine strafrechtliche Bedeutung beigemessen werden kann, indem die vollständige Nachzahlung dem Erfolgsunwert der Tat einen kompensierenden Erfolgswert gegenüber stellt und gemeinsam mit der Kompensation des Handlungsunrechts die obligatorische Strafbefreiung rechtfertigt.

---

[387] Meier, Strafrechtliche Sanktionen, S. 193; vgl. auch Schäfer/Sander/van Gemmeren, Praxis der Strafzumessung, Rnr. 667 ff.

[388] BGH, wistra 1991, 27, 28; BayObLG, wistra 1990, 112, 112 f.; OLG Düsseldorf, wistra 1989, 154, 155; Hellmann in Hübschmann/Hepp/Spitaler, Abgabenordnung, § 370, Rnr. 196.

[389] BGH, NStZ-RR 1996, 83, 84; wistra 2012, 29, 37; Jäger in Klein, AO, § 370, Rnr. 139.

[390] RG, RStBl 1942, 865, 867; BGHSt 12, 100, 101; BayObLGSt 1972, 39, 41.

Der staatliche Strafanspruch ist durch die fristgemäße Nachzahlung auflösend bedingt, weil der Täter, soweit ein Taterfolg zu seinen Gunsten eingetreten ist, mit der Berichtigung nach § 370 Abs. 1 AO nur eine Anwartschaft auf Straffreiheit erlangt.[391] Zur Erfüllung der Bedingung muss er darüber hinaus aber auch die zu seinen Gunsten hinterzogene Steuer, vollständig und rechtzeitig, nachentrichten. Dabei bleibt das Kompensationsverbot nach § 370 Abs. 4 S. 3 AO bei der Berechnung der tatsächlich nachzuzahlenden Steuern außer Betracht, sodass sich der Nachzahlungsbetrag nicht nach dem tatbestandlichen Verkürzungserfolg, sondern nach den tatsächlich zu seinen Gunsten hinterzogenen Steuern richtet.[392] Das liegt einerseits daran, dass der Täter ansonsten Beträge nachzahlen müsste, auf die der Staat keinen Anspruch hat und die er in Folge dessen sogleich wieder zurückerstatten müsste.[393] Andererseits kann das dem Täter gesamtheitlich vorwerfbare Erfolgsunrecht der Steuerhinterziehung nur soweit reichen, wie er auch wirtschaftlich unmittelbar von der Tat profitiert hat.[394] Darin liegt auch einer der Gründe, weshalb der Täter nur die zu seinen Gunsten hinterzogenen Steuern nachzuzahlen hat. Der Gesetzgeber wollte mit dieser Regelung bewirken, dass die Nachzahlungspflicht nur denjenigen trifft, der auch wirtschaftlich die Vorteile der Tat erlangt hat.[395] Wie *Löffler* richtig herausgearbeitet hat, ist tragender „Gesichtspunkt für das Erfordernis der Nachentrichtung […], daß *dem Täter nicht seine Beute verbleiben darf*, wenn er für sich Strafbefreiung in Anspruch nimmt."[396] Daher ist im Ergebnis nicht nur auf den steuerlichen, sondern auch auf den finanziellen Vorteil der Tat abzustellen.[397] Der Tatbeteiligte muss also nur das herausgeben, was ihm bei wirtschaftlicher Betrachtung unmittelbar aus der Tat zugeflossen ist, dafür aber auch dann, wenn er

[391] BGHSt 7, 336, 341; BayObLG, wistra 1990, 159, 162; Rüping in Hübschmann/Hepp/Spitaler, § 371, Rnr. 98.

[392] Rüping in Hübschmann/Hepp/Spitaler, Abgabenordnung, § 371, Rnr. 101; Joecks in Franzen/Gast/Joecks, Steuerstrafrecht, Rnr. 105; Mack, Stbg 2010, 258, 259.

[393] Blesinger/Schwabe/Albrecht, DB 2007, 485, 487 f. unter Bezug auf Albrecht, DB 2006, 1696, 1696 ff.

[394] Vgl. auch Löffler, Grund und Grenzen der steuerstrafrechtlichen Selbstanzeige, S. 184 ff; Joecks in Franzen/Gast/Joecks, Steuerstrafrecht, § 371, Rnr. 105.

[395] BT-Drucks. V/1812, S. 24.

[396] Löffler, Grund und Grenzen der steuerstrafrechtlichen Selbstanzeige, S. 189.

[397] Vgl. hierzu BT-Drucks. VI/1982, S. 195.

selber gar nicht Steuerschuldner ist.[398] Mit der Nachzahlung der zu seinen Gunsten hinterzogenen Steuer kompensiert der Tatbeteiligte das ihm tatsächlich zugutekommende Erfolgsunrecht i.S. eines wirtschaftlichen Ausfalls des Fiskus.[399] Hat der Tatbeteiligte dagegen die Steuern nicht zur Erlangung eines unmittelbaren Vorteils seiner selbst willen hinterzogen und damit keinen eigenen wirtschaftlichen Vorteil erlangt, muss er dieses Erfolgsunrecht i. S. eines wirtschaftlichen Ausfalls auch nicht durch eine Nachzahlung aus seinem Vermögen kompensieren, weil sich der Gegenwert des Erfolgs gar nicht darin verwirklicht hat. Im Ergebnis zeigt das unabdingbare Erfordernis einer vollständigen Nachzahlung der zugunsten des Tatbeteiligten hinterzogenen Steuern damit den eigentlichen Charakter der strafbefreienden Selbstanzeige als strafrechtliche Wiedergutmachung.[400]

Dieser Wiedergutmachungsaspekt durch Kompensation des Erfolgsunrechts wird auch nicht dadurch gemindert, dass die Selbstanzeige die Strafbefreiung nur von der Nachzahlung der hinterzogenen Steuern, nicht aber von der Zahlung der Hinterziehungszinsen (§ 235 AO) abhängig macht.[401]
Gemäß § 235 Abs. 1 AO sind hinterzogene Steuern zu verzinsen. Zinsschuldner ist nach § 235 Abs. 1 S. 2 AO derjenige zu dessen Vorteil die Steuern hinterzogen worden sind und damit allein der Steuerschuldner[402] bzw. der Abführungspflichtige, selbst wenn er an der Tat nicht mitgewirkt hat.[403]

---

[398] BGHSt 29, 37, 41 f.; Joecks in Franzen/Gast/Joecks, Steuerstrafrecht, § 371, Rnr. 99; Rüping in Hübschmann/Hepp/Spitaler, Abgabenordnung, § 371, Rnr. 104.

[399] Vgl. auch Joecks in Franzen/Gast/Joecks, Steuerstrafrecht, § 371, Rnr. 25; Löffler, Grund und Grenzen der steuerstrafrechtlichen Selbstanzeige, S. 184 ff.

[400] So auch Joecks in Franzen/Gast/Joecks, Steuerstrafrecht, § 371, Rnr. 96; Rüping in Hübschmann/Hepp/Spitaler, Abgabenordnung, § 371, Rnr. 100; Löffler, Grund und Grenzen der steuerstrafrechtlichen Selbstanzeige, S. 187.

[401] So aber Joecks, der den Einwand erhebt, eine strafrechtliche Erklärung der Selbstanzeige müsse konsequenterweise die Straffreiheit nicht nur von der Nachzahlung der hinterzogenen Steuern, sondern auch von der Entrichtung der Hinterziehungszinsen abhängig machen, in Franzen/Gast/Joecks, Steuerstrafrecht, § 371, Rnr. 24.

[402] BFH, BStBl II 1992, 163, 163; BStBl II 1994, 557, 558.

[403] BFH, BStBl II 1982, 689, 689.

Zur Erlangung von Straffreiheit und Anerkennung der Erfolgskompensation bedarf es jedoch keiner Koppelung an die Zahlung von Hinterziehungszinsen. Zwar handelt es sich bei den Hinterziehungszinsen nach § 235 AO zweifelsfrei um außertatbestandliche Auswirkungen der Steuerhinterziehung, sie werden aber als steuerliche Nebenleistungen (§ 3 Abs. 3 AO) nicht von § 370 AO erfasst.[404] Der Tatbestand des § 370 AO erfordert bereits nach seinem Wortlaut die Verkürzung von Steuern oder die Erlangung nicht gerechtfertigter Steuervorteile. Obwohl steuerliche Nebenleistungen im Verhältnis zu dem zugrundeliegenden Steueranspruch grundsätzlich akzessorisch sind und damit dessen steuerrechtliches Schicksal teilen[405], fallen sie, wie die Legaldefinition von Steuern gemäß § 3 Abs. AO zeigt, nicht unter den Begriff der Geldleistungen, denen eine Steuereigenschaft beigemessen werden kann. Darüber hinaus hat der BGH für Säumnis- und Verspätungszuschläge entschieden, dass sich im Hinblick auf diese steuerlichen Nebenleistungen kein Sanktionsbedürfnis ergebe, welches mit § 370 AO abgedeckt werden sollte.[406] Gleiches muss auch für Hinterziehungszinsen nach § 235 AO gelten, die selber keinen strafrechtlichen Charakter aufweisen[407] und lediglich den Zweck verfolgen, den Zinsvorteil des Nutznießers der Steuerhinterziehung abzuschöpfen.[408] Da Hinterziehungszinsen aber nicht vom gesetzlichen Tatbestand des § 370 AO erfasst werden, können sie auch kein Erfolgsunrecht der Steuerhinterziehung begründen, welches zur Erlangung von Straffreiheit zu kompensieren wäre. Es handelt sich bei ihnen auch um keinen Umstand, welcher die Art und das Ausmaß der Gefährdung oder Verletzung des von § 370 AO geschützten Rechtsgut kennzeichnet und damit den Erfolgsunwert der Steuerhinterziehung mitbestimmt.[409] Schutzobjekt des § 370 Abs. 1 AO ist vielmehr der Anspruch des Steuergläubigers auf den vollen Ertrag jeder einzelnen Steuer.[410] Der Anspruch auf Zahlung der Hinterziehungszinsen bildet aber nur einen Folgeanspruch aus der Verweigerung des Steuerpflichtigen seiner Leistungs-

---

[404] BGH, NJW 1998, 1568, 1575 f.

[405] BFH, BStBl II 1992, 997, 998.

[406] BGH, NJW 1998, 1568, 1576.

[407] Joecks in Fanrzen/Gast/Joecks, Steuerstrafrecht, § 370, Rnr. 287.

[408] BFH, BStBl II 1991, 822, 823.

[409] Zu denen im Allgemeinen den Erfolgswert der Tat bestimmenden Umständen, vgl. Meier, Strafrechtliche Sanktionen, S. 193.

[410] BGHSt 36, 100, 102; BGHSt 40, 109, 111.

pflicht nachzukommen und gehört als allgemeiner Zahlungsanspruch des Fiskus nicht in dem Schutzbereich des § 370 Abs. 1 AO.[411] Zur Kompensation des mit der Steuerhinterziehung begründeten Erfolgsunrechts bedarf es somit keiner Nachzahlung der Hinterziehungszinsen.

1.2.1.3.2.3. Ergebnis

Die bisherige Untersuchung hat gezeigt, dass die strafbefreiende Selbstanzeige nicht nur das begangene Erfolgsunrecht mittels Nachentrichtung der tatsächlich hinterzogenen Steuern ausgleicht, sondern sich überdies als Tatausgleich darstellt, welcher durch die Berichtigungserklärung auch das Handlungsunrecht der Steuerhinterziehung kompensiert. Die strafbefreiende Selbstanzeige begründet im Ergebnis also sowohl einen Handlungs-, als auch einen Erfolgswert, welcher den Tatunwert der Steuerhinterziehung berührt und die begangene Tat restituiert. Mit der vollständigen Berichtigungserklärung wird der ursprünglichen Offenbarungspflicht nachgegangen und eine ordnungsgemäße Veranlagung ermöglicht. Der damit gesetzte Handlungswert gleicht das Handlungsunrecht der verübten Steuerhinterziehung aus. Mit der Nachzahlung der zu Gunsten des Tatbeteiligten hinterzogenen Steuer wird das in seinem Vermögen verwirklichte Erfolgsunrecht abgeschöpft und der Steuerausfall des Fiskus kompensiert. *Lütt* hat im Hinblick auf seine Qualifizierung der Steuerhinterziehung als Unterlassungsdelikt zutreffend ausgeführt „der Steueranspruch ist nicht Handlungsobjekt, sondern Unterlassungsobjekt; es besteht nicht die Gefahr, daß er angegriffen wird, es gilt vielmehr ihn zu 'retten'."[412] Eben diesem Erfordernis entspricht die strafbefreiende Selbstanzeige mittels einer vollständigen und wahrheitsgemäßen Berichtigungserklärung sowie der Nachzahlung der verkürzten Steuern, weil das begangene Unrecht zwar nicht ungeschehen gemacht wird, der Tatbeteiligte die Folgen seiner Tat aber kompensiert und damit den staatlichen Steueranspruch letztlich doch erfüllt. Die mittels der strafbefreienden Selbstanzeige bewirkte Kompensation des Handlungs- und Erfolgsunrechts rechtfertigt die Anerkennung dieses Nachtatverhaltens als obligatorischen Strafbefreiungsgrund, weil sich das Wertungsmoment der begangenen Tat ändert. Der gegen den Tatbeteiligten gerichtete Vorwurf seines

[411] BGH, NJW 1998, 1568, 1576; ähnlich auch BayObLG, NStZ 1981, 147, 147.
[412] Lütt, Das Handlungsunrecht der Steuerhinterziehung, S. 61.

begangenen Unrechts wird durch eine die gesetzlichen Anforderungen des § 371 AO entsprechende Selbstanzeige soweit herabgesetzt, dass die Tat als nicht mehr ahndungswürdig erscheint.

1.2.1.3.3. Die Kompatibilität der strafbefreiender Selbstanzeige mit den Strafzwecken

Soll die strafbefreiende Selbstanzeige als strafrechtlich legitimierte Wiedergutmachung in Gestalt eines Tatausgleichs die obligatorische Strafbefreiung rechtfertigen, muss sie über die Kompensation des Tatunrechts auch die mit der Strafandrohung des § 370 AO bezweckte Wirkung, namentlich der Prävention vor weiteren Straftaten, entsprechen, um den Strafersatz zu legitimieren. Der folgende Abschnitt wird daher untersuchen, ob die mit § 370 AO verfolgten Strafzwecke der Spezial- und Generalprävention unter den in § 371 AO genannten Voraussetzungen erreicht werden und damit eine strafrechtliche Legitimation der strafbefreienden Selbstanzeige erlauben.

1.2.1.3.3.1. Die Vereinbarkeit mit der Spezialprävention

Im Hinblick auf die Spezialprävention wurde bereits ausgeführt, dass der Täter positiv durch Resozialisierung und negativ durch Abschreckung von der Begehung weiterer Straftaten abgehalten werden soll.[413]

1.2.1.3.3.1.1. Positive Spezialprävention

Das Ziel positiv spezialpräventiver Zweckerwägungen ist es, dem Täter die Fähigkeit und den Willen zu verantwortlicher Lebensführung zu vermitteln, damit er sich unter den Bedingungen einer freien Gesellschaft behaupten und seine sozialen Anpassungsschwierigkeiten überwinden kann. Die Untersuchungen über die Vereinbarkeit der strafrechtlichen Wiedergutmachung mit dem Strafzweck der positiven Spezialprävention haben gezeigt, dass der mit der strafrechtlichen Wiedergutmachung einhergehende konstruktive Leistungsbeitrag des Täters und die damit verbundene unmittelbare Konfrontation mit der Tat und ihren Folgen, geeignet sind, einen Lernprozess hervorzurufen, welcher den Zielvorstellungen

---

[413] Vgl. die Ausführungen auf S. 41 ff.

der positiven Spezialprävention gerecht werden kann.[414] Es stellt sich nunmehr die Frage, ob auch die mit der strafbefreienden Selbstanzeige einhergehende Berichtigungserklärung sowie die Nachzahlung der hinterzogenen Steuern eine vergleichbare Wirkung erzielen können.

Ohne Zweifel begründen sowohl die vollständige Berichtigungserklärung als auch die Nachzahlung der hinterzogenen Steuern konstruktive Leistungen, die in unmittelbarem Zusammenhang zu der begangenen Steuerhinterziehung stehen. Den Anforderungen des § 371 Abs. 1 AO entsprechend, hat der Täter zu allen unverjährten Steuerstraftaten einer Steuerart die unrichtigen Angaben in vollem Umfang zu berichtigen, sodass von ihm eine erhebliche Eigenleistung erwartet wird, die unweigerlich zur Auseinandersetzung mit der Tat, und wegen des Nachzahlungserfordernisses (§ 371 Abs. 3 AO) auch mit den Folgen der Tat, führt. Nun mag man dem entgegenhalten, die Berichtigungsleistung erfolge ohnehin durch den Steuerberater und auch die Nachzahlung der hinterzogenen Steuer könne im Notfall durch ein von Dritten gewährtes Darlehen erbracht werden, sodass der Täter im Grunde gar keinen eigenen Leistungsbeitrag erbringe. Diese Einwendungen verflüchtigen sich jedoch bei genauerer Betrachtung, weil der Steuerberater auf die unweigerliche Mitwirkung des Steuerpflichtigen angewiesen ist und auch das großzügigste Darlehen letztlich beglichen werden muss. Überdies genügt es auch nicht, wenn der Steuerpflichtige gegenüber der Finanzbehörde die Unrichtigkeit seiner früheren Erklärungen lediglich anerkennt.[415] Vielmehr hat er einen wesentlichen „Beitrag zur Ermöglichung einer zutreffenden nachträglichen Steuerfestsetzung“[416] zu leisten. Die Erfüllung der gesetzlichen Anforderungen zur Erlangung von Straffreiheit nach § 371 AO erfordert von dem Täter daher einen wertvollen Eigenbeitrag und impliziert notwendig die Konfrontation mit seiner Straftat, die ihrerseits eine Bewusstseinsbildung für die überkommende Verantwortung bedingt. Gerade diese Bewusstseinsbildung ist geeignet einen der positiven Spezialprävention gerecht werdenden Lernprozess herbeizuführen.

Hiergegen wird vermehrt der Einwand erhoben, der sich nach § 371 AO selbstanzeigende Tatbeteiligte, handele keineswegs aus einem Gefühl der

---

[414] Vgl. die Ausführungen auf S. 56 ff.
[415] RGSt 59, 115, 118.; vgl. auch BGHSt 3, 373, 374.
[416] BGHSt 3, 373, 375.

Verantwortungsübernahme heraus oder gar wegen eines Sinneswandels, sondern lediglich seinem egoistischen Motiv folgend, der befürchteten Strafe zu entgehen.[417] Wie bereits zur strafrechtlichen Wiedergutmachung ausgeführt[418], beeinträchtigt das Motiv des Täters einer Strafe zu entgehen, in keinem Fall den Erfolgswert der Tat. Anders liegt es auch nicht im Falle des durch die Nachzahlung der hinterzogenen Steuern begründeten Erfolgswerts. Darüber hinaus haben die Untersuchungen zur strafrechtlichen Wiedergutmachung gezeigt, dass die subjektive Angst vor Bestrafung die objektive durch die Konfrontation mit der Tat hervorgerufene Bewusstseinsbildung, nicht beeinträchtigt. Auch das kann im Falle der strafbefreienden Selbstanzeige nicht anderes bewertet werden. Die Furcht vor Strafe ändert nichts an der objektiv erbrachten Leistung, nämlich die Erfüllung seiner ursprünglichen Steuerpflichten. Wer nunmehr aber argumentiert, genau diese Erfüllung könne doch nicht als erhebliche Eigenleistung oder gar ein Zeichen von Verantwortungsübernahme gewertet werden, weil der Täter hier lediglich einer Pflicht nachkäme, die andere Steuerpflichtige ganz selbstverständlich, rechtzeitig und vollständig, bereits erfüllt hätten[419], verkennt die Umstände, unter denen der Täter Selbstanzeige erstattet. Wie zuvor bereits ausgeführt, sieht sich der Staat bei der Erhebung seiner Steuern sehr schwierigen Bedingungen ausgesetzt und ist unablässig auf die Mitwirkung seiner steuerpflichtigen Bürger angewiesen. Der zeitliche und personale Aufwand zur lückenlosen Aufklärung aller für eine gleichmäßige Besteuerung relevanten Sachverhalte übersteigt bei weitem die staatlichen Kompetenzen, was sich nicht zuletzt an den in jüngster Zeit vermehrt vorkommenden Ankäufen illegaler Steuerdaten-CDs wiederspiegelt. Wie für die „white collar criminality“[420] typisch, zeigt auch die Steuerhinterziehung in der Regel keine sichtbaren Spuren[421]; auch ihr fehlt es, mangels Anzeige erstattenden Opfers, an den üblicherweise funktionierenden sozialen Kontrollinstan-

---

[417] So Müller, DB 1981, 1480, 1481; ähnlich Tiedemann, JR 1975, 384, 387.

[418] Vgl. S. 46 ff.

[419] Vgl. Hoffschmidt, Über die Rechtfertigung der strafbefreienden Selbstanzeige, S. 156, der davon ausgeht, dass es sich bei der Wiedergutmachung des Täters in Wirklichkeit nur um eine nachträgliche Erfüllung der steuerlichen Verpflichtungen handele.

[420] Zu dem Begriff vgl. Schwind, Kriminologie, § 21, Rnr. 14 ff.

[421] Franzen in Franzen/Gast/Samson, Steuerstrafrecht, § 371, Rnr. 14.

zen.[422] Angesichts dieser Umstände dürfte hinsichtlich der Steuerhinterziehung eine hohe Dunkelziffer bestehen[423], die nicht nur die fiskalische Anreizfunktion der strafbefreienden Selbstanzeige erklärt, sondern auch strafrechtliche Rückschlüsse auf das Verhalten des sich selbst Anzeigenden zulässt. In Anbetracht der aussichtslosen Situation des Staates könnte der Steuerhinterzieher mit guten Gründen darauf vertrauen, dass gerade seine Taten nicht entdeckt werden. Entschließt er sich jedoch dazu, seine Steuerverfehlungen über alle unverjährten Straftaten einer Steuerart vollständig offenzulegen und seine Steuerschuld zu begleichen, obwohl die Tat noch gar nicht entdeckt und noch nicht mal eine die Wahrscheinlichkeit der Tataufdeckung erhöhende Prüfungsanordnung nach § 196 AO bekanntgegeben worden ist (welche die strafbefreiende Wirkung der Selbstanzeige nach § 371 Abs. 2 Nr. 1a) AO bereits ausschließen würde), so muss dieser Entschluss als ein Zeichen von Verantwortungsübernahme gewertet werden. Überdies verdeutlicht auch die relativ hohe Anzahl missglückter Selbstanzeigen[424] die Unwägbarkeiten der obligatorischen Strafbefreiung und damit das existente Risiko der Preisgabe der Taten ohne Erlangung einer Straffreiheit. Eben dieses faktische Risiko im Zusammenhang mit der relativ geringen Wahrscheinlichkeit der Tatentdeckung[425], rechtfertigen die Anerkennung der Eigenleistung des sich selbstanzeigenden Steuerstraftäters und die Annahme einer der positiven Spezialprävention entsprechenden Bewusstseinsbildung.

Die Kompatibilität der strafbefreienden Selbstanzeige mit der positiven Spezialprävention zeigt sich überdies auch daran, dass sich der Steuerpflichtige, der zukünftig seine steuerlichen Pflichten ordnungsgemäß erfüllen möchte, ohne die Möglichkeit einer strafbefreienden Selbstan-

---

[422] Müller, DB 1981, 1480, 1481.

[423] Auf die Dunkelziffer im Zusammenhang mit dem infolge dessen nur grob schätzbaren Einnahmeausfall verweisend Wabnitz/Janovsky, Handbuch, Kapitel 20, Rnr. 5.

[424] Vgl. insoweit die Ausführungen bei Hoffschmidt, Über die Rechtfertigung der strafbefreienden Selbstanzeige, S. 38 f.

[425] Allein die Pressemitteilungen über den Ankauf dubioser Steuerdaten-CDs, deren genauen Inhalt nur die Inhaber der CDs kennen, vermag keinen derart äußeren Druck auf den Steuerstraftäter darstellen, dass man die strafbefreienden Selbstanzeige als faktisch zwangsweise auferlegt deuten und den Eigenwert der Berichtigungserklärung und Nachzahlung in Abrede stellen kann.

zeige der Gefahr ausgesetzt sehe, damit seine bisherigen Taten preiszugeben. In der Folge könnte er sich eher dazu veranlasst sehen, seine rechtskonformen Bestrebungen zu verwerfen, als seinem bisherigen Weg weiter zu folgen. Zutreffend hat *Brauns* insoweit ausgeführt, die strafbefreiende Selbstanzeige sei ein Institut, „mit dessen Hilfe der *Begehung von Fortsetzungstaten entgegengewirkt* werden kann."[426] Das Konzept der strafbefreienden Selbstanzeige ermöglicht dem Täter und Tatbeteiligten die Rückkehr in die Rechtsordnung ohne Repression, aber in dem Bewusstsein steuerstrafrechtlichen Verfehlungen. Sie entspricht damit nicht nur den fiskalischen Bestrebungen des Gesetzgebers in den Besitz aller ihm geschuldeten Steuern zu gelangen, sondern auch den positiv spezialpräventiven Erwägungen, den Täter wieder in die rechtskonforme Gesellschaft einzugliedern und die bisherigen sozialen Anpassungsschwierigkeiten zu überwinden. Der strafrechtliche Charakter der strafbefreienden Selbstanzeige zeigt sich somit in ihrer Konzeption als Wiedereingliederung in die Rechtsordnung und entspricht damit den Erkenntnissen zur Zielsetzung der positiven Spezialprävention.

1.2.1.3.3.1.2. Negative Spezialprävention

Die negative Spezialprävention meint den Täter einer Straftat durch Abschreckung von der Begehung weiterer Straftaten abzuhalten. Im Hinblick auf die strafrechtliche Wiedergutmachung wurde festgestellt, dass von dieser naturgemäß keine abschreckende Wirkung ausgeht. Die mit der strafrechtlichen Wiedergutmachung in Aussicht gestellte Straffreiheit stellt die abschreckende Wirkung der Strafandrohung zumindest gleichsam aber solange nicht in Frage, wie der Täter die Strafbefreiung infolge seiner Wiedergutmachungsleistung nicht als Automatismus einkalkulieren kann.[427]

In der Vergangenheit wurde immer wieder angenommen, die mit der Selbstanzeige in Aussicht gestellte Straffreiheit beseitige die negativ spezialpräventiven Wirkungen der Strafandrohung des § 370 Abs. 1 AO, weil der Täter seine Taten in Ruhe beenden und sich dennoch seiner Straffreiheit sicher sein könne.[428] Die Ausgestaltung der Selbstanzeige

---

[426] Brauns, Wiedergutmachung der Folgen der Straftat, S. 147.

[427] Vgl. die Ausführungen auf S. 56 ff.

[428] Hoffschmidt, Über die Rechtfertigung der strafbefreienden Selbstanzeige, S. 192.

erlaube dem Täter die Vor- und Nachteile seiner Tat genau abzuwägen und erst in "letzter Minute", etwa dann wenn er seine Tatentdeckung als nahezu sicher annehmen müsse, die strafbefreiend wirkende Selbstanzeige einzureichen.[429] Gerade im Hinblick auf die frühere Fassung des § 371 AO hieß es, das Risiko der Tatendeckung sei „[…] in vielen Fällen minimal, in anderen gering, in jedem Falle jedoch weitgehend kalkulierbar, weil selbst die vorgeschriebene Ankündigung einer Außenprüfung noch immer ausreichend Zeit zu einer Selbstanzeige läßt."[430]

Im Hinblick auf die strafrechtliche Wiedergutmachung wurde bereits ausgeführt, dass das die abschreckende Wirkung maßgeblich beeinflussende subjektiv empfundene Entdeckungsrisiko, von der mit einer Wiedergutmachung einhergehenden Strafbefreiung nicht beeinträchtigt wird.[431] Gleiches gilt auch in Bezug auf die strafbefreiende Selbstanzeige nach § 371 AO. Spätestens seit der Einführung des Sperrgrundes nach § 371 Abs. 2 Nr. 1a) AO verfängt sich der Einwand, der Täter könne das Risiko der Tatentdeckung kalkulieren, nicht mehr, weil mit ihm der Eintritt der Sperrwirkung zeitlich vorverlegt worden ist. War die strafbefreiende Wirkung der Selbstanzeige früher erst mit dem Zeitpunkt des Erscheinens des Amtsträgers vor Ort ausgeschlossen und wurde dem Steuerpflichtigen dieses Erscheinen in der Regel meist mehrere Tage vor Beginn bekannt gegeben (§ 197 AO), sodass damit noch genügend Zeit blieb, sich bei befürchteter Tatentdeckung rechtzeitig nach § 371 AO selbst anzuzeigen, hat der Gesetzgeber mit Einführung des § 371 Abs. 2 Nr. 1a) AO derartige "taktische" Überlegungen unterbunden. Konnte der Täter früher schon kaum den Zeitpunkt abschätzen, ab welchem ihm die strafbefreiende Selbstanzeige versagt blieb, d.h. umgekehrt, wie lange er noch die Möglichkeit zur strafbefreienden Selbstanzeige hatte, so ist mit der Einführung des § 371 Abs. 2 Nr. 1a) AO dieser Zeitraum erheblich verkürzt worden. Die Ausgestaltung der Sperrgründe bildet für den Täter damit ein nicht (mehr) kalkulierbares Risiko, die strafbefreiende Wirkung einer Selbstanzeige durch zu langes Warten, zu verwirken. Die Sperrgründe des § 371 Abs. 2 AO wirken einem Taktieren mit der strafbefrei-

[429] Hoffschmidt, Über die Rechtfertigung der strafbefreienden Selbstanzeige, S. 191.
[430] Hoffschmidt, Über die Rechtfertigung der strafbefreienden Selbstanzeige, S. 189.
[431] Vgl. hierzu bereits die Ausführungen auf S. 57.

enden Selbstanzeige entgegen und erweisen sich im Ergebnis als komplementär zur Strafandrohung des § 370 Abs. 1 AO. Es ist zudem davon auszugehen, dass derjenige Täter, welcher sich nach § 371 AO selbstanzeigt hat, die Befürchtungen hegen wird, in Zukunft unter einer sorgfältigeren Beobachtung der Finanzbehörden zu stehen. Dieser Umstand rechtfertigt die Annahme, er werde sich zukünftig gesetzestreu verhalten, sodass die Einreichung der Selbstanzeige die präventiven Erwägungen der Strafandrohung von § 370 AO stützt. Die strafbefreienden Selbstanzeige beseitigt damit nicht die mit der Strafandrohung des § 370 Abs. 1 AO einhergehende abschreckende Wirkung, sondern erweist sich als ein der negativen Spezialprävention stimulatives Rechtsinstitut.

1.2.1.3.3.2. Die Vereinbarkeit mit der Generalprävention

Die Generalprävention meint die Verhütung weiterer Straftaten durch Einwirkung auf die Allgemeinheit, indem Strafandrohung und -vollstreckung positiv wirkend durch Demonstration von der Gültigkeit der Rechtsordnung das Vertrauen in diese stärken und negativ die Allgemeinheit abschrecken sollen.[432]

1.2.1.3.3.2.1. Positive Generalprävention

Der Kern der positiven Generalprävention besteht im Befriedigungsaspekt der Allgemeinheit, welcher sich dann einstellen soll, wenn der Täter so viel getan hat, dass sich das allgemeine Rechtsbewusstsein über den Rechtsbruch beruhigen kann. Das Prinzip der positiven Generalprävention beruht dabei auf folgendem Mechanismus: Der Täter hat sich mit seiner Straftat über die Geltung der Rechtsordnung hinweggesetzt und damit das Rechtsempfinden der Allgemeinheit verletzt. Diese Erschütterung des Normbewusstseins gilt es durch Bestätigung der Rechtsordnung zu beseitigen, um das Vertrauen der Allgemeinheit in die Gültigkeit der Rechtsordnung (wieder) zu gewinnen. Stellt sich nun mehr heraus, dass der Täter mit Einreichung der strafbefreienden Selbstanzeige und Nachzahlung der hinterzogenen Steuern die Normgeltung wieder anerkennt und so viel leistet, dass sich die Allgemeinheit über den Konflikt beruhigen kann, ist

---

[432] Ausführlich auf S. 43 f.

die strafbefreiende Selbstanzeige als mit der positiven Generalprävention kompatibel zu erachten.

Im Hinblick auf die strafrechtliche Wiedergutmachung wurde bereits festgestellt, dass diese in ihrer freiwilligen (mithin nicht staatlich auferlegten) Form, die vom Täter hervorgerufene Erschütterung der Rechtsordnung beheben kann.[433] Die unmittelbar an die Tat anknüpfende sozialkonstruktive Leistung des Täters demonstriert als Aktiva die Umkehr des Täters in die Rechtsordnung und ebnet den Weg zu einer auf die Integration und die Befriedigung abstellende positive Generalprävention. Es stellt sich nunmehr die Frage, ob sich diese Ergebnisse auch auf die strafbefreiende Selbstanzeige nach § 371 AO transferieren lassen.

Jüngst erst hat *Kuhlen* der strafbefreienden Selbstanzeige ihre Existenzberechtigung aberkannt, weil sie der generalpräventiven Funktion des § 370 AO nicht entspreche.[434] Vielmehr sei der mit der strafbefreienden Selbstanzeige einhergehende Beitrag zur Normbekräftigung des § 370 AO ungenügend und führe in der Folge des damit einhergehenden Wertungswiderspruchs zu Unverständnissen.[435]
Nach *Kuhlen* sei die mit der Selbstanzeige einhergehende obligatorische Strafbefreiung nur dann zu rechtfertigen, wenn § 371 AO „[…] eine über den Ausgleich des materiellen Schadens hinausgehende Leistung des Täters verlangt, die ausreichendes Gewicht hat, um eine Bestrafung der Steuerhinterziehung entbehrlich zu machen.“[436] „Wäre [nämlich] bei einem strafbaren Delikt für den Sanktionsverzicht nicht mehr erforderlich als der Ersatz des materiellen Schadens, so wäre dies gleichbedeutend mit der Wertung, dieses Delikt sei rein ziviles Unrecht und damit schon grundsätzlich nicht strafwürdig und strafbedürftig.“[437] Für ein der Generalprävention gerecht werdendes Bekenntnis von Normtreue bedürfe es eines Mehr an Beitrag, als die bloße Nachzahlung der hinterzogenen Steuern, weil dieser nur den materiellen Schaden beseitige, „[…] nicht dagegen den durch die Normverletzung verursachten *ideellen* oder

---

[433] Vgl. hierzu bereits S. 56 ff.
[434] Kuhlen, Grundfragen der Steuerhinterziehung, S. 180 ff.
[435] Kuhlen, Grundfragen der Steuerhinterziehung, S. 172.
[436] Kuhlen, Grundfragen der Steuerhinterziehung, S. 170.
[437] Kuhlen, Grundfragen der Steuerhinterziehung, S. 169.

Normgeltungsschaden.“[438] Einen über die Nachentrichtung der Steuern hinausgehenden Beitrag leiste nach *Kuhlen* zwar auch der Steuerpflichtige, der mit § 371 AO nunmehr seiner steuerlichen Mitwirkungspflicht nachkomme, eine Kompensation des Handlungsunrechts werde damit jedoch nicht bewirkt, weil die nachträgliche Mitwirkung der rechtzeitigen (ursprünglichen) nicht entspreche.[439] Auch die Ausschlussgründe des § 371 Abs. 2 AO seien lediglich „notwendige, nicht aber […] hinreichende“[440] Bedingungen um eine zur obligatorischen Straffreiheit führende Umkehrleistung zu begründen.[441]

Wie *Kuhlen* hat bereits in der Vergangenheit insbesondere *Hoffschmidt* zugespitzt formuliert, alleine die Existenz des § 371 AO schmälere die generalpräventive Wirkung des § 370 AO bis hin zu ihrer völligen Aufhebung, weil dem Normvertrauen und die Rechtstreue nicht dadurch entsprochen werde, dass „die Norm mit einem 'Schlupfloch' für den potentiellen Täter versehen und auf dieses in aller Deutlichkeit hingewiesen“[442] werde. Das in der Strafandrohung und der Strafe liegende Unwerturteil sei in hohem Maße eingeschränkt, wenn die Strafbedürftigkeit, wie bei § 371 AO, allein von der Beseitigung des Erfolgsunwerts abhängig gemacht werde, jegliche Sanktion des Handlungsunwerts jedoch ausbliebe.[443]

Die Befürchtungen von *Kuhlen* und *Hoffschmidt* verflüchtigen sich schon bei Betrachtung der bisherigen Resultate, wonach die strafbefreiende Selbstanzeige nicht nur das Erfolgsunrecht der Tat, sondern mittels vollständiger Berichtigungserklärung, auch das Handlungsunrecht der Tat zu kompensieren vermag.[444] Der Täter erbringt damit eine unmittelbar an die Tat anknüpfende Leistung und setzt dadurch einen Handlungs- und Er-

---

[438] Kuhlen, Grundfragen der Steuerhinterziehung, S. 168 unter Berufung u.a. auf Freund/Carrera, ZStW 2006, 76, 83 ff.

[439] Kuhlen, Grundfragen der Steuerhinterziehung, S. 170.

[440] Kuhlen, Grundfragen der Steuerhinterziehung, S. 171 f.

[441] Kuhlen, Grundfragen der Steuerhinterziehung, S. 171 f.

[442] Hoffschmidt, Über die Rechtfertigung der strafbefreienden Selbstanzeige, S. 186.

[443] Hoffschmidt, Über die Rechtfertigung der strafbefreienden Selbstanzeige, S. 186.

[444] Vgl. hierzu detailliert, S. 76 f.

folgswert, der in direktem Bezug zur konkreten Tat steht. Hierin spiegelt sich zweifelsohne ein Moment der Normanerkennung wieder, weil der Täter seinen ursprünglichen steuerlichen Pflichten nun doch nachkommt und die Folgen seiner Tat beseitigt. Dieser Umstand allein bildet aber noch nicht den Grund dafür, dass sich der für die positive Generalprävention unentbehrliche Befriedigungsaspekt einstellt, weil der Täter die Folgen seiner Tat auch dann ausgleichen müsste, wenn er dazu verurteilt worden wäre. Die Quintessenz seiner Normanerkennung besteht vielmehr darin, dass der Täter alle seine unverjährten Taten einer Steuerart in vollem Umfang zu einem Zeitpunkt berichtigt, in welchem ihm die Sperrgründe des § 371 Abs. 2 AO die Strafbefreiung (noch) nicht versagen. Die Ausschlussgründe des § 371 Abs. 2 Nr. 1 AO begründen zwar nach fiskalpolitischen Erwägungen Situationen, bei denen der Gesetzgeber annimmt, die Tat werde auch ohne Hilfe des Täters bei normalem Verlauf der Dinge entdeckt, sodass es keines weiteren Anreizes durch das in Aussicht stellen der Straffreiheit bedürfe.[445]
Sie erlauben aber gleichzeitig auch eine strafrechtliche Wertung, weil sie Momente manifestieren, in denen der Täter die Entdeckung seiner Tat mangels objektiver Anhaltspunkte (durch Bekanntgabe einer Prüfungsanordnung, der Einleitung von Straf- oder Bußgeldverfahren oder das Erscheinen eines Amtsträgers) für nicht sehr wahrscheinlich halten darf und auch nicht halten wird. Entschließt er sich aber unter diesen Umständen seine Steuerverfehlungen vollständig preiszugeben, darf sein Verhalten als Rückkehr in die Steuerehrlichkeit und Anerkennung der verletzen Norm gewertet werden. Die gleiche Wertung belegt exemplarisch eine Betrachtung des Ausschlussgrundes nach § 371 Abs. 2 Nr. 2 AO. Dieser lässt sich durch die Fiskaltheorie nicht schlüssig erklären, weil die Tat hier bereits entdeckt ist und, ginge es einzig um die Entdeckung verborgener Steuerquellen, dürfte die subjektive Kenntnis des Täters von der Tatentdeckung keine Bewandtnis für den Ausschluss der Straffreiheit haben. Erst wenn der Täter von der Tatendeckung weiß oder bei verständiger Würdigung der Sachlage mit der Tatentdeckung rechnen muss, bleibt ihm die Straffreiheit verwehrt. Offenbart der Täter seine Taten also vor diesem Zeitpunkt und gleicht seine Verfehlungen aus, ist sein Handeln als Anerkennung der Norm zu werten.

---

[445] Vgl. hierzu Joecks in Franzen/Gast/Joecks, Steuerstrafrecht, § 371, Rnr. 132 ff.

Der von der Allgemeinheit an den Steuerhinterzieher gerichtete Vorwurf erschöpft sich nämlich bei genauerer Betrachtung nicht darin, dass dieser Steuern hinterzogenen hat, sondern dass alle anderen ihre Steuern zahlen mussten, während er seiner Pflicht – unentdeckt – fernbleiben konnte. Offenbart er seine Taten nunmehr in Eigeninitiative zu einem Zeitpunkt, in welchem die Tat noch nicht entdeckt ist – ja noch nicht einmal eine Prüfungsanordnung, die eine Entdeckung zumindest bedingen könnte, bekannt gegeben worden ist – so ermöglicht er damit die gleichmäßige Veranlagung und garantiert die Restitution des Erfolgs (denn nur wenn der Täter davon ausgeht, die Nachzahlung vollständig erbringen zu können, wird er sich nach § 371 AO auch selber anzeigen). Damit hat er alles getan, was von ihm erwartet werden kann, damit sich die Allgemeinheit über den Rechtsbruch beruhigen und sich der für die Generalprävention erforderliche Befriedigungseffekt einstellen kann.

Darüber hinaus äußert *Hoffschmidt* auch dahingehend Bedenken, dass der Täter zur Erlangung der Straffreiheit gemäß § 371 Abs. 3 AO nur die zu seinen Gunsten hinterzogenen Steuern zu begleichen hat. Sei der eigentliche Schuldner aber zahlungsunfähig und könne die Steuer nicht beigetrieben werden, so wandle sich das Wiedergutmachungsprivileg in ein nicht zu rechtfertigendes „'Bekennerprivileg'"[446]. Diese Bedenken erweisen sich bei genauerer Betrachtung als unberechtigt, weil eben diese Ausgestaltung der Regelung den Erwartungen der positiven Generalprävention entspricht. Der Sinn dieser gesetzlichen Ausgestaltung besteht darin, dem Täter bzw. Tatbeteiligten nur den Erfolg abzuschöpfen, der sich auch in seinem Vermögen tatsächlich verwirklicht hat.[447] Zur Wiederherstellung der Normgeltung ist es unabdingbar, dass der Täter herausgibt, was er aus seiner Tat erlangt hat.[448] Müsste er nun aber auch den Vorteil begleichen, der sich in dem Vermögen eines anderen verwirklicht hat, verstieße das gegen das Rechtsempfinden der Allgemeinheit und wäre der positiven Generalprävention abträglich. Für die Bewertung des Täterverhaltens als normanerkennend ist das Erfordernis der Nachentrichtung der

[446] Hoffschmidt, Über die Rechtfertigung der strafbefreienden Selbstanzeige, S. 194.

[447] Vgl. hierzu S. 68 ff.

[448] Vgl. insoweit auch die Ausführungen bei Löffler, Grund und Grenzen der steuerstrafrechtlichen Selbstanzeige, S. 189.

„zu seinen Gunsten hinterzogenen Steuern" (§ 371 Abs. 3 AO) damit notwendige und gleichzeitig hinreichende Bedingung.

Die strafbefreiende Selbstanzeige nach § 371 AO erweist sich damit im Ergebnis als der positiven Generalprävention nicht kontradiktorisches, sondern komplementäres Rechtsinstitut.

1.2.1.3.3.2.2. Negative Generalprävention

Die negative Generalprävention meint die Allgemeinheit durch Strafandrohung und schließlich Strafvollstreckung von der Begehung etwaiger Straftaten abzuschrecken. Die Kompatibilität von strafrechtlicher Wiedergutmachung und negativer Generalprävention wurde bereits festgestellt.[449] Weil die strafrechtliche Wiedergutmachung die für die abschreckende Wirkung eher maßgebliche Entdeckungsgefahr unberührt lässt, und die generalpräventive Wirkung der Strafandrohung solange nicht beeinträchtigt wird, wie sich die Abwendung der Strafe für den Täter nicht als Automatismus erweist, stellt die strafrechtliche Wiedergutmachung die negative generalpräventive Wirkung der Strafandrohung unter diesen Bedingungen nicht in Frage. Offen bleibt nunmehr die Frage, ob die strafbefreiende Selbstanzeige nach § 371 AO die mit der Strafdrohung des § 370 AO verbundene negative Präventivwirkung beeinträchtigt.

In der Vergangenheit wurde im Hinblick auf die strafbefreiende Selbstanzeige häufig befürchtet, die sichere Aussicht auf Straffreiheit führe nicht nur unweigerlich zu einer Abschwächung der Strafandrohung des § 370 AO, sondern begründe darüber hinaus sogar einen „Tatanreiz von unerhörter Stärke"[450]. Schon *Brauns* hat in seiner Arbeit auf eine Aktenstudie hingewiesen, die als Ergebnis einer Auswertung von fast 300 Verfahren nicht einen Fall zu Tage gebracht hat, indem der Täter die mit der Selbstanzeige einhergehende obligatorische Straffreiheit als Motiv für seine

---

[449] Vgl. S. 58 ff.

[450] Terstegen, Steuer-Strafrecht, S. 119.; zustimmend Müller, DB 1981, 1480, 1482.

Steuerhinterziehung benannt hat.[451] Tatsächlich gibt es keinerlei empirische Befunde, die darauf schließen lassen könnten, potenzielle Steuerhinterzieher erblickten in der strafbefreienden Selbstanzeige den maßgeblichen Grund zur Begehung einer Steuerhinterziehung. Die Antriebsfeder jeglicher Steuerhinterziehungen ist vielmehr die Bereicherungsabsicht des Täters, gepaart mit seiner subjektiv empfundenen Entdeckungsgefahr.[452] Beides wird von der mit der strafbefreienden Selbstanzeige in Aussicht gestellten Straffreiheit nicht berührt, sodass die mit der Selbstanzeige in Aussicht gestellte obligatorische Straffreiheit keinen allgemein gültigen Tatanreiz bildet.[453] Die im Einzelfall nicht auszuschließenden Fälle, in denen der Täter bei Begehung seiner Steuerhinterziehung die strafbefreiende Selbstanzeige im Hinterkopf behält, rechtfertigt, bei Betrachtung aller bisherigen Feststellungen, nicht die Annahme eines durch die strafbefreiende Selbstanzeige hervorgerufenen Tatanreizes.

Darüber hinaus sind auch unter negativ generalpräventiven Erwägungen keine Einbußen der abschreckenden Wirkung von der Strafandrohung des § 370 AO zu befürchten. Die abschreckende Wirkung der Strafandrohung gründet, wie bereits festgestellt, nicht auf der in Aussicht gestellten Strafe, sondern vielmehr auf der Entdeckungsgefahr. Die Entdeckungsgefahr selbst wird aber von der strafbefreienden Selbstanzeige in keinster Weise berührt. Vielmehr müssen diejenigen, die ihre Steuerverfehlung nach § 371 AO offenbart haben, zukünftig damit rechnen unter genauerer Beobachtung der Finanzbehörden zu stehen, was das Entdeckungsrisiko etwaiger weiterer Straftaten erhöht und damit die mit der Strafdrohung des § 370 AO verbundene Abschreckungswirkung erhöht. Die mit den Sperrgründen des § 371 AO verbundenen Hürden zur Erlangung der

[451] Vgl. Brauns, Wiedergutmachung der Folgen der Straftat, S. 143, der sich auf die Fallstudie von Kreß bezieht, Motive für die Begehung von Steuerhinterziehungen.

[452] Richtig wertend Franzen in Franzen/Gast/Samson, Steuerstrafrecht, § 371, Rnr. 17.

[453] So auch Franzen in Franzen/Gast/Samson, Steuerstrafrecht, § 371, Rnr. 17; Brauns, Wiedergutmachung der Folgen der Straftat, S. 143 f.; Hoffschmidt, Über die Rechtfertigung der strafbefreienden Selbstanzeige, S. 130, der darauf aufmerksam macht, eine derartige Annahme würde voraussetzen, dass Steuerstraftäter über den Umfang ihrer Steuerverfehlungen genaue Aufzeichnungen anfertigten, sich also auf die Einreichung der Selbstanzeige bei Tatbegehung vorbereiten müssten, was in den seltensten Fällen tatsächlich vorkäme.

Straffreiheit, die damit verbundene Ungewissheit darüber wie lange noch die Möglichkeit der strafbefreienden Selbstanzeige verbleibt und die ihm abverlangte Erfolgsgarantie durch das Erfordernis der fristgemäßen vollständigen Nachzahlung, beeinträchtigen nicht die abschreckende Wirkung des § 370 AO, sondern entsprechen ihr vielmehr. Das Institut der strafbefreienden Selbstanzeige nach § 371 AO beeinträchtigt damit nicht die negativ generalpräventive Wirkung des § 370 AO, sondern entspricht dieser.

1.2.1.3.3.3. Ergebnis

Die strafbefreiende Selbstanzeige nach § 371 AO hat sich im Ergebnis damit als ein mit den präventiven Strafzwecken kompatibles Rechtsinstitut erwiesen. Die Sperrgründe des § 371 Abs. 2 AO wirken dem befürchteten „Taktieren"[454] mit der Selbstanzeige entgegen und verwehren es dem Täter seine Straffreiheit einzukalkulieren, sodass keine Einbußen der negativen Präventivwirkung zu befürchten sind. Der unmittelbare Bezug zur verletzten Norm und die Eigenleistung des Täters, im engeren Sinne die Ermöglichung einer gleichmäßigen Veranlagung und die Begleichung der hinterzogenen Steuern, begründen einen Lern- und Integrationsprozess beim Täter sowie einen Befriedigungseffekt in der Allgemeinheit, wodurch das Rechtsinstitut der strafbefreienden Selbstanzeige auch den positiven Präventivwirkungen entspricht.

1.2.1.3.4. Die Fremdanzeige nach § 371 Abs. 4 AO

In den Kontext einer wissenschaftlichen Untersuchung um den strafrechtlichen Legitimationsansatz der strafbefreienden Selbstanzeige als einer Ausprägung strafrechtlicher Wiedergutmachung muss sich auch die Bewertung der Fremdanzeige des § 371 Abs. 4 AO eingliedern. Hat die Untersuchung bisher gezeigt, dass die strafbefreiende Selbstanzeige eine den Strafzwecken kompatible Regelung darstellt, fragt sich nämlich im Folgenden wie sich diese Ergebnisse mit der Fremdanzeige nach § 371 Abs. 4 AO vereinbaren lassen.
Gemäß § 371 Abs. 4 AO wird ein Dritter, der die in § 153 AO bezeichnete Erklärung unterlassen oder unvollständig abgegeben hat, dann nicht

---

[454] Vgl. BT-Drucks. 17/1755, S. 7.

strafrechtlich verfolgt, wenn nur ein anderer die in § 153 AO vorgesehene Anzeige rechtzeitig und ordnungsgemäß erstattet. Eine Einschränkung erfährt die Regelung lediglich hinsichtlich der Fälle, in denen dem Dritten oder seinem Vertreter vorher die Einleitung eines Straf- oder Bußgeldverfahrens wegen der Tat bekannt gegeben worden ist. Nach dem gesetzgeberischen Willen soll § 371 Abs. 4 AO „verhindern, dass jemand, der aufgrund des § 98 [jetzt § 153 AO] eine Erklärung nachholt oder berichtigt, dadurch Dritte der Strafverfolgung aussetzt, die die Abgabe der Erklärung unterlassen oder eine unrichtige oder unvollständige Erklärung abgegeben haben. Bliebe die strafrechtliche Verantwortung anderer Personen bestehen, so könnte dies jemanden, der nach § 98 [jetzt § 153 AO] verpflichtet ist, eine falsche Erklärung zu berichtigen, davon abhalten, dies zu tun.“[455] Der mit der Regelung des § 371 Abs. 4 AO bezweckte Abbau der Gegenmotivation des sich nach § 153 AO selbst Erklärenden[456] gewährleistet entsprechend der Intention des § 153 AO, dass das Finanzamt von bisher nicht bekannten Besteuerungsgrundlagen Kenntnis erhält[457] und stellt darüber hinaus mit der Nachzahlungspflicht des Dritten die fiskalischen Interessen des Staates sicher. § 371 Abs. 4 AO folgt im Ergebnis also einer rein fiskalischen Motivation[458], die gegen eine strafrechtliche Deutung streitet.[459] Die Annahme, der Dritte läge selbst keinerlei wiedergutmachendes Verhalten an den Tag[460], bedarf jedoch in den Fällen, wo sein Handeln dem eigenen Vorteil gereicht, eines Korrektivs, weil der Dritte nur unter der Prämisse einer vollständigen Nachzahlung von der strafrechtlichen Verfolgung befreit wird (§ 371 Abs. 4 S. 2,

---

455 BT-Drucks. VI/1982, S. 195.

456 Joecks in Franzen/Gast/Joecks, Steuerstrafrecht, § 371, Rnr. 221; Rüping in Hübschmann/Hepp/Spitaler, § 371, Rnr. 201; Füllsack, wistra 1997, 285, 289; Lüttger, StB 1993, 372, 372.

457 Rädtke in Klein, AO, § 153, Rnr. 1.

458 Rüping in Hübschmann/Hepp/Spitaler, Abgabenordnung, § 371, Rnr. 200; auch Hunsmann legt dem § 371 Abs. 4 AO einseitig fiskalische Erwägungen zugrunde, Das steuerstrafrechtliche Selbstanzeigeprivileg, S. 89.

459 Hunsmann äußert gar „Mit einer strafrechtlichen Interpretation im Sinne einer Wiedergutmachung oder eines Wegfalls des Strafbedürfnisses lässt sich dieser Vorschrift wahrlich nicht beikommen.“, Das steuerstrafrechtliche Selbstanzeigeprivileg, S. 89.

460 So Hunsmann, Das steuerstrafrechtliche Selbstanzeigeprivileg, S. 89, welcher damit Samson, wistra 1990, 245, 250 und Rolletschke, Die Steuerhinterziehung, Rnr. 421 zustimmt.

Abs. 3 AO). Zahlt er aber nunmehr die zu seinen Gunsten hinterzogenen Steuern nach, setzt er einen der strafrechtlichen Wiedergutmachung entsprechenden Erfolgswert als Gegengewicht zum verübten Erfolgsunwert. Einer den Strafzwecken gerecht werdenden Auseinandersetzung mit den Folgen der Tat ermangelt es dem Dritten jedoch weiterhin, weil sich sein Beitrag lediglich auf die Befriedigung der fiskalischen Interessen des Staates beschränkt. Ein mit der Berichtigungserklärung einhergehender Handlungswert, welcher unter dem Druck der in § 371 Abs. 2 AO manifestierten und den Ausschlussgrund des § 371 Abs. 4 S. 1 AO übersteigenden Sperrgründe eigeninitiativ durch den Dritten begründet wird, fehlt bei der „Fremdanzeige" nach § 371 Abs. 4 AO. Sie fügt sich damit nicht in das für die strafbefreiende Selbstanzeige bisher ermittelte restitutive Wesen.

Ungeklärt bleibt damit aber weiterhin, ob die Regelung des § 371 Abs. 4 AO den strafrechtlichen Legitimationsansatz der strafbefreienden Selbstanzeige als einer den Strafzwecken kompatiblen Wiedergutmachung hindert. Hierfür könnte zumindest der Umstand sprechen, dass sich die Fremdanzeige gemäß § 371 Abs. 4 AO in die äußere Fassung des § 371 AO und damit der Selbstanzeigeregelung einfügt. Wie die Selbstanzeige knüpft auch die Fremdanzeige an die Nachzahlungspflicht des § 371 Abs. 3 AO und benennt mit der Bekanntgabe der Verfahrenseinleitung einen dem § 371 Abs. 2 Nr. 1 b) AO entsprechenden Ausschlussgrund. Im Gegensatz zu der Selbstanzeige begründet die Fremdanzeige aber keinen Strafaufhebungsgrund, sondern lediglich ein Prozesshindernis.[461] Auch beschränkt sich die Fremdanzeige anders als die Selbstanzeige auf lediglich einen Sperrgrund. Vor allem aber unterscheidet sie sich grundlegend von dieser in dem sie dem begünstigten Dritten keinen eigenen Leistungsbeitrag abverlangt. Die Fremdanzeige und die Selbstanzeige sind damit – trotz ihrer äußerlichen Verbundenheit – grundlegend wesensverschieden, sodass der strafrechtliche Legitimationsansatz über die strafbefreiende Selbstanzeige als Restitution durch die Regelung des § 371 Abs. 4 AO nicht tangiert wird.

[461] Rüping in Hübschmann/Hepp/Spitaler, § 371, Rnr. 200; Jäger in Klein, AO, § 371, Rnr. 111; Joecks in Franzen/Gast/Joecks, Steuerstrafrecht, § 371, Rnr. 221.

1.2.1.4. Zusammenfassung der Ergebnisse

Die Ergebnisse der wissenschaftlichen Untersuchung haben die These der strafbefreienden Selbstanzeige als eine strafrechtlich legitimierte Wiedergutmachung bestätigt. Das Rechtsinstitut der strafbefreienden Selbstanzeige versinnbildlicht die Kompensation des Handlungs- sowie Erfolgsunrechts und bildet durch den vollständigen Tatausgleich den sachlichen Grund fehlender Strafwürdigkeit. Des Weiteren stellt sie durch die Kompatibilität mit den Strafzwecken den sachlichen Grund fehlender Strafbedürftigkeit dar.

Die Arbeit hat gezeigt, dass das in allen Rechtsgebieten in unterschiedlicher Ausprägung auftretende "Phänomen" der Wiedergutmachung, sich wohl am besten als restitutives Prinzip umschreiben lässt. Im Hinblick auf die strafrechtliche Wiedergutmachung hat die Untersuchung als Resultat in einem ersten Schritt *negativer* Abgrenzung die Inkongruenz zum zivilrechtlichen Schadensausgleich erbracht. Obwohl sich das Zivilrecht und das Strafrecht durch den gemeinsamen Fluchtpunkt der Konfliktbewältigung de lege lata vielfach überschneiden, besteht zwischen dem zivilrechtlichen Schadensausgleich und der strafrechtlichen Wiedergutmachung auch heute keine rechtliche Kongruenz. Die strafrechtliche Wiedergutmachung mag sich in Einzelfällen quantitativ mit dem zivilrechtlichen Schadensausgleich decken, sie differenziert jedoch qualitativ, weil sie dort, wo sie strafmildernd oder gar strafersetzend wirken soll, immer auch den Strafzwecken genügen muss. Das Inkongruenzmerkmal der strafrechtlichen Wiedergutmachung besteht damit in der strafrechtlichen Zielsetzung, mithin den Straftheorien, die sie – trotz zivilrechtlicher Inspiration – als qualitativ anders kennzeichnen. Damit hat die strafrechtliche Wiedergutmachung anderen Anforderungen zu genügen als der zivilrechtliche Schadensausgleich. Positiv rechtlich lässt sich die strafrechtliche Wiedergutmachung als ein sozial-konstruktiver Umgang mit den Folgen einer Straftat umschreiben, der die Gesamtheit aller vom Täter zur Wiedergutmachung erbrachten Leistungen erfasst.

Der vollständige Tatausgleich als Form strafrechtlicher Wiedergutmachung lässt sich in unmittelbare Beziehung zum begangenen Unrecht und damit zur Schuld setzen, weil der Täter mit seiner Leistung einen quantitativ messbaren äquivalenten Erfolgswert setzt, welcher dem durch die Tat geschaffenen Erfolgsunwert gegenüber gestellt werden kann. Diesem

Erfolgswert liegt bei freiwilliger (i.S. einer nicht staatlich auferlegten) Leistung ein gleichwertiger Handlungswert zugrunde, der in unmittelbarer Beziehung zu dem durch die Tat begangen Handlungsunrecht steht. Durch den vollständigen Tatausgleich relativiert sich das dem Täter vorgeworfene Unrecht der Tat und verändert das Wertungsmoment. Gleichsam der Strafe ist der vollständige Tatausgleich damit geeignet, einen Schuldausgleich herbeizuführen.

Darüber hinaus haben die Untersuchungen gezeigt, dass die strafrechtliche Wiedergutmachung auch geeignet ist, den Anforderungen der Spezial- und Generalprävention zu entsprechen.
Die strafrechtliche Wiedergutmachung lässt die vom Täter subjektiv empfundene Entdeckungsgefahr unberührt. Die abschreckende Wirkung der Strafandrohung wird zumindest solange nicht von der mit der Wiedergutmachung in Aussicht gestellten Strafmilderung oder Strafbefreiung geschmälert, wie der Täter die Abwendung der Strafe durch einen seinerseits erbrachten Leistungsbeitrag nicht als Automatismus empfinden darf. Darüber hinaus ist die strafrechtliche Wiedergutmachung ebenso wie die Strafe geeignet bei dem Täter einen resozialisierenden Prozess herbeizuführen, weil er sich durch die aktive Leistungserbringung, unter Umständen stärker als durch die passive Hinnahme der gegen ihn vollstreckten Strafe, mit der Tat und ihren Folgen konfrontiert sieht. Mag auch nicht abgestritten werden können, dass der ein oder andere Täter die mit der Wiedergutmachung verbundene Strafmilderung oder -befreiung als "glimpfliche" Lösung interpretieren können wird, so zeigen die objektiv an den Täter gerichteten Anforderungen einer vollständigen Wiedergutmachung i.S. eines Tatausgleichs die Geeignetheit zur Herbeiführung eines Bewältigungs- und Resozialisierungsprozesses.
Die strafrechtliche Wiedergutmachung erweist sich auch im Hinblick auf die negative Generalprävention als kompatibel zu der mit der Strafandrohung einhergehenden Abschreckungswirkung, solange sich die Abwendung der Strafe in den Augen der Allgemeinheit weiterhin als nicht kalkulierbar darstellt. Auch im Hinblick auf die zunehmend bedeutsamere positive Generalprävention erweist sich die strafrechtliche Wiedergutmachung als kompatibel, weil die von dem Täter nicht staatlich auferlegte Leistungserbringung in Form eines vollständigen Tatausgleichs die Anerkennung der Normgeltung demonstriert. Damit bewirkt der vollständige

Tatausgleich die Herbeiführung des für die Stabilisierung der Rechtsordnung erforderlichen Befriedigungseffekts.

Die bisherigen Untersuchungen haben darüber hinaus ergeben, dass sich die strafbefreiende Selbstanzeige systematisch zwischen dem Steuer- und dem Strafrecht positioniert. Obwohl ihr steuerrechtlich die Aufgabe zugewiesen wird das Steueraufkommen zu vermehren und sie im Besteuerungsverfahren erstattet wird, liegt ihr umstrittenes Charakteristikum in der Strafbefreiung. Die strafrechtliche Negation der auf die Steuerhinterziehung folgenden Strafe ist das der strafbefreienden Selbstanzeige immanente Wesen. Sie ist damit in ihren Wirkungen und nach ihrem Wesen (auch) ein strafrechtliches Instrument. Entgegen der weit verbreiteten Auffassung lässt sie sich aber nicht in den Katalog der Rücktrittsvorschriften einordnen, weil sie anders als der Rücktritt gemäß § 24 StGB gerade keine autonome Freiwilligkeit erfordert und darüber hinaus auch dann noch Straffreiheit gewährt, wenn die Tat bereits vollendet ist. Mit dem strafrechtlichen Rücktritt nach § 24 StGB und auch mit dem Täter-Opfer-Ausgleich gemäß § 46a StGB verbindet sie aber das ihr innewohnende restitutive Prinzip. Mittels Erstattung der strafbefreienden Selbstanzeige und Nachzahlung hinterzogenen Steuern erfolgt ein staatlich nicht auferlegter, unmittelbar an die Tat anknüpfender, auf die Bereinigung des Konflikts gerichteten Leistungsbeitrag, der den Anforderungen der strafrechtlichen Wiedergutmachung entspricht und ebenso wie diese von dem zivilrechtlichen Schadensausgleich divergiert, weil er zur Legitimation der Strafbefreiung den Strafzwecken genügen muss.

Die Arbeit hat überdies gezeigt, dass die strafbefreiende Selbstanzeige gemäß § 371 AO das Handlungs- und Erfolgsunrecht der Steuerhinterziehung kompensiert. Dabei verdeutlicht gerade die dem Anzeigeerstatter abverlangte Berichtigungserklärung nach § 371 Abs. 1 AO den strafrechtlichen Charakter der Selbstanzeige als eine Wiedergutmachung, weil die Erklärung auch dann erfolgen muss, wenn das fiskalische Interesse mittels vollständiger Begleichung der Steuerschuld vollständig befriedigt worden ist. Die Untersuchungen haben verdeutlicht, dass das dem Täter bei Begehung der Steuerhinterziehung eigentlich vorgeworfene Handlungsunrecht in dem Unterlassen vollständiger und wahrheitsgemäßer Angaben besteht, die eine ordnungsgemäße Veranlagung verhindern und in der Regel zu einem tatsächlichen Steuerausfall führen. Mit der Berichtigungserklärung der strafbefreienden Selbstanzeige kommt der Erklärende nunmehr seinen ursprünglichen Offenbarungspflichten nach, berichtigt seine steuerstrafrechtlichen Verfehlungen nach § 370 Abs. 1 AO spiegelbildlich und ermöglicht damit die gleichmäßige Veranlagung. Die vollständige und ordnungsgemäße Berichtigungserklärung setzt damit einen das Handlungsunrecht der Steuerhinterziehung ausgleichenden Handlungswert. Daneben kompensiert die von § 371 Abs. 3 AO obligatorisch abverlangte Nachzahlung der hinterzogenen Steuern auch das Erfolgsunrecht der Tat. Während das tatbestandliche Erfolgsunrecht der Steuerhinterziehung in der Steuerverkürzung bzw. Erlangung von Steuervorteilen liegt, kann das gesamtheitlich vorwerfbare Erfolgsunrecht der Tat nur soweit reichen, wie der Fiskus tatsächlich einen Steuerausfall erlitten und der Tatbeteiligte zu seinen Gunsten einen finanziellen wirtschaftlichen Vorteil erlangt hat. Durch die Nachzahlung der tatsächlich zu seinen Gunsten hinterzogenen Steuern begleicht jeder Tatbeteiligte nur denjenigen wirtschaftlichen Vorteil, der ihm auch tatsächlich zugeflossen ist. Damit wird dem Erfolgsunrecht der Steuerhinterziehung mit der Nachzahlung der hinterzogenen Steuern ein äquivalenter Erfolgswert entgegengesetzt, der das Erfolgsunrecht i.S. eines finanziellen Ausfalls des Fiskus vollständig kompensiert. Die Kompensation des begangenen Handlungs- und Erfolgsunrechts der Tat, mittels strafbefreiender Selbstanzeige nach § 371 AO, setzt den gegen den Steuerhinterzieher gerichteten Vorwurf (das von ihm begangene Unrecht) seiner Steuerverfehlung soweit herab, dass die Tat als nicht mehr strafwürdig erscheint.

Darüber hinaus hat sich die strafbefreiende Selbstanzeige auch im Hinblick auf die Strafzwecke der Spezial- und Generalprävention nicht als kontradiktorisch, sondern komplementär erwiesen.

Die strafbefreiende Selbstanzeige begründet eine durch wesentlichen Eigenbeitrag geprägte Leistung, die auf die begangene Tat unmittelbar Bezug nimmt. Durch sie erfolgt eine unmittelbare Konfrontation mit der Tat und ihren Folgen, welches einen bewusstseinsbildenden Effekt sowie den dazu führenden Lernprozess bedingt. Die Übernahme von Verantwortung wird dabei nicht nur durch die Erstattung der vollständigen und ordnungsgemäßen Berichtigungserklärung und der Nachzahlung der hinterzogenen Steuern demonstriert, sondern vor allem von den Umständen

gekennzeichnet, die den Tatbeteiligten bei der Anzeigeerstattung umgeben.
Die Selbstanzeige wird von dem Anzeigeerstatter trotz einer hohen Dunkelziffer der Steuerhinterziehung und einer damit niedrigen Entdeckungsgefahr eingereicht, zu einem Zeitpunkt, in welchem noch nicht einmal eine Prüfungsanordnung bekannt gegeben worden ist, die eine bevorstehende Entdeckung überhaupt wahrscheinlich machen könnte. Die Leistung wird damit ohne einen von außen wirkenden Zwang erbracht, wodurch die der positiven Spezialprävention gerecht werdende Bewusstseinsbildung begründet wird.
Darüber hinaus determiniert die strafbefreiende Selbstanzeige auch nicht die mit der Strafandrohung des § 370 AO einhergehende abschreckende Wirkung, weil sich die von § 371 AO in Aussicht gestellte Straffreiheit, nicht zuletzt durch die Ausgestaltung der Sperrgründe, nicht als Automatismus darstellt. Der sich selbst Anzeigende mag zwar wissen, unter welchen Bedingungen er nach § 371 AO Straffreiheit erlangt, aber nicht, wie lange diese noch für ihn sprechen. Darüber hinaus wird er davon ausgehen (müssen), zukünftig unter verdichteter Beobachtung der Finanzbehörden zu stehen, was seinen Tatantrieb zur Begehung weiterer Straftaten eher mindern, als erhöhen wird.

Mittels Erstattung der Berichtigungserklärung und der Nachzahlung aller hinterzogenen Steuern zu einem Zeitpunkt, in dem die Entdeckung der Tat für nicht sehr wahrscheinlich gehalten werden darf, verdeutlicht der sich selbst Anzeigende die für die positive Generalprävention unabdingbare Normanerkennung, weil erst er und zwar ohne einen unmittelbar wirkenden äußeren Druck, die gleichmäßige Veranlagung der Steuern ermöglicht und gleichzeitig die Begleichung des Steuerausfalls garantiert. Die strafbefreiende Selbstanzeige genügt folglich allen Anforderungen, damit sich die Allgemeinheit über den Rechtskonflikt beruhigt und sich der für die positive Generalprävention notwenige Befriedigungseffekt einstellen kann.
Mit zunehmend positiv generalpräventiver Wirkung der strafbefreienden Selbstanzeige wird dann auch die negativ wirkende Generalprävention der Strafandrohung redundant. Denn je größer das Vertrauen der Allgemeinheit in die Gültigkeit der Rechtsordnung ist, umso kleiner dürfte das Abschreckungsbedürfnis ausfallen. Die mit der Strafandrohung des § 370 AO verbundene abschreckende Wirkung wird aber auch im Übrigen

durch die Existenz der strafbefreienden Selbstanzeige nicht tangiert, weil sie durch die Ausgestaltung der Sperrgründe und das Erfordernis der vollständigen Berichtigungserklärung sowie obligatorischen Nachzahlung der hinterzogenen Steuern nicht den Eindruck erweckt, die angedrohte Strafe könne kalkulierbar in jedem Fall abgewendet werden.

Die Kompatibilität der strafbefreienden Selbstanzeige mit den Strafzwecken befreit von der Notwendigkeit des Staates im Falle der Steuerhinterziehung mit den Mitteln des staatlichen Strafens korrigierend einzugreifen und belegt die mangelnde Ahndungsbedürftigkeit desjenigen, der die Anforderungen des § 371 AO erfüllt. Damit ist das Rechtsinstitut der Selbstanzeige als Tatausgleich und damit strafrechtliche Wiedergutmachung geeignet, die obligatorische Strafbefreiung zu rechtfertigen.

1.2.2. Abwandlungen der strafbefreienden Selbstanzeige in der deutschen Rechtsgeschichte

Unter Zuhilfenahme der Rechtsgeschichte soll die wissenschaftliche Arbeit im Folgenden den Ursprung und die Veränderungen der strafbefreienden Selbstanzeige im Wandel der Zeit erörtern, um schließlich die Erkenntnis zu gewinnen, ob und inwieweit der heutige Gesetzgeber und die Rechtsprechung der Selbstanzeige als Wiedergutmachung (noch legitime?) Hürden aufstellen.

1.2.2.1. Preußisches Einkommensteuergesetz vom 24. Juni 1891[462]

Das preußische Einkommensteuergesetz vom 24. Juni 1891 (§ 66 Abs. 1, 3) war nicht die erste Gesetzesstelle, die eine strafbefreiende Wirkung der „Selbstanzeige"[463] vorsah. Auch die Partikulargesetze anderer deutscher Länder gewährten bereits vor dem Jahre 1891 Straffreiheit, wenn die fehlerhaft abgegebenen Erklärungen rechtzeitig berichtigt wurden.[464] Die

---

[462] Gesetz-Sammlung für die Königlichen Preußischen Staaten 1891, 1891, Nr. 19, S. 175 ff., 198.

[463] Diese offizielle Bezeichnung erhielt sie erstmals in § 410 RAO 1939, RGBl. I 1939,1181.

[464] Z.B. Art. 101 III Württembergisches Gesetz, betreffend die Grund-, Gebäude- und Gewerbe-Steuer vom 28.04.1873, Regierungsblatt für das Königreich Würt-

Vorschrift des § 66 Abs. 1, 3 PrEStG 1891 gilt jedoch als Ursprung der heutigen Selbstanzeigebestimmung[465] und eignet sich daher in besonderer Weise als typisches Beispiel. Die Bewertung dieser Norm kann jedoch nur vor dem Hintergrund des damaligen Schuldverständnisses verstanden werden.[466] Viele Zoll- und Steuergesetze des 19.Jh. stellten schon die rein objektive Unrichtigkeit frei von jedem Verschulden und von der Willensrichtung des Täters, begründet durch die ansonsten nicht genügend geschützten fiskalischen Interessen, unter Strafe.[467] Diese Gesetze, welche die Bemessung des schuldigen Steuerbetrages und die Entrichtung der Steuern ausschließlich der Verantwortung des Steuerpflichtigen überließen, bestraften den Täter ohne jede Rücksicht auf seine Schuld und begründen daher den Gedanken des Fiskaldelikts als Ahndung eines schlichten Ordnungsunrechts.

Von diesem Gedanken abstrahierte § 66 PrEStG 1891 lediglich insoweit, als er zwischen der dolosen Steuerdefraudation (§ 66 Abs. 1 PrEStG 1891) mit einer im früheren Verwaltungsstrafrecht üblichen Multiplarstrafe[468] des verkürzten Betrages und dem bloßen Ordnungsdelikt (§ 66 Abs. 2 PrEStG 1891) mit einer im Bereich der Ordnungswidrigkeiten damals üblichen relativen Geldstrafe differenzierte.[469] Diese Unterscheidung resultierte aus der Zuordnung des preußischen Einkommensteuergesetzes als eine Kategorie von Steuergesetzen, welche die Feststellung der Steuerpflicht und des Steuerbetrages in der Hauptsache den Steuerbehörden überließ, daneben jedoch auch dem Steuerpflichtigen umfangreiche Mitwirkungspflichten auferlegte.[470]

---

temberg 1873, S.127, 173.; Art. 30 Badisches Gesetz die Kapitalrentensteuer betreffend vom 29.06.1874, Gesetzes- und Verordnungs-Blatt für das Großherzogtum Baden 1874, S. 361, 371.

465 Uhl, Der Rücktritt vom Versuch und die tätige Reue, S. 57.

466 Vgl. hierzu die Ausführungen bei Poggemann, Schuld und Strafe in der jüngeren Entwicklung des preußischen Steuerstrafrechts, S. 52 ff.

467 Hierzu gehörte z.B. § 15 des Wechselstempelgesetzes vom 10. Juni 1869, NBGBl. 1869, 193, 196.

468 Vgl. zum Stand der Gesetzgebung Poggemann, Schuld und Strafe in der jüngeren Entwicklung des preußischen Steuerstrafrechts, S. 98.

469 Droste, VerwArch 1900, 349, 355.

470 Droste, VerwArch 1900, 349, 385.

Typisch dagegen war die gesetzliche Verschuldensvermutung in § 66 Abs. 1 PrEStG 1891. Nach der damals herrschenden Auffassung war das Finanzstrafrecht dem Verwaltungsstrafrecht zugewiesen[471], sodass der Schutz der fiskalischen Interessen als ungenügend betrachtet wurde, wenn dem Täter nicht nur die Tat, sondern darüber hinaus auch noch sein Verschulden nachgewiesen werden musste. Diese gesetzliche Verschuldensvermutung führte auch äußerlich zu einer Verschiebung der Tatbestandsmerkmale. Erst aus dem § 66 Abs. 2 PrEStG 1891 wird erkennbar, dass die Absicht in § 66 Abs. 1 PrEStG 1891 vermutet wird, indem ersterer bestimmt anstelle „dieser Strafe [also der Strafe nach Abs. 1] tritt eine Geldstrafe […], wenn [...] die unrichtige oder unvollständige Angabe oder die Verschweigung steuerpflichtigen Einkommens zwar wissentlich, aber nicht in der Absicht der Steuerhinterziehung erfolgt ist.“[472] Dieses zwar wissentliche, aber nicht absichtliche Handeln war nur in den Fällen gegeben, in denen unrichtige Angaben die Folgen eines Rechtsirrtums gewesen waren.[473] Hier blieb nur noch die Bestrafung nach § 66 Abs. 2 PrEStG 1891.[474] Die gesetzliche Vermutung begründete für den Angeklagten aber keine Beweislastumkehr, sondern verpflichtete den Richter besondere, die Vermutung widerlegende, Umstände von Amtswegen zu berücksichtigen.[475] Diese “freie Beweiswürdigung“ sicherte dem Steuerstraftäter jedoch nur formal eine günstige Position, da es auch weiterhin keiner positiven Feststellung der Steuerhinterziehungsabsicht bedurfte, wenn der Strafrichter die o.g. besonderen Umstände nicht erkannte.[476]

An § 66 Abs. 1, 2 PrEStG 1891 war von Anfang an die Option gekoppelt durch eine Berichtigung der fehlerhaften Angaben und der fristgerechten Nachzahlung der Steuer, persönliche Straffreiheit zu erlangen (§ 66 Abs. 3 PrEStG 1891). Die Regelungen standen somit in einem inneren Zusammenhang. Anders aber als die heutige Regelung des § 371 AO, sah § 66 Abs. 3 PrEStG 1891 nur zwei zeitliche Sperren für den Eintritt der

---

[471] Goldschmidt, Das Verwaltungsstrafrecht, S. 431.
[472] Gesetz-Sammlung für die Königlichen Preußischen Staaten 1891, 1891, Nr. 19, S. 175 ff., 198.
[473] Meitzen, Kommentar zum preußischen Einkommensteuergesetz, zu 66 1)
[474] Urteil des Reichsgerichts vom 18.März 1897, RGSt 30, 14 ff.
[475] Fuisting, Direkte Steuern, zu § 66 Anm. 2, IV.
[476] Vgl. die Entscheidung des Reichgerichts vom 15. Februar 1897, betreffend das württembergische Gesetz vom 19. September 1852, RGSt 29, 379, 380.

Straffreiheit vor, nämlich die Erstattung einer Anzeige und die Einleitung der Untersuchung. Beide begründeten rein obj. Ausschlussgründe, bei deren Reichweite sich die Finanzverwaltung an Art. 84 der Anweisung des Finanzministers vom 5. August 1891[477] zur Ausführung des Einkommensteuergesetzes orientieren musste.

§ 66 Abs. 3 PrEStG 1891 galt seinem Wesen nach als Fall der tätigen Reue, wie sie auch das StGB in ähnlicher Form für den Versuch (§ 46 Abs. 2 RStGB 1871), den Meineid (§ 158 RStGB 1871) und die Brandstiftung (§ 310 RStGB 1871) kannte. Ihre Legitimation im Preußischen Einkommensteuergesetz rührte aus dem Zweck der steuerlichen Strafbestimmungen „die materielle Richtigkeit der Steuererklärungen und Vermögensanzeigen sicher zu stellen und dadurch die Gleichmäßigkeit und Gerechtigkeit der Veranlagung zu fördern"[478]. Dieser Zweck konnte nach der damaligen Auffassung nicht nur präventiv durch den Erlass von Strafdrohungen erreicht werden, sondern auch „stimulativ durch das Versprechen des Straferlasses für den Fall, daß der Steuerpflichtige freiwillig die unrichtigen Angaben berichtigt und die hinterzogene Steuer nachzahlt."[479] Es war deshalb „natürlich, daß der thätigen Reue in den §§ 66 […] als eines Strafausschließungsgrundes gedacht"[480] wurde. Der Gesetzgeber wollte damit das Ziel einer gleichmäßigen und gerechten Veranlagung durch die Verbindung einer Regelung über die Androhung von Strafe bei Zuwiderhandlungen gegen Steuergesetze mit der Regelung zur Erlangung von Straffreiheit bei Berichtigung selbiger Zuwiderhandlungen in doppelter Hinsicht sicherstellen.

1.2.2.2. Die Reichsabgabenordnung vom 13. Dezember 1919[481]

Mit der Einführung des § 374 RAO 1919 in den dritten Teil der Reichsabgabenordnung vom 24. Dezember 1919 (erster Abschnitt, Strafrecht) gewährte der Gesetzgeber Straffreiheit im Steuerstrafrecht in den Fällen der § 359 RAO 1919 (Steuerhinterziehung), § 367 RAO 1919 (Steuerge-

[477] Text bei Meitzen, Kommentar zum preußischen Einkommensteuergesetz, Ausführungsanweisung Art. 84, S. 369 ff.
[478] Droste, VerwArch 1900, 348, 425.
[479] Droste, VerwArch 1900, 348, 425, 426.
[480] Droste, VerwArch 1900, 348, 426.
[481] RGBl. I 1919, 1993.

fährdung) und den §§ 371-373 RAO 1919 (schlichte Zuwiderhandlungen gegen § 165 Abs.1 RAO 1919, vorsätzliche oder fahrlässige Verstöße gegen §§ 165 Abs. 2, 165 Abs. 3, 187, 190 sowie 97 RAO 1919).
Die Steuerhinterziehung der RAO 1919 (§ 359) erfuhr durch das nunmehr stete Erfordernis einer vorsätzlichen Tatbegehung eine Abkehr von der gesetzlich normierten Verschuldensvermutung, wie das Preußische Einkommensteuergesetz von 1891 sie noch kannte. Vorsätzliches Handeln und damit schuldhaftes Handeln musste dem Täter nunmehr nachgewiesen werden.[482] Darüber hinaus erfasste § 367 RAO 1919 auch die fahrlässige Steuerhinterziehung, wobei ein grob fahrlässiges Handeln nicht notwendig war. Dafür konnte „da, wo Vorsatz wohl sicher vorhanden, aber nicht nachweisbar“[483] war, eine Bestrafung wegen Fahrlässigkeit erfolgen. Abgesehen hiervon, glich der Tatbestand der fahrlässigen Steuerhinterziehung nach § 367 RAO 1919 aber im Wesentlichen dem der Steuerhinterziehung nach § 359 RAO 1919.

§ 374 RAO 1919 behandelte die „[...] tätige Reue im Finanzstrafrecht.“[484] Anders als die verwandten Vorschriften über Meineid und Falscheid (§§ 158, 163 RStGB 1919) gewährte § 374 RAO 1919 nicht nur Strafermäßigung, sondern völlige Straffreiheit, weil hier „die Folgen des Steuerdeliktes durch Zahlung der hinterzogenen Abgaben wiedergutgemacht werden“[485] konnten. Nach *Enno Becker* wurde dem Täter durch die Selbstanzeige die Gelegenheit geboten, „[...] seine Tat durch die Nachholung der Angaben und Nachzahlung der geschuldeten Beträge wieder gut zu machen und alle strafrechtlichen Folgen zu beseitigen.“[486] Die Anforderungen der Selbstanzeige waren wie im § 66 Abs. 3 PrEstG 1891 komplementär zu den Tatbestandsvoraussetzungen der Steuerhinterziehung (bzw. Steuergefährdung). Die objektiven Ausschlussgründe („bevor er angezeigt oder eine Untersuchung gegen ihn eingeleitet ist“) glichen denen des Meineids und Falscheids sowie denen des § 66 Abs. 3 PrEStG 1891. Zwischen den objektiven Ausschlussgründen bestand auch

---

[482] Eine Ausnahme von diesem Grundsatz galt gemäß § 359 Abs. 5 RAO 1919 für die Zoll- und Verbrauchsabgabengesetze, vgl. Pünder in Mrozek, Reichsabgabenordnung, § 359, Anm. 10.
[483] Pünder in Mrozek, Reichsabgabenordnung, § 367, Anm. 1.
[484] Pünder in Mrozek, Reichsabgabenordnung, § 374, Anm. 1.
[485] So Pünder in Mrozek, Reichsabgabenordnung, § 374, Anm. 6.
[486] Enno Becker, RAO, § 374, Anm. 1.

ein innerer Zusammenhang, da die Anzeige und die Einleitung der Untersuchung gleichwertig gewichtet wurden, d.h. der schlichte Verdacht einer Steuerzuwiderhandlung genügte nicht für eine Anzeige i.S.d. § 374 Abs. 1 AO 1919, vielmehr bedurfte es einer Behauptung, die eine strafrechtliche Untersuchung bezweckte[487] und so i.d.R. auch zur Einleitung der Untersuchung führte (vgl. § 406 Abs. 2 RAO 1919). Das gemeinsame Moment von Anzeige und Einleitung der Untersuchung lag somit darin, dass ab diesem Zeitpunkt das Ziel der Herbeiführung einer Bestrafung erkennbar wurde.[488]

§ 374 Abs. 1 S. 1 RAO 1919 benannte zudem erstmalig einen subjektiven Ausschlussgrund („ohne dazu durch eine unmittelbare Gefahr der Entdeckung veranlaßt zu sein"), welcher den Zugang zur Straffreiheit von der Motivation des Täters abhängig machte. Ursache hierfür war die soziale und ökonomische Entwicklung des Deutschen Reiches zum Anfang des 20. Jahrhunderts. Die Finanzierung des Ersten Weltkrieges und die immensen Reparationsleistungen, die dem Deutschen Reich in den Versailler Verträgen im Jahre 1919 auferlegt worden waren, führten zu horrenden Staatsschulden, die es zu begleichen galt.[489] Das Deutsche Reich und sein Volk sahen sich einem schweren finanziellen Druck ausgesetzt, den auch der Gesetzgeber der Reichsabgabenordnung von 1919 verspürte und der nur durch ein ausgeprägtes Bewusstsein für gemeinsame Pflichtenübernahme bewältigt werden sollte. So führte der Abgeordnete *Burlage* zur Reichsabgabenordnung beherzigt aus: „Bei einem so schweren Steuerdrucke, wie wir ihn in den nächsten Jahren verspüren werden, muß das Volk von innen überzeugt sein, daß dieser Steuerdruck gleichmäßig und gerecht ist. Deshalb sind alle erlaubten Mittel anzuwenden, um die Drückeberger zu fassen. Die schuldigen Steuern zu zahlen, muß bei uns Deutschen in den nächsten Jahren Ehrensache werden. Es muss ein Zeichen von vornehmer Gesinnung sein, daß man die Steuer bis zum letzten Heller entrichtet."[490] Der subjektive Ausschlussgrund des § 374 RAO 1919 bezeichnete somit ein Handeln, welches nicht als Ausdruck vor-

[487] Pünder in Mrozek, Reichsabgabenordnung, § 374, Anm. 3.
[488] Vgl. Pünder in Mrozek, Reichsabgabenordnung, § 374, Anm. 3.
[489] Vgl. Bihl, Der Erste Weltkrieg, S. 301.
[490] Burlage zitiert nach Mrozek in Mrozek, Reichsabgabenordnung, Einleitung, S. XVIII.

nehmer Gesinnung gewertet und deshalb auch nicht honoriert werden durfte.

1.2.2.3. Reichsabgabenordnung vom 22. Mai 1931[491] und 4. Juli 1939[492]

Die Reichsabgabenordnungen von 1931 und 1939 müssen vor dem Hintergrund der nationalsozialistischen Ideologie und der damit verbundenen Steuergesetzgebung gewertet werden.[493] Mit zunehmender Identifizierung als „Volksgemeinschaft“ wandelte sich auch die Bedeutung der Steuervergehen, die der frühere Staatssekretär im Reichsfinanzministerium *Reinhardt* nunmehr als die „schlimmste Art des Eigennutzes zum Schaden der Volksgemeinschaft“[494] qualifizierte. Mit Rücksicht auf die finanziellen Belange des Staates[495] übernahm jedoch auch der Nationalsozialismus die strafbefreiende Selbstanzeige in § 410 RAO 1931 ohne sachliche Änderung zum § 374 RAO 1919, und behielt sie auch in § 410 RAO 1939[496] bei, diesmal jedoch unter der erstmaligen Titulierung „Selbstanzeige“.

Die Voraussetzungen der strafbefreienden Selbstanzeige blieben weiterhin komplementär zu denen der Steuerhinterziehung gemäß § 396 RAO 1939. Dabei genügte es für eine wirksame Berichtigung nicht, lediglich die Unrichtigkeit früherer Steuererklärungen anzuzeigen, vielmehr mussten die verschwiegenen Vermögensstücke dem Finanzamt derart genau dargelegt werden, dass es diesem ohne langwierige Nachforschung möglich war, diese zu erfassen.[497] Auf den guten Willen des Steuerpflichtigen sollte man – wohl auch vor dem Hintergrund des allgegenwärtigen

---

[491] RGBl. I 1931, 161.

[492] RGBl. I 1939, 1181.

[493] Vgl. zur nationalsozialistischen Steuerpolitik Schauer, Die Steuergesetzgebung des Nationalsozialismus, S. 70 ff.

[494] Reinhardt zitiert nach Kühn, Deutsches Recht, 1942, 157, 157.

[495] Zwick, Tätige Reue im Steuerstrafrecht, S. 54.

[496] Während § 410 RAO 1931 Straffreiheit in den Fällen der §§ 407-409 RAO 1931 gewährte, wurden diese im § 410 RAO 1939 gestrichen und durch den § 401a RAO 1939 (Bannbruch) und § 401b RAO 1939 (Gewerbsmäßiger Schmuggel) ersetzt.

[497] RGSt 70, 350, 351 f.

Grundsatzes „Gemeinnutz geht vor Eigennutz" – nicht angewiesen sein.[498]
Dennoch galt die Selbstanzeige auch im Nationalsozialismus als Fall der tätigen Reue[499], die den restlosen Tatfolgenausgleich des Täters strafbefreiend würdigte.[500] Im Hinblick auf die vorherrschende Rassenideologie und das Steueranpassungsgesetz vom 16. Oktober 1934[501], welches in § 1 StAnpG die Auslegung aller Steuergesetze nach der nationalsozialistischen Weltanschauung forderte, muss aber wohl davon ausgegangen werden, dass den Tätern jüdischer Herkunft die strafbefreiende Selbstanzeige versagt blieb.

1.2.2.4. Die Abgabenordnung von 1977[502]

Die AO 1977 regelte die strafbefreiende Selbstanzeige in § 371 AO 1977, VIII. Teil, Erster Abschnitt, Strafvorschriften. Der sachliche Anwendungsbereich des § 371 AO 1977 umfasste nur noch die Fälle des § 370 AO 1977 (Steuerhinterziehung). Für die leichtfertige Steuerverkürzung galt der § 378 Abs. 3 AO 1977.
Die Voraussetzungen der Selbstanzeige blieben weiterhin komplementär zu denen der Steuerhinterziehung. Tiefgreifende Änderungen erfuhren jedoch die objektiven Ausschlussgründe nach § 371 Abs. 2 AO 1977, indem an die Stelle von „Anzeige" und „Einleitung der Untersuchung" nunmehr das „Erscheinen des Amtsträgers" (vgl. § 371 Abs. 2 Nr. 1a AO 1977) und die „Bekanntmachung der Einleitung des Straf- oder Bußgeldverfahrens" (vgl. § 371 Abs. 2 Nr. 1b AO 1977) traten.
Die Einführung des § 371 Abs. 2 Nr. 1a AO 1977 war die rechtspolitische Folge des Gesetzgebers auf das Gesetz zur vorläufigen Neuordnung von Steuern vom 20. April 1949 (§ 410).[503] Hiernach konnte der Steuerpflichtige eine strafbefreiende Selbstanzeige noch solange erstatten bis ihm die Einleitung einer Untersuchung gegen ihn durch die Steuerbehörde eröffnet worden war. Diese gesetzliche Neuregelung sollte durch Transparenz zur Selbstanzeige motivieren. Der sich selbst anzeigende Steuerpflichtige

---

498 RGSt 70, 350, 352.
499 Hepp in Hübschmann/Hepp, Reichsabgabenordnung, § 410, Nr. 1a).
500 Vgl. hierzu Zwick, Tätige Reue im Steuerstrafrecht, S. 7.
501 RGBl. I 1934, 925.
502 BGBl. I 1976, 613.
503 WiGBl. 1949, 69, 72.

musste nicht mehr befürchten, dass ihm die strafbefreiende Wirkung einer Selbstanzeige durch Ausschlussgründe verwehrt blieb, die ihm nicht amtlich mitgeteilt worden waren.[504] Die Befreiung von dieser Ungewissheit führte aber nicht zur erwarteten "Rückkehr des Steuersünders", sondern eröffnete den „Wettlauf mit dem Betriebsprüfer".[505] Diesen Missstand erkannte auch der Gesetzgeber und verwehrte die Straffreiheit bundeseinheitlich in dem Gesetz zur Änderung des § 410 der Reichsabgabenordnung vom 7. Dezember 1951[506], „wenn ein Prüfer der Finanzbehörde zur steuerlichen oder steuerstrafrechtlichen Prüfung erschienen ist oder wenn dem Täter oder seinem Vertreter die Einleitung einer steuerstrafrechtlichen Untersuchung eröffnet worden ist." Diese Regelung war der Vorläufer des § 371 Abs. 2 Nr. 1a AO 1977 und bedeutete eine erhebliche Verschärfung der bisherigen Bestimmungen zur Selbstanzeige, denn gerade die steuerlichen Prüfungen der Finanzbehörden bargen die Gefahr der Entdeckung steuerlicher Missstände und damit steuerstrafrechtliche Konsequenzen, denen sich der Steuerpflichtige nunmehr eben nicht länger durch eine strafbefreiende Selbstanzeige entziehen konnte. Mit der Einführung des § 371 Abs. 2 Nr. 1b AO 1977 verbesserte sich aber die Situation des anzeigewilligen Steuerpflichtigen erheblich, da mit der Bekanntmachung der Einleitung des Straf- oder Bußgeldverfahrens der Zeitpunkt des Sperrgrundes auch für den Steuerpflichtigen erkennbar wurde.[507]

Der subjektive Ausschlussgrund nach § 371 Abs. 2 Nr. 2 AO 1977 unterschied sich in zweierlei Hinsicht von den subjektiven Sperrgründen der § 374 Abs. 1 S. 1 RAO 1919 und § 410 Abs. 1 S. 1 RAO 1939. Zum Einen bedurfte es nicht länger nur der „unmittelbaren Gefahr" der Tatentdeckung, zum Anderen genügte für den Ausschlussgrund schon, dass der Täter „bei verständiger Würdigung der Sachlage" mit der Entdeckung rechnen musste. Die Tat galt als entdeckt, wenn die Finanzbehörde von der Tat so viel erfahren hat, dass sie bei pflichtgemäßen Verhalten die

---

[504] Hübner in Hübschmann/Hepp/Spitaler, AO, § 371, Rnr. 2.
[505] Hübner in Hübschmann/Hepp/Spitaler, AO, § 371, Rnr. 3.
[506] BGBl. I 1951, 941.
[507] Die aktenmäßige Einleitung des Strafverfahrens, die ihrer Art nach der Kenntnis des Steuerpflichtigen entbehrte, genügte nicht länger. Vgl. hierzu RG 25.11.35 – 3 D 761/35, RStBl.1935, 1505, 1506.

Strafverfolgung in Gang setzen musste.[508] Dieses objektive Kriterium wurde ergänzt um das subjektive Korrektiv des „Wissens“ oder „Wissensmüssen“. Dabei bedeutete die erste Alternative eine deutliche Verbesserung, die zweite hingegen eine erhebliche Verschärfung des subjektiven Ausschlussgrundes, da die strafbefreiende Selbstanzeige nun auch für denjenigen ausgeschlossen war, der es “besser“ hätte wissen müssen. Aus den o.g. Veränderungen resultierte schließlich die lange Zeit vorherrschende Richtung, die negativen Sperrgründe der Selbstanzeige eng und die positiven Voraussetzungen weit zu fassen.

1.2.2.5. Die Regelung des § 370a AO[509]

Durch das Steuerverkürzungsbekämpfungsgesetz vom 19.12.2001 hatte der Gesetzgeber – im Kampf gegen den Terrorismus (!) [510] – mit § 370a AO einen Verbrechenstatbestand geschaffen, der erstmalig in der rechtsgeschichtlichen Entwicklung, die gewerbs- oder bandenmäßige Steuerhinterziehung, unter gleichzeitiger Aufhebung der Selbstanzeige, zum Verbrechen deklarierte. Diese als „geradezu drakonisch“[511] empfundene Vorschrift führte zu einer beispiellosen Welle anhaltender Kritik.[512] *Monika Harms*, ehemals Vorsitzende des 5. Strafsenats, empfand die Norm als „[…] so mißglückt […], daß man nicht – wie zunächst bei der Vermögensstrafe – darauf vertrauen sollte, sich mit dem Versuch einer verfassungskonformen Auslegung ‚über die Runde‘ zu retten.“[513] Nicht zuletzt rügte auch der BGH in mehreren veröffentlichten Entscheidungen die Verfassungsmäßigkeit des § 370a AO.[514] Im Blickfeld der Kritik standen der zu weit gefasste Tatbestand, die prozessualen Folgen, die

---

508 OLG Hamburg, NJW 1970, 1385, 1386.

509 BGBl. I 2001, 3922.

510 Nach den Äußerungen der am Gesetzgebungsverfahren maßgeblich beteiligten Personen diente die Einführung des § 370a AO vorrangig der Bekämpfung des „Terrorismus“, der „organisierten Kriminalität“ und des „Umsatzsteuerbetrugs“, dargestellt in Spatscheck/Wulf, DB 2002, 392, 394.

511 So Salditt im Vergleich mit einigen Straftatbeständen des StGB, StV 2002, 214, 214.

512 Vgl. statt vieler Spatscheck/Wulf, DB, 2002, 392 ff.

513 Harms in FS Kohlmann, 2003, S. 413, 426.

514 Z.B. BGH Beschlüsse vom 20.04.2004, 5 StR 11/04, NJW 2004, 1885, 1886; vom 22.07.2004, 5 StR 85/04, NJW 2004, 2990 ff.

Nachwirkungen der Steuerhinterziehung als Vortat der Geldwäsche und die Abschaffung der Selbstanzeige. Ihre Beibehaltung sei dem gesetzgeberischen Verständnis zufolge systemwidrig und im Verhältnis zu anderen Fällen gewerbsmäßiger Kriminalität nicht begründbar gewesen.[515] Im Kampf gegen den Terrorismus „fiel" erstmalig die strafbefreiende Selbstanzeige.

Infolge zunehmender Kritik versuchte der Gesetzgeber schließlich durch die Einführung des Merkmals „in großem Ausmaß"[516] den Tatbestand des § 370a AO hinreichend zu bestimmen und regelte in § 370a AO S. 2 und 3 nunmehr minder schwere Fälle der qualifizierten Steuerhinterziehung. Nach § 370a S. 3 AO lag ein minder schwerer Fall insbesondere vor, wenn die Voraussetzungen des § 371 AO erfüllt waren. Damit hatte die Selbstanzeige ihrem äußeren Anschein nach zwar Eingang in die Regelung des § 370a AO gefunden, sie war ihrer Rechtsnatur nach aber kein Strafaufhebungsgrund, sondern lediglich eine Strafzumessungsregel. Als solche konnte sie nur eine Strafrahmenverschiebung bewirken, den Täter aber nicht von Strafe befreien. Darüber hinaus blieb auch der sich selbst anzeigende Täter mit dem Makel behaftet, ein Verbrechen begangen zu haben, weil die Strafzumessungsregel gemäß § 12 Abs. 2 StGB nicht die Deliktsnatur zu verändern vermochte. Damit wirkte die Selbstanzeige des § 370a AO nur noch als Anzeige „'zweiter Klasse'"[517]. Sie verbesserte aber die bis dahin bestehende Situation des anzeigewilligen Täters, da eine Selbstanzeige nach § 371 AO in den Fällen des § 370 AO weiterhin strafbefreiend wirkte und sofern doch qualifiziert Steuern hinterzogen worden waren zumindest einen erheblich geringeren Strafrahmen eröffnete.[518] Nichts desto trotz wurde ihr Stellenwert im deutschen Steuerstrafrecht gegenüber bisherigen Regelungen erheblich gemindert, denn zwischen einer Strafbefreiung und einer Strafrahmenverschiebung auf Freiheitsstrafe von drei Monaten bis zu fünf Jahren (§ 370a S. 2 AO) lagen im schlimmsten Fall fünf Jahre, die es, auch für den grundsätzlich anzeigewilligen Täter, nunmehr zu bedenken galt.

---

[515] So Meyer in Hund/Johnigk/Wollburg, DStR 2002, 879, 884.

[516] Neufassung des § 370a AO durch das Gesetz zur Änderung des Steuerbeamten-Ausbildungsgesetzes und zur Änderung von Steuergesetzen vom 23.7.2002, BGBl. I 2002, 2715.

[517] Rüping, DStR 2002, 1417, 1419.

[518] Müller, DStR 2002, 1641, 1647.

Durch das am 1.1.2008 in Kraft getretene Gesetz zur Neuregelung der Telekommunikationsüberwachung und anderer verdeckter Ermittlungsmaßnahmen (!) beerdigte der Gesetzgeber den § 370a AO dann schließlich stillschweigend.

1.2.2.6. Strafbefreiungserklärungsgesetz – StraBEG[519]

Der Gesetzgeber verabschiedete in Art. 1 des Gesetzes zur Förderung der Steuerehrlichkeit vom 23. Dezember 2003 das Strafbefreiungserklärungsgesetz – StraBEG. Dieses trat als Amnestiegesetz neben die strafbefreiende Selbstanzeige (§ 371 AO, § 378 Abs. 3 AO) und sollte dazu beitragen, „[…], durch eine attraktive Regelung für die Vergangenheit einen Anreiz zu bieten, in die Steuerehrlichkeit zurückzukehren und damit einen Beitrag zum Rechtsfrieden zu leisten.“[520] Dem Gesetzentwurf entsprechend diente das StraBEG dem Steuerstraftäter als „Brücke in die Steuerehrlichkeit“[521]. Durch die Abgabe einer strafbefreienden Erklärung nach § 1 StraBEG konnte nunmehr derjenige, der in der Vergangenheit Steuern verkürzt hatte, zu einem Pauschalsteuersatz Strafbefreiung hinsichtlich §§ 370, 370a AO oder § 26 Umsatzsteuergesetz erlangen. Für die Bußgeldbefreiung bei Steuerordnungswidrigkeiten nach §§ 378 bis 380 AO und § 26 b Umsatzsteuergesetz galt § 6 StraBEG und damit §§ 1 bis 5 StraBEG entsprechend.

Erforderlich war eine strafbefreiende Erklärung (§ 1 Abs. 1 S. 1 Nr. 1 StraBEG) und die Entrichtung von 25 % bzw. 35 % der Summe der erklärten Beträge (pauschale Abgabe). Der Pauschalsteuersatz galt gemäß § 1 Abs. 1 S. 1 Nr. 2, Abs. 6 StraBEG in zwei Stufen: für eine vom 1. Januar 2004 bis zum 31. Dezember 2004 abgegebene strafbefreiende Erklärung galt ein Steuersatz von 25 % der Summe der erklärten Beträge, für den Zeitraum danach bis zum 31. März 2005 galten 35 %. Durch diese Abstufung wollte der Gesetzgeber den Steuerstraftäter zur zeitnahen strafbefreienden Erklärung motivieren. Die strafbefreiende Erklärung war, anders als die strafbefreiende Selbstanzeige, gemäß § 3 Abs. 1 S. 2 StraBEG nach einem amtlich vorgeschriebenen Vordruck abzugeben und

---

[519] Art. 1 des Gesetzes zur Förderung der Steuerehrlichkeit vom 23. Dezember 2003, BGBl. I 2003, 2928; BStBl. I 2004, 22.

[520] BT-Drucks. 15/1309, S. 1.

[521] BT-Drucks. 15/1309, S. 1.

eigenhändig zu unterschreiben. Der amtliche Vordruck sollte dem Bürger Rechtssicherheit verschaffen, weil mit seiner Hilfe die zu erklärenden Angaben für diesen genau erkennbar gewesen seien.[522] Eine straf- oder bußgeldbefreiende Wirkung trat jedoch nur ein, soweit kein Ausschlussgrund nach § 7 S. 1 StraBEG vorlag. Die Ausschlussgründe des § 7 S. 1 StraBEG deckten sich im Wesentlichen mit den Ausschlussgründen der strafbefreienden Selbstanzeige. Einen zusätzlichen zu den aus § 371 Abs. 2 AO bekannten Ausschlussgrund bildete § 7 S. 1 Nr. 3 StraBEG, welcher eine Sperrwirkung für den Fall anordnete, dass bereits zuvor eine Berichtigungserklärung nach § 153 AO oder eine Selbstanzeige bei der Finanzbehörde eingereicht worden war. Nach der gesetzgeberischen Intention sollte auch jede unwirksame Selbstanzeige einen Sperrgrund nach § 7 S. 1 Nr. 3 StraBEG darstellen.[523] Mit der Regelung wollte man verhindern, dass derjenige, der seine Angaben in der Vergangenheit bereits berichtigt hatte, nicht noch nachträglich von der günstigen pauschalen Abgabe profitieren konnte.[524] Darüber hinaus ist § 7 S. 1 Nr. 3 StraBEG Ausdruck des mit dem Strafbefreiungserklärungsgesetzes verbundenen fiskalischen Interesses.
War die Strafbefreiung nicht durch einen Ausschlussgrund nach § 7 S. 1 StraBEG ausgeschlossen, erstreckte sich der Umfang gemäß § 4 Abs. 2 S. 1 StraBEG, anders als bei der Selbstanzeige, auf alle Tatbeteiligten. Eine Ausnahme hiervon galt lediglich, soweit ein Tatbeteiligter wegen Vorliegens der in § 7 StraBEG genannten Ausschlussgründe keine eigene wirksame Erklärung mehr abgeben konnte (§ 4 Abs. 2 S. 3 StraBEG). Damit ging die Amnestieregelung deutlich weiter als die strafbefreiende Selbstanzeige, da nunmehr diejenigen von der Strafbefreiung profitierten, die von dem strafbaren Vorgehen keine Kenntnis hatten und damit nicht in der Lage gewesen wären eine strafbefreiende Erklärung abzugeben.[525]

---

[522] BMF, Fragen und Antworten zum Entwurf eines Gesetzes zur Förderung der Steuerehrlichkeit, Stand: 2. Juli 2003, S. 11, Nr. 15; Kritisch dazu Randt/Schauf, DStR 2003, 1369, 1372, die die Pflicht zur Nutzung eines amtlichen Formblattes als grundlos erachten, da die komplexen Berechnungen ohnehin der steuerlichen Beratung bedürften.

[523] BT-Drucks. 15/1309, S. 11; a.A. Bergmann/Eickmann, wistra 2004, 372, 374 f.

[524] Joecks/Randt, DStR 2004, 337, 340.

[525] Joecks in Franzen/Gast/Joecks, Steuerstrafrecht/StraBEG, § 4 StraBEG, Rnr. 13.

Die durch das StraBEG hervorgerufene Steueramnestie war zuweilen erheblicher Kritik ausgesetzt. Hauptangriffspunkte bildeten die Verfassungsmäßigkeit des Amnestiegesetzes und die “Steuermoral“. Kritiker sahen das Gewaltenteilungsprinzip verletzt, weil mit dem Amnestiegesetz die Grenzen zwischen Legislative und Judikative ohne angemessene Rechtfertigung besonders empfindlich verschoben worden seien.[526] Zudem befürchtete man ein Absinken der “Steuermoral“, weil mit dem Amnestiegesetz der Eindruck entstünde, Steuerhinterziehung würde sich lohnen.[527] Diesen Befürchtungen muss, mit den Worten von *Roxin*, entgegen gehalten werden, dass „[…] ‚Moral' […], wenngleich oft das Gegenteil angenommen wird, kein Rechtsgut im Sinne der von uns aus dem Zweck des Strafrechts abgeleiteten Begriffsbestimmung […]“[528] ist. Letztendlich behielt der deutsche Gesetzgeber das StraBEG als Amnestiegesetz und bezog trotz aller Kritik weiterhin, und zwar mehr denn je, eine fiskalische Position. Die erwarteten Einnahmen in Höhe von fünf Milliarden Euro blieben jedoch aus.[529]

1.2.2.7. BGH, Beschluss v. 20.5.2010 – 1 StR 577/09[530]

Vor dem Hintergrund staatlicher Offensiven zur Bekämpfung von „Steuersündern“ mittels Ankaufs illegaler Steuerdaten CDs[531] und in Erwartung eines neuen rechtspolitischen Programms[532], traf der BGH in seinen „obiter dicta“ vom 20.5.2010 wesentliche Neubestimmungen, die sich

[526] Schünemann, ZRP 2003, 433, 437 f.

[527] Vgl. hierzu das Handelsblatt vom 23. September 2010 http://www.handelsblatt.com/politik/deutschland/die-suesse-versuchung-fuer-finanzminister/3546044.html.

[528] Roxin, JuS 1966, 377, 382.

[529] 1,4 Mrd. Euro konnten jedoch verzeichnet werden, http://www.handelsblatt.com/politik/deutschland/die-suesse-versuchung-fuer-finanzminister/3546044.html.

[530] BGHSt 55, 180 ff.

[531] Die Zeit vom 2. Februar 2010, http://www.zeit.de/politik/deutschland/2010-02/bankdaten-ankauf-schaeuble.

[532] Bereits im April 2010 hatte die SPD vorgeschlagen die Selbstanzeige gänzlich abzuschaffen, BT-Drucks. 17/1411; CDU/CSU plädierten dafür die Strafbefreiung nur noch demjenigen zu gewähren „der alle noch verfolgbaren Steuerhinterziehungen der Vergangenheit vollständig offenbart“, BT-Drucks. 17/1755, S. 7.

durch die damit begründete Kehrtwende in der Handhabung der strafbefreienden Selbstanzeige wohl kaum mehr als „nebenbei Gesagtes“ qualifizieren lassen.

In Abkehr zur bisherigen Rechtsprechung[533] und erstmals in der bisher aufgezeigten rechtsgeschichtlichen Wandlung erklärte der BGH die Teilselbstanzeige für unzulässig und stützte sich bei seiner Begründung auf den Wortlaut sowie den Sinn und Zweck des § 371 AO. Das Wort „insoweit“ (§ 371 Abs. 1 AO) beziehe sich nicht (mehr) auf den Umfang der gemachten Angaben, sondern allein auf den Umfang der Strafbefreiung, weil die Benennung aller denkbaren Handlungsvarianten zur Korrektur von unrichtigen und unvollständigen Angaben deutlich mache, dass das Gesetz die vollständige Rückkehr zur Steuerehrlichkeit wolle.[534] Zudem habe angesichts der heute bestehenden Ermittlungsmöglichkeiten der fiskalische Zweck[535] der Selbstanzeige zunehmend an Bedeutung verloren, sodass die Rückkehr zur Steuerehrlichkeit nunmehr wesentlich an Bedeutung gewonnen habe.[536] Demnach könne nur derjenige von Strafe befreit werden, der vollständige und richtige Angaben, „mithin ‚reinen Tisch‘“[537], mache.
Damit bringt der BGH eine negative Korrelation zum Ausdruck: Je größer die Annahme, ohne Zuhilfenahme des Steuerpflichtigen, verborgene Steuerquellen entdecken zu können, desto kleiner die der Selbstanzeige beigemessene Bedeutung. Diese vom Senat vor(weg)genommene und schließlich vom Gesetzgeber[538] legislatorisch umgesetzte Wertung übersieht, dass der Fiskus stets auf die Hilfe des Steuerpflichtigen angewiesen sein wird. Dies bedingt einerseits das Steuerrecht durch seine Komplexität, andererseits die horrenden Kosten, die durch “verbesserte“ Ermittlungsmöglichkeiten entstehen. Darüber hinaus verkennt der Senat den

---

533 Vgl. BGHSt 35, 36, 37; BGH wistra 1999, 27, 28.
534 BGHSt 55, 180, 182.
535 Der BGH geht dabei von einer doppelten Rechtfertigung der Selbstanzeige aus, die sowohl der Erschließung verborgener Steuerquellen diene als auch dem Steuerhinterzieher einen Anreiz zur Rückkehr in die Steuerehrlichkeit biete, BGHSt 55, 180, 181.
536 BGHSt 55, 180, 183.
537 BGHSt 55, 180, 182.
538 Vgl. die gesetzliche Fassung des § 371 AO vom 3.5.2011 geändert durch Art. 2 G. v. 28.04.2011 BGBl. I. 2011, 676.

Wiedergutmachungscharakter einer Selbstanzeige als einen ihr immanenten Wesenszug. Dabei liegt der Schwerpunkt der Wiedergutmachung auf der Kompensation des Erfolgsunrechts, nicht auf der des Handlungsunrechts[539], denn wer richtig und vollständig berichtigt, aber die verkürzten Steuern nicht fristgerecht nachzahlt, wird dennoch nicht straffrei. Die nach einer Teilselbstanzeige festgestellten Steuerverkürzungen können aber gleichermaßen kompensiert werden wie die einer vollständigen Selbstanzeige, sodass der Täter das begangene Erfolgsunrecht ebenso restituieren kann. Es muss zudem bezweifelt werden, dass die zunehmende Gewichtung der Steuerehrlichkeit zur Verbesserung der "Steuermoral" beiträgt, wenn die Steuerehrlichkeit nur deshalb zum maßgeblichen Kriterium der strafbefreienden Selbstanzeige erklärt wird, weil der fiskalische Zweck durch die Erlangung illegaler Steuerdaten für den Senat an Bedeutung verloren hat.

Der BGH erklärte die Selbstanzeige nach § 371 AO darüber hinaus zu einer Ausnahmevorschrift und begründete damit eine restriktive Auslegung[540], die sich schließlich auf die Sperrgründe des § 371 Abs. 2 AO auswirke. Demnach erstrecke sich § 371 Abs. 2 Nr. 1a 2 Alt. AO nicht nur auf solche Taten, die vom Ermittlungswillen des erschienen Amtsträgers erfasst seien, sondern auch auf solche, die mit dem bisherigen Ermittlungsgegenstand in sachlichem Zusammenhang stünden.[541] Soweit sich dieser sachliche Zusammenhang wie im konkreten Fall auf die gleiche Steuerart verschiedener Veranlagungszeiträume bezieht, ist diese Wertung legitim und entspricht bisheriger Rechtsprechung.[542]

Bedenklich ist jedoch die Wertung des § 371 Abs. 2 Nr. 2 AO. Der Senat hielt in seinem Beschluss den Anfangsverdacht zur Tatentdeckung zunächst richtigerweise für unzureichend, beschrieb in seiner Entscheidung aber eben genau diesen.[543] Nach Auffassung des Senats dürften heute zudem keine hohen Anforderungen an die Annahme des „Kennenmüssens" der Tatentdeckung gestellt werden, da § 371 Abs. 2 Nr. 2 AO viel-

[539] Füllsack/Bürger, BB 2010, 2403, 2403.
[540] BGHSt 55, 180, 184.
[541] Vgl. BGH wistra 1983, 146, 146; 2000, 219, 225.
[542] Vgl. BGH wistra 1983, 146, 146.
[543] Vgl. BGHSt 55, 180, 186 ff.; hierzu kritisch Füllsack/Bürger, BB 2010, 2403, 2405.

mehr durch die objektive Voraussetzung der Tatentdeckung bestimmt würde. Der Grund hierfür läge in den verbesserten Ermittlungsmöglichkeiten und der stärkeren Kooperation bei der internationalen Zusammenarbeit.[544] Damit suggeriert der Senat, dass derjenige, der von den verbesserten Ermittlungsmethoden und der internationalen Zusammenarbeit zur Bekämpfung von Steuerstraftaten wisse auch mit der Entdeckung seiner Tat rechnen müsse. Die „verständige Würdigung der Sachlage" nach § 371 Abs. 2 Nr. 2 AO wäre folglich die Berücksichtigung der verbesserten Ermittlungsmethoden und der internationalen Zusammenarbeit. Eine derartige Schlussfolgerung kann jedoch nicht überzeugen.
Zudem steht die vom Senat vorgenommene Abstufung der Anforderung des Merkmals „Kennenmüssen" auch im Widerspruch zu dem Charakter des § 371 Abs. 2 Nr. 2 AO als subjektiver Ausschlussgrund. Der Gesetzgeber hat in der Geschichte der Abgabenordnung die Tatentdeckung als solche nie für einen obj. Ausschlussgrund der strafbefreienden Selbstanzeige genügen lassen, vielmehr bedurfte es stets einer Verbindung mit der subjektiven Komponente. Zunächst konnte nur derjenige keine Strafbefreiung erlangen, der durch die Tatendeckung „veranlasst" worden war (vgl. § 374 RAO 1919, § 410 RAO 1939). Um sich überhaupt veranlasst zu fühlen, bedurfte es aber sinngemäß eines Bewusstseins von der Tat. Das „Kennenmüssen" des § 371 AO 1977 bedeutete zur ursprünglichen gesetzlichen Fassung eine erhebliche, aber noch legitime Verschärfung. Wenn der Senat nun aber an die ohnehin schon niedrige Hürde des „Kennenmüssens" geringe Anforderungen stellt, kommt das einer unzulässigen faktischen Objektivierung des § 371 Abs. 2 Nr. 2 AO gleich.

1.2.2.8. Die Regelung nach §§ 371 Abs. 2 Nr. 3, 398a AO[545]

Der Gesetzgeber hat die Regelung der strafbefreienden Selbstanzeige durch das am 3.5.2011 in Kraft getretene Schwarzgeldbekämpfungsgesetz erheblich verschärft. Neben der Abschaffung der Teilselbstanzeige durch das Vollständigkeitsgebot des § 371 Abs. 1 AO[546] und der Einfüh-

---

[544] BGHSt 55, 180, 189.

[545] Fassung aufgrund des Gesetzes zur Verbesserung der Bekämpfung von Geldwäsche und Steuerhinterziehung (Schwarzgeldbekämpfungsgesetz) vom 28.4.2011 (BGBl. I 2011, 676) m.W.v. 3.5.2011.

[546]Streitig ist, ob nunmehr auch die undolose Teilselbstanzeige gemäß § 371 Abs. 1 AO ausgeschlossen ist. Nach dem ursprünglichen Gesetzesentwurf sollte

rung eines neuen Ausschlussgrundes nach § 371 Abs. 2 Nr. 1a) AO, wonach die Straffreiheit nicht eintritt, wenn bei einer der zur Selbstanzeige gebrachten unverjährten Steuerstraftaten dem Täter oder seinem Vertreter eine Prüfungsanordnung nach § 196 AO bekannt gegeben worden ist, macht der Gesetzgeber durch Einführung des § 371 Abs. 2 Nr. 3 AO die strafbefreiende Wirkung der Selbstanzeige erstmalig von dem Hinterziehungsvolumen abhängig.

Eine der wichtigsten Neuerungen der Reform ist sicherlich, das nunmehr in § 371 Abs. 1 AO zum Ausdruck kommende Vollständigkeitsgebot und damit die Abschaffung der Teilselbstanzeige. Nach § 370 AO wird nunmehr nicht bestraft, wer gegenüber den Finanzbehörden zu allen unverjährten Steuerstraftaten einer Steuerart in vollem Umfang die unrichtigen Angaben berichtigt. Damit bricht der Gesetzgeber erstmals in der Historie der Selbstanzeige mit dem bisherig in Rechtsprechung und Literatur allgemein anerkannten, die strafbefreiende Selbstanzeige prägenden Tatbegriff, umgrenzt von Steuersubjekt, Steuerart und Veranlagungszeitraum.[547]
Überdies koppelt der Gesetzgeber die Strafbefreiung gemäß § 371 Abs. 2 Nr. 3 AO nunmehr an das Hinterziehungsvolumen. Straffreiheit tritt demnach nicht (mehr) ein, wenn bei einer der zur Selbstanzeige gebrachten unverjährten Steuerstraftaten die nach § 370 Abs. 1 AO verkürzte Steuer oder der für sich oder einen anderen erlangte nicht gerechtfertigte Steuervorteil einen Betrag von 50.000 Euro je Tat übersteigt. Dieser Sperrgrund wird jedoch aufgehoben und von der Strafverfolgung obligatorisch abgesehen, wenn der Täter gemäß § 398a AO die aus der Tat zu seinen Gunsten hinterzogenen Steuern entrichtet und einen Geldbetrag in

---

die undolose Teilselbstanzeige, bei denen der Steuerpflichtige nur unbewusst unvollständige Selbstanzeigen abgegeben hat, weiterhin im Umfang der Berichtigung strafbefreiend wirken, BT-Drucks. 17/4182, S. 5. Ein derartiger Wille ist der neueren Gesetzesbegründung BT-Drucks. 17/5067 (neu) nicht zu entnehmen, sodass die Literatur teilweise annimmt, § 371 Abs. 1 AO schließe auch die undolose Teilselbstanzeige aus, vgl. Zanziger DStR 2011, 1397, 1399 f.; a.A. Hunsmann NJW 2011, 1482, 1484, der richtigerweise davon ausgeht, dass der unbewusst handelnde Steuerpflichtige gerade nicht planvoll und bewusst mit der Teilselbstanzeige taktiere, was für eine Straffreiheit bei Abgabe unbewusst unrichtige Selbstanzeige streite.
[547] BGH, NStZ 2000, 427, 430.

Höhe von 5 Prozent der hinterzogenen Steuer zugunsten der Staatskasse zahlt.
Im Detail zeigt sich dann ein vom Gesetzgeber erneut nicht bedachter Wertungswiderspruch. Während nämlich § 371 Abs. 2 Nr. 3 AO vom Gesetzeswortlaut auch den Teilnehmer erfasst und diesem folglich die Strafbefreiung bei einem Hinterziehungsvolumen ab 50.000 € verwehrt bleibt, wird nach § 398a AO von der Strafverfolgung abgesehen, wenn der „Täter" den 5-%-Zuschlag bezahlt. Als untragbare Folge der gesetzlichen Neuregelung stünde der Teilnehmer damit schlechter als der Täter, sodass sich die Literatur mittels einer Überdehnung des Täterbegriffs[548] oder teleologischer Reduktion[549] behelfen muss.

Überdies überschreitet auch die Koppelung des Sperrgrundes gemäß § 371 Abs. 2 Nr. 3 AO an den 5-%-Zuschlag des § 398a AO die bisherigen Grenzen. Auf ursprünglicher Initiative des Bundesrates hin sollte die Strafbefreiung des § 371 AO im Allgemeinen von der zusätzlichen Entrichtung eines 5-%igen-Zuschlags auf die hinterzogenen Steuern abhängig gemacht werden.[550] Dieser Zuschlag wollte generalpräventiv zur Abgabe richtiger und vollständiger Steuererklärungen bewegen, ohne dabei irgendeinen Strafcharakter aufzuweisen.[551] Die Regierungskoalition einigte sich nach diversen Stellungnahmen in der öffentlichen Anhörung des Finanzausschusses[552] schließlich auf die o.g. gesetzliche Fassung und wirft damit die Frage auf, ob die 5-%igen-Zuschläge, die nur dem Täter einer Steuerhinterziehung mit einem Hinterziehungsvolumen ab 50.000 Euro auferlegt werden, einen Strafcharakter aufweisen.

---

548 Rolletschke/Roth, Stbg 2011, 200, 206, die bei der Frage, ob der Anwendungsbereich des § 398a AO eröffnet ist, nicht die herkömmliche Abgrenzung von Täterschaft und Teilnahme zugrundelegen, sondern allein danach fragen, ob dem Täter oder Teilnehmer einer Steuerhinterziehung bei wirtschaftlicher Betrachtungsweise ein unmittelbarer Vorteil aus der Tat zugeflossen ist.
549 Vgl. Heuel/Beyer, StBW 2011, 315, 316.
550 BR-Drs. 318/10, S. 76.
551 BR-Drs. 851/10, S. 1 f.
552 Vgl. Protokoll Nr. 17/42 der öffentlichen Anhörung des Finanzausschusses des Bundestages vom 21.2.2011, abrufbar unter http://www.bundesgerichtshof.de/SharedDocs/Downloads/DE/Bibliothek/Gesetzesmaterialien/17_wp/Schwarzgeldbekg/wortproto.pdf?__blob=publicationFile.

Dieses verneint der Gesetzgeber und verweist auf § 153a StPO, an den sich die Reglung des § 398a AO orientiere.[553] Tatsächlich besteht Einigkeit darüber, dass es sich bei dem § 153a StPO keinesfalls um eine Sanktion strafähnlichen Charakters handele, da dem Täter die Pflichten zwar auferlegt würden, er aber zustimmen müsse und die Erfüllung auch dann noch unterlassen könne, wenn er der vorläufigen Einstellung bereits zugestimmt habe.[554] Damit sei die Erfüllung der ihm auferlegten Auflage anders als bei der Strafe nicht obligatorisch, sondern freiwillig.[555] Ob die für § 153a StPO entwickelten Maßstäbe ohne Weiteres auf § 398a AO übertragbar sind, bleibt zweifelhaft. Dagegen spricht vor allem der unterschiedliche Anwendungsbereich, denn § 153a StPO betrifft vornehmlich den Geltungsbereich der kleineren und mittleren Kriminalität, während § 398a AO die besonders schweren Fälle, vgl. § 370 Abs. 3 S. 2 Nr.1 AO, erfassen soll.

Die Frage nach dem Rechtscharakter der Auflage[556] soll im Rahmen dieser Arbeit auch nicht im Mittelpunkt der Betrachtung stehen, sondern vielmehr ihre Vereinbarkeit mit dem Wiedergutmachungsgedanken der

---

[553] BT-Drucks. 17/5067 (neu), S. 20.

[554] BGH, NJW 1979, 770, 770.

[555] BGH, NJW 1979, 770, 770.

[556] Sehe man den Zuschlag als äquivalente Vergütung zum Mehraufwand durch erneute Prüfung, müsste hierfür ein fixer Betrag als Gebühr festgesetzt werden, keine proportionale Orientierung an der verkürzten Steuer, sodass die Charakterisierung als Verwaltungsgebühr richtigerweise ausscheidet, vgl. Reimer im Protokoll Nr. 17/42 der öffentlichen Anhörung des Finanzausschusses des Bundestages vom 21.2.2011, S. 7, abrufbar unter http://www.bundesgerichtshof.de/SharedDocs/Downloads/DE/Bibliothek/Gesetzesmaterialien/17_wp/Schwarzgeldbekg/wortproto.pdf?__blob=publicationFile. Eine Verwaltungsgebühr würde darüber hinaus erfordern, dass konsequenterweise alle Änderungen mit einem Zuschlag belegt werden müssten. Dies ist aber gerade nicht geschehen, der Gesetzgeber hat den pauschalen Zuschlag nur für die Fälle bestimmt, in denen das Hinterziehungsvolumen 50.000 Euro übersteigt. Dass nur in den Fällen der Steuerhinterziehung mit einer Hinterziehungssumme ab 50.000 Euro ein Mehraufwand entstehen soll, der den Zuschlag als Verwaltungsgebühr rechtfertigen würde, bleibt unwahrscheinlich. Diese Schlussfolgerung mag in der Regel, jedoch nicht pauschal zutreffen, da auch Selbstanzeigen für Steuerhinterziehungen mit einem Hinterziehungsvolumen von weniger als 50.000 Euro je Tat eine erhebliche Arbeitsbelastung der Finanzverwaltung herbeiführen können, die dem Arbeitsaufwand einer Selbstanzeige für Steuerhinterziehungen ab 50.000 Euro im nichts nachsteht.

strafbefreienden Selbstanzeige. Nach dem gesetzgeberischen Willen trage die Regelung des § 398a AO dem Anliegen Rechnung, im Falle einer Selbstanzeige nur noch in leichteren Fällen der Steuerhinterziehung ohne Zusatzleistung Strafbefreiung erlangen zu können.[557] Durch die Fixierung auf den Hinterziehungsbetrag von 50.000 Euro wertet der Gesetzgeber folglich alle Fälle mit einem Hinterziehungsbetrag von bis zu 49.999,99 Euro pauschal als leichtere Fälle, deren Erfolgsunrecht durch die Nachentrichtung der hinterzogenen Steuer kompensierbar sind und die darüber liegenden Fälle, pauschal als solche, die zur Wiedergutmachung einer Mehr-Leistung bedürfen. Diese Wertung erfolgt in Abkehr zur bisherigen Entwicklung der strafbefreienden Selbstanzeige und belegt in Folge die Überschreitung der Grenzen historischer und teleologischer Interpretation.

1.2.2.9. Ergebnis

Der Teilabschnitt hat gezeigt, dass es sich bei der strafbefreienden Selbstanzeige nach § 371 AO um ein historisch fundiertes Rechtsinstitut handelt, dessen Wurzeln bis hin ins preußische Einkommenssteuergesetz ranken. Die heutige Selbstanzeige schöpft sich damit aus dem damaligen Verständnis des Finanzstrafrechts als Teil des Verwaltungsstrafrechts, welches die Bemessung des schuldigen Steuerbetrages und die Entrichtung der Steuern ausschließlich dem Steuerpflichtigen aufbürdete und den Täter vor dem Hintergrund des damaligen Schuldverständnisses, ohne jede Rücksicht auf seine Schuld bestrafte. Damit begründeten diese finanzstrafrechtlichen Regelungen als Teil des Verwaltungsstrafrechts im Ergebnis den Gedanken des Fiskaldelikts als Ahndung eines schlichten Ordnungsunrechts.

An die Steuerdefraudation des § 66 Abs. 1 PrEStG und dem Ordnungsdelikt des § 66 Abs. 2 PrEstG schloss sich mit § 66 Abs. 3 PrEStG – unmittelbar und spiegelbildlich – die dem Steuerpflichtigen offerierte Straffreiheit mittels Berichtigung der fehlerhaften Angaben und fristgerechter Nachzahlung. Der innere Zusammenhang zwischen Ahndung der steuerlichen Verfehlung des Steuerpflichtigen und seinem Recht, diese Verfehlung durch spiegelbildliches Handeln nachträglich zu korrigieren war

[557] BT-Drucks. 17/5067 (neu), S. 20.

somit bereits in der als Ursprung der heutigen Selbstanzeige geltenden Regelung manifestiert. Für den damaligen Gesetzgeber war es natürlich, dass dem Zweck einer gleichmäßigen und gerechten steuerlichen Veranlagung nicht lediglich präventiv durch Strafandrohung entsprochen wurde, sondern darüber hinaus stimulativ durch Gewährung von Straffreiheit bei Berichtigung und Kompensation selbiger Zuwiderhandlung. Die Selbstanzeige war damit schon in ihrem Ursprung nicht Kontradiktion zur präventiven Wirkweise sanktionsandrohender Regelungen, sondern vielmehr elementare Komplementärin.

Nicht zuletzt mit der Reform der strafbefreienden Selbstanzeige im Zuge des 2011 in Kraft getretenen Schwarzgeldbekämpfungsgesetzes hat der Gesetzgeber die Regelung des § 371 AO erheblich verschärft. Waren es noch zu Zeiten des Preußischen Einkommensteuergesetzes zwei objektive Sperrgründe, die dem Steuerpflichtigen die Straffreiheit versagten, hat der Gesetzgeber die Zahl dieser zwischenzeitlich mehr als verdoppelt und um einen subjektiven Sperrgrund ergänzt. Schon mit der Reichsabgabenordnung von 1919 fügte der damalige Gesetzgeber den objektiven Sperrgründen einen subjektiven hinzu, wonach nunmehr jeder Steuerpflichtige gemäß § 374 Abs. 1 S. 1 RAO 1919 von der strafbefreienden Wirkung der Selbstanzeige ausgeschlossen war, welcher sich zur Berichtigung seiner fehlerhaften Angaben „durch eine unmittelbare Gefahr der Entdeckung“ veranlasst sah.[558] Die unzureichende Bestimmtheit dieses Sperrgrundes ebenso wie die damit einhergehenden Risiken für den anzeigewilligen Steuerpflichtigen verstehen sich von selbst. Der Gesetzgeber hat diese unzureichende Bestimmung schließlich mit der AO 1977 aufgehoben und dafür das Erfordernis der objektiven Tatentdeckung gespickt um das subjektive Element der Kenntnis ersetzt. Gleichsam hat er jedoch die Regelung erneut, durch das Genügenlassen des „Kennenmüssens“ zum Eingreifen des Sperrgrundes, verschärft. Das nicht zuletzt hieraus resultierende Korrektiv, nämlich den Konsens in Rechtsprechung und Literatur, die negativen Sperrgründe eng und die positiven Sperrgründe weit aufzufassen, hat der BGH in seinem „obiter dictum“ von Mai 2010 dann schließlich wieder verworfen.

Völlig zu Recht folgte auch auf die Einführung des § 370a AO und damit der Abschaffung der strafbefreienden Selbstanzeige für „Verbrecher“

---

[558] Vgl. hierzu die Ausführungen auf S. 102 f.

eine Welle anhaltender Kritik. Der Gesetzgeber hatte am 19.12.2001 mit dem Gesetz zur Bekämpfung der Steuerverkürzung für den Verbrechenstatbestand der gewerbs- und bandenmäßigen Steuerhinterziehung, die Steuerhinterziehung erstmals in ihrer Geschichte zum Verbrechen statuiert. Die Vielzahl dogmatischer und systemwidriger Fehlgriffe war alarmierend. Der weitgefasste Tatbestand war zu unbestimmt; die Abschaffung der strafbefreienden Selbstanzeige missachtete die bis dahin allgemein anerkannte fiskalische Legitimation; die Norm erfuhr eine entsprechend gesetzgeberischer Intention zuvor nie dagewesene Schärfe, da sie nunmehr zur Vortat der Geldwäsche erhoben worden war. Der Gesetzgeber lenkte schließlich ein und reformierte den § 370a AO, in dem er den objektiven Tatbestand durch die Einführung der Notwendigkeit „in großem Ausmaß" spezifizierte und die erste strafmildernde Selbstanzeige einführte. Mit dieser gegenüber der alten Fassung des § 370a AO erzielten Verbesserung, gelang dem Gesetzgeber aber weiterhin keine erfolgreiche Korrektur seiner gesetzgeberischen Verfehlung. Denn die Voraussetzungen eines großen Ausmaßes blieben weiterhin ungeklärt und die strafmildernde Selbstanzeige brach mit der für die Selbstanzeige bis dahin typischen Eigenart der Strafbefreiung. Überdies vermochte die strafmildernde Selbstanzeige naturgemäß nicht den Verbrechenscharakter der Steuerhinterziehung und die daraus resultierenden prozessualen Folgen zu beheben, sodass erneut eine Vielzahl von Vertretern der Literatur den gesetzgeberischen Fehlgriff kritisierte und sogar der BGH in zwei veröffentlichen Entscheidungen gewichtige Bedenken gegen die Verfassungsmäßigkeit des § 370 a AO äußerte. Die wirkliche Tragweite dieser gesetzgeberischen Verfehlung erschließt sich jedoch erst bei Erschöpfung des (politischen) Gesamtzusammenhangs, nämlich die Einführung des § 370a AO im Zuge der weltweiten Bemühungen um die Terrorismusbekämpfung nach dem Ereignis des 11. Septembers 2011 in New York. Ein starker Verdacht, dass § 370a AO – lediglich unter dem Deckmantel der Terrorismusbekämpfung – letztlich doch nur der Bekämpfung einfacher Steuerhinterziehung dienen sollte, drängt sich zumindest auf. In dieses Bild fügt sich dann schließlich auch die stillschweigende Beerdigung des § 370a AO durch das am 1.1.2008 in Kraft getretene Gesetz zur Neuregelung der Telekommunikationsüberwachung und anderer verdeckter Ermittlungsmaßnahmen.

Neben dem gesetzgeberischen Missgriff des § 370a AO hat auch der BGH in seinen obiter dicta vom 20.05.2010 – 1 StR 577/09 den Bogen überspannt und berechtigt Kritik erfahren. Die Herabstufung der Anforderungen an ein Kennenmüssen nach § 371 Abs. 2 Nr. 2 AO kommt einer faktischen Objektivierung des subjektiven Sperrgrundes gleich und steht damit im Widerspruch zur rechtsgeschichtlichen Entwicklung der strafbefreienden Selbstanzeige seit dem Anbeginn der Abgabenordnung. Weitaus missglückter als die Interpretation des § 370 Abs. 2 Nr. 2 AO war jedoch die Beseitigung der Teilselbstanzeige. Hatte zuvor in Rechtsprechung und Literatur weitestgehend Konsens über die Zulässigkeit von Teilselbstanzeigen nach § 371 AO bestanden, deutete der BGH den klaren Wortlaut „insoweit" nicht mehr auf den Umfang der Angaben, sondern allein auf die zuvor schon bekannte Selbstverständlichkeit, der Umfang der Strafbefreiung umfasse keine Taten nach dem allgemeinen Strafrecht. Die Abschaffung der Teilselbstanzeige führte dann in der Folge zu der gerade für die praktische Handhabung der strafbefreienden Selbstanzeige relevanten und gleichsam vom BGH unbeantwortet gebliebenen Frage, ob sie nur die Fälle der dolosen Teilerklärungen umfasste oder auch die undolosen.
Die Entscheidung des Bundesgerichtshofes ist aber vor allem deswegen mehr als kritisch zu bewerten, weil sie nicht nur in den o.g. Aspekten einen Wendepunkt bisherigen Konsenses darstellt, sondern im Zuge des schon 2010 verfolgten politischen Programms, die „Steuerehrlichkeit" unter Außerachtlassung der strafrechtlichen Legitimation als wiedergutmachendes Rechtsinstituts bemüht. Dies wiegt umso schwerer, als wohl erkennbar sein dürfte, dass sich die demonstrierte Offensive des Staates, konkret der Ankauf illegal erlangter Steuerdaten CDs, als zwielichtiges staatliches Agieren den gleichsamen Erwartungen entgegensetzt. Es lässt sich daher nicht rechtfertigen, dass der Senat nunmehr die Steuerehrlichkeit zum maßgeblichen Kriterium der strafbefreienden Selbstanzeige erklärt, weil der fiskalische Zweck durch die Erlangung illegaler Steuerdaten für ihn an Bedeutung verloren hat.

Als eine weitere, kaum mehr als legitim zu bewertende, Hürde stellt sich schließlich die Einführung des Sperrgrundes nach §§ 371 Abs. 2 Nr. 3, 398a AO dar. Der Gesetzgeber hat mit dieser neu eingeführten Regelung eine Fülle von Auslegungsfragen geschaffen, die Rechtsprechung und Literatur zukünftig zu Rate ziehen wird. Als untragbar erweist sich dabei vor allem die mittels verfehlten Wortlauts geschaffene Ungleichbehandlung von Täter und Teilnehmer.[559] Überdies widerspricht die Regelung dem Wesen der strafbefreienden Selbstanzeige als Wiedergutmachung durch nachträgliche Restitution, welche das mittels der strafrechtlichen Verfehlung begangene Handlungs- und Erfolgsunrecht kompensiert. Ohne erkennbare Legitimation wertet der Gesetzgeber nunmehr alle Fälle mit einem Hinterziehungsvolumen ab 50.000 € pauschal als steuerstrafrechtliche Verfehlungen, deren Erfolgsunrecht nur mehr durch einen Mehrbetrag von 5 % kompensierbar sei und überschreitet mit Beharren auf pauschalierte Mehrleistung und die Fixierung auf eine bestimmte Summe die Grenzen historischer Interpretation.

1.2.3. Die praktische Anwendung der Selbstanzeige: Kontroverse Entscheidungen der Straf- und Finanzgerichte

Neben den o.g. Unwägbarkeiten möchte diese Arbeit angesichts der vor allem auch praktischen Bedeutung der strafbefreienden Selbstanzeige im Folgenden auf ein weiteres, in der Praxis aufkommendes Wagnis aufmerksam machen, welches sich der selbstanzeigewillige Steuerstraftäter ausgesetzt sieht.
In der Vergangenheit kamen Straf- und Finanzgerichte, gerade im Hinblick auf die Blankettstrafnorm § 370 AO immer wieder in die Verlegenheit sich widersprechender Entscheidungen[560], weil die Strafgerichte anhand steuerrechtlicher Normen über das Vorliegen einer Steuerverkürzung urteilen und umgekehrt die Finanzverwaltung und schließlich die Finanzgerichte über die gleiche Steuerschuld entscheiden müssen. Diese, das Vertrauen in die Rechtsstaatlichkeit beeinträchtigenden, Entscheidungen im Straf- und Besteuerungsverfahren veranlassten *Franz Klein* in seiner Position als Präsident des BFH zu der überspitzen Äußerung: „Solange hier keine rechtkräftigen Steuerbescheide vorliegen, trägt jedes Strafverfahren das Risiko in sich, daß es zu einer Verurteilung kommt, ohne daß eine Steuerverkürzung tatsächlich vorliegt. Es ist wie bei einer Verurteilung wegen Mordes, ohne daß zuvor festgestellt ist, ob das Opfer

---

[559] Vgl. hierzu bereits S. 115 f.

[560] BGH Urteil vom 20.05.1981, 2 StR 784/80, NJW 1981, 2071 ff; FG Köln, Urteil vom 30.01.1985 – I (VI) 589-593/80, NJW 1986, 2528 ff.

noch lebt."[561] Um ein derartiges zu verhindern, ermöglicht § 396 AO die Aussetzung des Strafverfahrens bis zum rechtskräftigen Abschluss des Besteuerungsverfahrens, wenn die Beurteilung der Tat von der Vorfrage abhängt, ob ein Steueranspruch besteht, ob Steuern verkürzt oder ob nicht gerechtfertigte Steuervorteile erlangt sind. Damit räumt das Gesetz den Finanzbehörden und den Finanzgerichten die größere fachliche Kompetenz zur Klärung steuerrechtlicher Belange ein, bringt aber durch die fakultative Aussetzungsbefugnis gleichzeitig die uneingeschränkte Vorfragenkompetenz der Strafgerichte (Art. 20 Abs. 3, Art. 97 Abs. 2 GG i.V.m. § 1 GVG) zum Ausdruck. Da sich aus § 396 AO somit keine Aussetzungspflicht ableiten lässt[562] und die Strafgerichte darüber hinaus auch das Gebot der Prozessökonomie und das Beschleunigungsgebot beachten müssen, erweist sich die Aussetzungsmöglichkeit des § 396 AO im Ergebnis jedoch als "stumpfes Schwert" zur Vermeidung sich widersprechender Entscheidungen. Die dargestellte Problematik betrifft in der Folge naturgemäß auch die strafbefreiende Selbstanzeige, weil die berichtigten Angaben zu einer neuerlichen Festsetzung führen, die im Fall einer Klage der Finanzgerichtsbarkeit unterliegen. Gleichzeitig aber haben die Strafgerichte darüber zu entscheiden, ob die Angaben und die Nachentrichtung eine strafbefreiende Wirkung der Selbstanzeige herbeiführen können. Mit der Folge der oben dargestellten Problematik.

---

561 Zit. nach Handelsblatt vom 12.11.1984.

562 BGH, NJW 1987, 1273, 1274.

1.3. Fazit Deutschland

Der Teilabschnitt die „Die strafbefreiende Selbstanzeige: Wandlungen im Verständnis der Wiedergutmachung“ hatte es sich zur Aufgabe gesetzt, in einem ersten Schritt der These einer strafbefreiender Selbstanzeige als strafrechtliche Wiedergutmachung nachzugehen und in einem zweiten Schritt der Frage zu folgen, ob und inwiefern der heutige Gesetzgeber und die Rechtsprechung der strafbefreienden Selbstanzeige – gerade auch als wiedergutmachendes – Rechtsinstitut (noch legitime?) Hürden aufstellen.

Die Arbeit hat im Ergebnis gezeigt, dass der strafbefreienden Selbstanzeige neben ihrer fiskalischen Zweckmäßigkeit auch eine strafrechtliche Legitimation zukommt, die sich aus den Strafzwecken ableitet und dem im Strafrecht schon lange verwurzelten Wiedergutmachungsgedanken Rechnung trägt. Die strafbefreiende Selbstanzeige kompensiert – als strafrechtliche Wiedergutmachung in Form eines Tatausgleichs – das Handlungs- und Erfolgsunrecht der Tat und erweist sich überdies als Komplementärin der Strafzwecke.[563]

Sowohl der Gesetzgeber als auch die Rechtsprechung haben die rechtliche Ausgestaltung und Wahrnehmung des Rechtsinstituts Selbstanzeige im Laufe der Zeit jedoch kontinuierlich geprägt.

Die dogmatische Normierung der strafbefreienden Selbstanzeige ebenso wie die Wertung dieses historisch fundierten Rechtsinstituts hat sich drastisch verändert. Gleich geblieben sind lediglich die Grundmauern des positiv-rechtlichen Erfordernisses zur Berichtigung und Nachzahlung hinterzogener Steuern, sowie der negativ-rechtlichen Begrenzung in Form von Sperrgründen.

Die Gipfel recht- und gesetzgeberischer Überschreitungen bilden die obiter dicta des BGH vom 20.05.2010 – 1 StR 577/09, die Regelung des § 370a AO, die gesetzliche Abschaffung der Teilselbstanzeige und die Einführung der „50.000 Hürde“ mittels §§ 371 Abs. 2 Nr. 3, 398a AO. Sie allesamt reflektieren das politische Taktieren mit der strafbefreienden

---

[563] Siehe hierzu bereits S. 93 ff.

Selbstanzeige unter Überschreitung historischer und teleologischer Grenzen.

Als Ergebnis des Abschnittes über die strafbefreienden Selbstanzeige in Deutschland lässt sich damit festhalten: Nur wenn der Gesetzgeber und die Rechtsprechung der strafbefreienden Selbstanzeige nicht durch politische Einflüsse, sondern normativer Bestimmtheit Rechnung tragen und auch ihre praktische Reichweite bedenken, wird sich dieses historisch gewachsene Rechtsinstitut auch zukünftig – eben auch als Komplementärin zur Prävention – behaupten können.

2. Strafbefreiende Selbstanzeige und tätige Reue in Österreich

Die bisherige Bewertung der strafbefreienden Selbstanzeige gemäß § 371 AO als strafrechtliche Wiedergutmachung soll im Folgenden um einen Rechtsvergleich mit den österreichischen Regelungen § 29 FinStrG[564] und § 167 ÖStGB[565] ergänzt werden. Dabei eignen sich diese in einer besonders hervorzuhebender Art und Weise für eine rechtsvergleichende Untersuchung, weil die Regelungen zwar dem deutschen Rechtskreis angehören, das österreichische Recht den Gedanken der strafbefreienden Wiedergutmachung mit § 29 FinStrG nicht nur im Finanzstrafrecht aufgreift, sondern ihn durch die tätige Reue nach § 167 ÖStGB auf eine Vielzahl von Vermögensdelikten erstreckt. Mit dem folgenden Rechtsvergleich sollen nunmehr die wesentlichen Gemeinsamkeiten und Unterschiede zwischen § 371 AO und § 29 FinStrG bzw. § 167 ÖStGB herausgearbeitet werden, um damit schließlich Erkenntnisse über Anerkennung und Handhabung ähnlicher „wiedergutmachender" Rechtsinstitute im Ausland unter gleichzeitiger Positionierung der deutschen Selbstanzeige zu ermöglichen.

2.1. Die strafbefreiende Selbstanzeige nach § 29 FinStrG[566]

Die Selbstanzeigeregelung des österreichischen Finanzstrafrechts bildet das dogmatisch assimilierte Pendant zur strafbefreienden Selbstanzeige im deutschen Steuerstrafrecht.[567] Als Strafaufhebungsgrund hebt sie die Strafbarkeit für begangene Finanzvergehen wieder auf.[568] Ihr Zweck wird insbesondere darin gesehen, die den Finanzbehörden bisher verborgenen Steuerquellen zu erschließen und das Steueraufkommen zu mehren.[569] Neben dieser fiskalischen Bedeutung wird ihr auch eine strafrechtliche Komponente zugesprochen, nämlich den durch die Verwirklichung des

---

564 BGBl. I Nr. 129/1958, zuletzt geändert durch BGBl. Nr. 13/2014.

565 BGBl. Nr. 60/1974, zuletzt geändert durch BGBl. I Nr. 152/2004.

566 BGBl. I Nr. 129/1958, zuletzt geändert durch BGBl. Nr. 65/2014.

567 Zu ihrer rechtsgeschichtlichen Entwicklung, vgl. die Ausführungen bei Scheil, Selbstanzeige, Rnr. 21 ff.

568 Leitner, Österreichisches Finanzstrafrecht, Rnr. 382; ; Fellner, Kommentar zum FinStrG, § 29, Rnr. 1.

569 Leitner, Österreichisches Finanzstrafrecht, Rnr. 385; Schrottmeyer/Plückhahn, Kommentar Selbstanzeige, Rnr. 18.

Finanzvergehens entstandenen staatlichen Strafanspruch des Staates wieder aufzuheben.[570] Wie bei der tätigen Reue im Strafrecht bestünde auch ihr Wesen vornehmlich in der opferorientierten Schadenswiedergutmachung, hier spezifisch auf die Beseitigung des Einnahmeausfalls gerichtet.[571] Wie die tätige Reue nach § 167 ÖStGB im allgemeinen Strafrecht dient somit auch die im Finanzstrafrecht verankerte Selbstanzeige gemäß § 29 FinStrG der Wahrung von Opferinteressen mit dem Unterschied, dass das Opfer hier der Staat ist und sich sein Interesse auf Generierung und Kompensierung bislang verborgenen Steueraufkommens richtet.

2.1.1. Die positiven Voraussetzungen des § 29 FinStrG

Gemäß § 29 Abs. 1 FinStrG wird, wer sich eines Finanzvergehens schuldig gemacht hat, insoweit straffrei als er seine Verfehlung darlegt (Selbstanzeige). Der Anwendungsbereich der österreichischen Selbstanzeige beschränkt sich in Abweichung zu § 371 AO nicht auf die Steuerhinterziehung, sondern erstreckt sich auf jedes Finanzvergehen.[572] Gemäß § 1 Abs. 1 FinStrG sind Finanzvergehen die in §§ 33 bis 52 FinStrG mit Strafe bedrohten Taten sowie andere Taten, wenn sie in einem Bundesgesetz als Finanzvergehen oder Finanzordnungswidrigkeit bezeichnet werden. Darüber hinaus gilt die Selbstanzeige gemäß § 29 FinStrG nach § 254 Abs. 1 FinStrG auch für das landesgesetzliche und kommunalsteuerliche Abgabenstrafrecht.

Die österreichische Selbstanzeige erfordert gemäß § 29 Abs. 1 S. 1 FinStrG positiv-rechtlich die Darlegung der Verfehlung. Ob die strafbefreiende Selbstanzeige durch den Täter selbst oder einen Dritten erstattet wird, ist dabei ohne Bewandtnis. Auch bedarf der Dritte keiner Bevollmächtigung.[573] Nur gegen den Willen des von ihr Begünstigten darf die Selbstanzeige nicht erstattet werden.[574] Damit wird die strafbefreiende Wirkung der Selbstanzeige in Österreich im Vergleich zu § 371 AO unter erleichterten Bedingungen gewährt. Zwar kann die Selbstanzeige nach § 371 AO auch durch einen Dritten erstattet werden, dies jedoch nur bei

[570] VwGH, ÖStZB 1985, 278.
[571] ErlRV zur FinStrG-Nov 1975, 1130 BlgBR 13. GP 57.
[572] Leitner, Österreichisches Finanzstrafrecht, Rnr. 383.
[573] VwGH 20.10.2004, 2002/14/0060.
[574] Schrottmeyer/Plückhahn, Kommentar Selbstanzeige, Rnr. 346 m.w.N.

Vorliegen einer Vollmacht oder in seiner Position als gesetzlicher oder satzungsmäßiger Vertreter.[575] Wie im deutschen Steuerstrafrecht bedarf es dagegen wiederum weder nach dem Wortlaut noch – insoweit kongruent – nach herrschender Auffassung eines besonderen Formerfordernisses oder gar einer formellen Bezeichnung als Selbstanzeige [576]

Für die Darlegung der Verfehlung wird allgemein eine präzise Beschreibung in der Art gefordert, dass „[…] der Finanzbehörde eine rasche und richtige Entscheidung in der Sache selbst ermöglicht wird.“[577] Übereinstimmend mit dem Wortlaut kann die Darlegung auch konkludent erfolgen, die schlichte Nachentrichtung der verkürzten Steuern oder wortlose Übergabe unvollständiger Unterlagen genügen jedoch nicht.[578] Eine Ausnahme hiervon bilden jedoch die Selbstberechnungsabgaben.[579] Weil es für ihre Darlegung ausreichend ist auf dem Einzahlungsabschnitt die Abgabenart und den Entrichtungszeitraum bekannt zu geben[580], genügt zur wirksamen Erstattung der Selbstanzeige die bloße Entrichtung der Selbstberechnungsabgaben.[581]

War mit der Verfehlung eine Abgabenverkürzung oder ein sonstiger Einnahmeausfall verbunden, tritt die Straffreiheit gemäß § 29 Abs. 2 S.1 1 Hs. FinStrG nur insoweit ein, wie die für die Feststellung der Verkürzung oder des Ausfalls bedeutsamen Umstände offengelegt werden. Dies erfordert die Beibringung einer Grundlage für eine sofortige richtige Entscheidung über den verkürzten Abgabenanspruch und damit das Ermöglichen einer raschen und richtigen Entscheidung in der Sache selbst.[582] Die Pflicht zur Offenlegung der bedeutsamen Umstände nach begangenem Finanzvergehen entspricht der von vornherein dagewesenen Pflicht des

---

[575] RStBl. 1942, 35, 36; BGHSt 373, 374.

[576] Vgl. hierzu Schrottmeyer/Plückhahn, Kommentar Selbstanzeige, Rnr. 202 m.w.N.

[577] ErlRV zur FinStrGNov 1975, 1130 BlgNr 13. GP 57; zur Begriffsvermengung von Darlegung nach § 29 Abs. 1 FinStrG und Offenlegung nach § 29 Abs. 2 FinStrG vgl. die Ausführungen von Scheil, Selbstanzeige, Rnr. 216 ff.

[578] VwGH 22.01.1985, 84/14/0072.

[579] Hierzu zählen insbesondere die Umsatzsteuervorauszahlung und die Lohnsteuer, vgl. Leitner, Österreichisches Finanzstrafrecht, Rnr. 881.

[580] Bericht des Finanz- und Budgetausschusses, 1548 BlgNR 13. GP 3.

[581] VwGH 18.10.1984, 83/15/0161; VwGH 20.01.2003, 2002/17/0062.

[582] VwGH 22.01.1985, 84/14/0072.

Abgabepflichtigen gemäß § 119 Abs. 1 BAO, die für die Feststellung und Festsetzung der Abgaben bedeutsamen Umständen vollständig und richtig dazulegen.[583] Wie die Selbstanzeige nach § 371 Abs. 1 AO bedarf die österreichische Selbstanzeige zur Offenlegung der bedeutsamen Umstände nach § 29 Abs. 2 S. 1 1 Hs. FinStrG der Nachholung unterlassener, die Berichtigung falscher und die Ergänzung unvollständiger Angaben.[584] Das nach der deutschen Regelung des § 371 AO nicht explizit anzutreffende Erfordernis zur Offenlegung der bedeutsamen Umstände „ohne Verzug“ (§ 29 Abs. 2 S. 1 1 Hs. FinStrG) meint nach der österreichischen Rechtsprechung die Preisgabe in der Weise, dass die Vorschreibung der Abgaben ohne langwierige Nachforschung erfolgen kann[585] und entspricht damit letztlich dem deutschen Erfordernis zur Berichtung in der Weise, dass die Finanzbehörde die Steuer ohne weitere Inanspruchnahme des Steuerpflichtigen zutreffend veranlagen kann.[586]

Gemäß § 29 Abs. 2 S. 1 2 Hs. FinStrG ist weitere Voraussetzung für den Eintritt der Straffreiheit bei Verfehlungen, die mit einer Abgabenverkürzung oder einem Einnahmeausfall verbunden waren, die Entrichtung der sich aus der Offenlegung ergebenden Beträge, die vom Anzeiger geschuldet werden oder für die er zur Haftung herangezogen werden kann. Wie bei der deutschen Selbstanzeige besteht auch im österreichischen Finanzstrafrecht keine persönliche Erstattungspflicht.[587] Auch die Zahlungsmodalitäten beschränken sich nicht auf die Entrichtung der verkürzten Beträge, sondern umfassen jede effektive Vermögensverschiebung zum Fiskus und damit auch die Aufrechnung.[588] Zudem erfordert auch die österreichische Selbstanzeige zur Gewährung von Straffreiheit eine fristgerechte Entrichtung der verkürzten oder ausgefallenen Beträge (§ 29

---

583 Leitner, Österreichisches Finanzstrafrecht, Rnr. 409.

584 OGH vom 5.12.1996, 15 Os 97/96; OGH 29.7.1997, 14 Os 204/96.

585 VwGH 24.2.2000, 97/15/0170.

586 BGHSt 12, 100, 101; OLG Stuttgart, wistra 1996, 190, 191; LG Stuttgart, wistra 1990, 72, 73.

587 Für das österreichische Recht: VwGH 6.9.1986, 84/15/0165; VwGH 27.9.1984, 83/15/0137; Fellner, Kommentar zum FinStrG, § 29, Rnr. 15; im deutschen Steuerstrafrecht BGHSt 7, 336, 342.

588 Fellner, Kommentar zum FinStrG, § 29, Rnr. 16; Schrottmeyer/Plückhahn, Kommentar Selbstanzeige, Rnr. 544 ff.; zu den Zahlungsmodalitäten bei § 371 AO, Rüping in Hübschmann/Hepp/Spitaler, § 371, Rnr. 138.

Abs. 2 S. 1 FinStrG). Anders als im deutschen Steuerstrafrecht (§ 371 Abs. 3 AO) hat die Entrichtung jedoch nicht innerhalb einer bestimmten angemessenen Frist zu erfolgen, sondern gemäß § 29 Abs. 1 S. 1 FinStrG binnen einer Frist von einem Monat. Diese beginnt gemäß § 29 Abs. 2 S. 2 FinStrG bei Selbstberechnungsabgaben mit der Selbstanzeige, in allen übrigen Fällen mit der Bekanntgabe des Abgaben- oder Haftungsbescheides und kann durch die Gewährung von Zahlungserleichterungen nach § 212 BAO auf höchsten zwei Jahre verlängert werden. Damit bietet die österreichische Selbstanzeigebestimmung dem durch sie Begünstigten eine größere Bestimmtheit als die deutsche Regelung nach § 371 Abs. 3 AO, weil sie den Zeitpunkt der zu entrichtenden Beträge gesetzlich festsetzt. Mag sie damit auf den ersten Blick starrer wirken als ihr deutsches Pendant, bleibt sie dieser aber im Ergebnis durch die Regulierung über die Gewährung von Zahlungserleichterung weiterhin verwandt, denn damit verbleibt auch nach der österreichischen Bestimmung der letztendliche Zeitpunkt zur Entrichtung der Beträge im Ermessen der zuständigen Behörde.

Als bedeutsamste Unterscheidung zur deutschen Selbstanzeige erkennt die österreichische Regelung die Teilselbstanzeige weiterhin an.[589] Gemäß § 29 Abs.1 S.1 bzw. § 29 Abs. 2 S.1 1 Hs. FinStrG tritt die Straffreiheit immer noch „insoweit" ein, wie die Verfehlung dargelegt bzw. die bedeutsamen Umstände offengelegt werden. Die Bestimmung „insoweit" bezieht sich damit, anders als der BGH es für das deutsche Recht entschied[590] und dessen sich der deutsche Gesetzgeber mit der Neufassung des § 371 AO letztlich angeschlossen hat, weiterhin auf den Umfang der teilweise erklärten Angaben. Damit führt im österreichischen Finanzstrafrecht sowohl die dolose als auch undolose Selbstanzeige zur teilweisen Strafbefreiung, soweit die Angaben lediglich unvollständig abgegeben werden.[591]

589 OGH v. 25.8.1998, 11 Os 41/98; VwGH v. 5.9.1985, 85/16/0049.
590 BGH, NJW 2010, 2146, 2147, Rnr. 9.
591 Schrottmeyer/Plückhahn, Kommentar Selbstanzeige, Rnr. 319.

2.1.2. Die negativen Voraussetzungen des § 29 FinStrG

Die Erlangung von Straffreiheit ist gemäß § 29 Abs. 1 S.3 FinStrG bzw. § 29 Abs. 3 FinStrG ausgeschlossen. Die Ausschlussgründe dienen dabei zur Vermeidung der Missbrauchsgefahr, weil der Täter nicht absehen kann, wie lange er mit der Erstattung der Selbstanzeige (noch) warten kann, bevor sich ihm die strafbefreiende Wirkung entzieht.[592]

Gemäß § 29 Abs. 1 S. 3 FinStrG ist die strafbefreiende Wirkung der Selbstanzeige bei Betretung auf frischer Tat ausgeschlossen. Dies ist dann der Fall, „wenn das Behördenorgan die Betretung unmittelbar (selbst) wahrgenommen hat, ohne dass es weiterer Erhebungen (Befragungen) bedarf“[593]. Dieser in Deutschland nicht anzutreffende Ausschlussgrund resultiert aus dem weiten Anwendungsbereich der österreichischen Selbstanzeige, die sich auf Finanzvergehen erstreckt und damit auch auf solche Delikte, wie dem Schmuggel gemäß § 35 FinStrG, die ein Betreten auf frischer Tat erlauben.[594]

Daneben ist die strafbefreiende Wirkung der österreichischen Selbstanzeige nach § 29 Abs. 3 a) FinStrG ausgeschlossen, wenn zum Zeitpunkt der Selbstanzeige Verfolgungshandlungen (§ 14 Abs. 3 FinStrG) gegen den Anzeiger, andere an der Tat Beteiligte oder gegen Hehler gesetzt waren. Der Umfang der Sperrwirkung erstreckt sich auf die Tat, auf die sich die Verfolgungshandlung bezieht und wirkt für alle an der Tat Beteiligten, auch wenn die Verfolgungshandlung nach § 14 Abs. 3 FinStrG nur gegen einen der Beteiligten gesetzt wurde.[595]
Nach der Legaldefinition des § 14 Abs. 3 FinStrG ist eine Verfolgungshandlung jede nach außen erkennbare Amtshandlung eines Gerichtes, einer Staatsanwaltschaft, einer Finanzbehörde oder eines im § 89 Abs. 2 FinStrG genannten Organs, die sich gegen eine bestimmte Person als den eines Finanzvergehens Verdächtigen, Beschuldigten oder Angeklagten richtet und zwar auch dann, wenn das Gericht, die Staatsanwaltschaft, die Finanzstrafbehörde oder das Organ zu dieser Amtshandlung nicht zustän-

[592] Scheil, Selbstanzeige, Rnr. 368.
[593] Fellner, Kommentar zum FinStrG, § 29, Rnr. 10 m.w.N.
[594] Etwa bei der Kontrolle eines Reisenden mit eingangspflichtigen Waren am Flughafen, vgl. hierzu VwGH 19.3.2003, 2000/16/0060.
[595] Schrottmeyer/Plückhahn, Kommentar Selbstanzeige, Rnr. 793.

dig war, die Amtshandlung ihr Ziel nicht erreicht hat oder die Person, gegen die sie gerichtet war, davon keine Kenntnis erlangt hat. Dabei ist für die nach außen erkennbare Amtshandlung schon nach dem Wortlaut kein rein interner Behördenvorgang ausreichend, vielmehr muss die Amtshandlung in nach außen hin erkennbarer Form in Erscheinung treten.[596] Zum Ausschluss der strafbefreienden Selbstanzeige durch eine Verfolgungshandlung ist damit allein die rein objektive Erkennbarkeit der Amtshandlung vonnöten. Eine subjektive Wahrnehmung der Verfolgungshandlung durch den sich selbst Anzeigenden ist dagegen nicht erforderlich.[597] Unter den weitläufigen Ausschlussgrund des § 29 Abs. 3 a) FinStrG fallen somit u.a. die Beschlagnahme, die Festnahme und die Vernehmung, nicht jedoch die Unterrichtung über eine bevorstehende Betriebsprüfung ohne förmliche Einleitung des Finanzstrafverfahrens oder eine nach § 147 BAO stattfindende Außenprüfung.[598]
Der österreichische Sperrgrund gemäß § 29 Abs. 3 a) FinStrG ist damit einerseits enger als der Ausschlussgrund nach § 371 Abs. 2 Nr. 1a) AO, weil selbst eine stattfindende abgabenrechtliche Außenprüfung die strafbefreiende Wirkung der Selbstanzeige nicht entfallen lässt, während in Deutschland schon die Bekanntgabe der Prüfungsanordnung die Strafbefreiung ausschließt. Andererseits ist der Sperrgrund des § 29 Abs. 3 a) FinStrG auch weiter, weil er anders als § 371 Abs. 2 Nr. 1 b) AO nicht nur die Bekanntgabe der Einleitung eines Straf- oder Bußgeldverfahrens erfasst, sondern eine Vielzahl von Verfolgungshandlungen und die Strafbefreiung für alle Tatbeteiligte ausgeschlossen ist, wenn die Verfolgungshandlung auch nur gegen einen an der Tat Beteiligten gesetzt wurde. Gerade der Umstand, dass es nach dem österreichischen Finanzstrafrecht einzig auf die objektive Erkennbarkeit der Verfolgungshandlung ankommt, birgt für den Selbstanzeiger das im Vergleich zum deutschen Pendant verstärkte Risiko, die Selbstanzeige zu einem Zeitpunkt einzureichen, wo ihm die strafbefreiende Wirkung bereits verwehrt ist, etwa weil bei einem anderen an der Tat Beteiligten Verfolgungshandlungen stattgefunden haben und ihm nicht bekannt geworden sind.

---

[596] VwGH 15.2.1983, 82/14/0146.

[597] VwGH vom 23.2.1994, 93/15/0155; VwGH vom 24.2.2000, 97/15/0170.

[598] Vgl. hierzu Schrottmeyer/Plückhahn, Kommentar Selbstanzeige, Rnr. 878 m.w.N.

Gemäß § 29 Abs. 3 b) FinStrG tritt Straffreiheit auch dann nicht ein, wenn zum Zeitpunkt der Selbstanzeige die Tat hinsichtlich ihrer objektiven Tatbestandsmerkmale bereits ganz oder zum Teil entdeckt und dies dem Anzeiger bekannt war oder bei Verletzung einer zollrechtlichen Verpflichtung die Entdeckung in Kenntnis des Anzeigers unmittelbar bevorstand. Die bisher von der Rechtsprechung vertretene Auffassung, die Tatentdeckung umfasse ein tatbestandsmäßiges, rechtswidriges Verhalten und damit auch die Kenntnis des Täters[599] wurde durch das mit der Finanzstrafgesetz-Novelle eingefügte Erfordernis der Tatentdeckung hinsichtlich „ihrer objektiven Tatbestandsmerkmale" aufgehoben.[600] Auf die Kenntnis der Identität des Täters kommt es danach nicht mehr an. [601] Dennoch genügt der bloße Anfangsverdacht für die Tatentdeckung nicht.[602] Erforderlich ist nach vorläufiger Tatbewertung vielmehr die Wahrscheinlichkeit einer Verwirklichung des objektiven Tatbestandes eines Finanzvergehens ohne weitere Deutungsmöglichkeiten.[603] Reine Hinweise auf Straftaten, anonyme Anzeigen oder Medienberichte genügen somit nicht.[604]
Neben der Tatentdeckung bedarf es zur Sperrwirkung des § 29 Abs. 3 b) FinStrG auch der Kenntnis des Anzeigers von der Tatentdeckung. Anders als der deutsche Gesetzgeber stellt der österreichische Gesetzgeber damit nicht auf die Kenntnis des Täters ab (§ 371 Abs. 2 AO), sondern auf die Kenntnis des Anzeigers. Dies führt dazu, dass der in Kenntnis der Tatentdeckung sich selbst anzeigende Täter keine Straffreiheit erlangt, dem Täter die Straffreiheit aber nicht verwehrt bleibt, wenn ein unbeteiligter Dritter zugunsten des Täters Selbstanzeige erstattet. Damit kann nach der österreichischen Regelung, anders als nach ihrem deutschen Pendant, auch derjenige Täter noch Straffreiheit erlangen, der zum Zeitpunkt der Selbstanzeige positive Kenntnis von der Tatentdeckung hatte.

Einen weiteren Ausschlussgrund benennt die österreichische Selbstanzeige zudem in § 29 Abs. 3 c) FinStrG. Hiernach tritt die Straffreiheit nicht ein, wenn bei einem vorsätzlichen Finanzvergehen die Selbstanzeige

---

599 VwGH 28.9.1998, 98/16/0142.

600 Fellner, Kommentar zum FinStrG, § 29, Rnr. 23.

601 Fellner, Kommentar zum FinStrG, § 29, Rnr. 23.

602 OGH 25.8.1998, 11 Os 41/98.

603 VwGH 21.3.2002, 2001/16/0471.

604 Schottmeyer/Plückhahn, Kommentar Selbstanzeige, Rnr. 916 ff.

anlässlich einer finanzbehördlichen Nachschau, Beschau, Abfertigung oder Prüfung von Büchern oder Aufzeichnungen nicht schon bei Beginn der Amtshandlung erstattet wird. Diese Regelung ist dem deutschen § 371 Abs. 2 Nr. 1c) AO sachlich ähnlich, enthält gleichsam jedoch eine wesentliche Abweichung.

Gemäß § 371 Abs. 2 Nr. 1c) AO tritt Straffreiheit nicht ein, wenn bei einer der zur Selbstanzeige gebrachten unverjährten Steuerstraftaten vor der Berichtigung, Ergänzung oder Nachholung ein Amtsträger der Finanzbehörde zur steuerlichen Prüfung, zur Ermittlung einer Steuerstraftat oder einer Steuerordnungswidrigkeit erschienen ist. Das ist schon dann der Fall, wenn der Amtsträger die räumliche Sphäre des Steuerpflichtigen in der Absicht überschritten hat, die steuerlichen Verhältnisse zu überprüfen bzw. mit den Ermittlungen zu beginnen.[605] Unerheblich ist, ob er mit der Prüfung tatsächlich beginnt, diese unterbricht oder gar verschiebt.[606] Dagegen ist nach dem österreichischen Finanzstrafrecht die Einreichung der Selbstanzeige auch „bei Beginn" der finanzbehördlichen Nachschau, Beschau, Abfertigung oder Prüfung von Büchern etc. noch nicht ausgeschlossen. Maßgeblich ist der vom betroffenen Steuerpflichtigen erkennbare Prüfungsbeginn, welcher mit Angabe von Datum und Uhrzeit genau protokolliert wird.[607] Gemäß Abschnitt 8.11.2 des Organisationshandbuchs der Finanzverwaltung ist der Abgabenpflichtige sogar vor Beginn der Prüfung auf die Möglichkeit der Erstattung einer Selbstanzeige nach § 29 FinStrG und deren Folgen hinzuweisen.[608] Der Ausschlussgrund nach § 29 Abs. 3 c) FinStrG ist damit für den selbstanzeigewilligen Steuerpflichtigen günstiger und am Wiedergutmachungscharakter der strafbefreienden Selbstanzeige orientiert. Während der deutsche Gesetzgeber die Selbstanzeige nach § 371 Abs. 2 Nr. 1c) AO ausschließt, weil er meint, ab diesem Zeitpunkt auch ohne die Hilfe des Täters die verborgenen Steuerquellen aufdecken zu können und ihn deswegen nicht mehr belohnen zu müssen, honoriert der österreichische Gesetzgeber auch denjeni-

605 Rüping in Hübschmann/Hepp/Spitaler, Abgabenordnung, § 371, Rnr. 145.

606 BGH, wistra 1994, 228, 229.

607 OGH v. 27.8.1998, 12 Os 73/98.

608 OHB (Organisationshandbuch der Finanzverwaltung) vom 2.2.2010, GZ BMF-280000/0016-IV/2/2010 idF GZ BMF-280000/0061-IV/2/2014 vom 31. März 2014, abrufbar unter https://findok.bmf.gv.at/findok/resources/pdf/7878047d-09d3-4aa3-ad12-f58987d9eb5c/47384.3.-1.X.pdf.

gen Täter, der seine Tat auch noch in "letzter Sekunde" wiedergutmacht. Die in Österreich geltende Selbstanzeigeregelung lässt dem Steuerpflichtigen im Ergebnis folglich mehr Zeit zur Erstattung einer strafbefreienden Selbstanzeige und ist bezüglich § 29 Abs. 3 c) FinStrG weiter als das deutsche Pendant § 371 Abs. 2 Nr. 1c) AO.
Das vorläufige Ergebnis der bisherigen Untersuchung zeigt, dass die österreichische Selbstanzeige im Vergleich zur deutschen Regelung, den Adressaten vielfach begünstigt. Nichtsdestotrotz hat auch der österreichische Gesetzgeber die Regelung über die strafbefreiende Selbstanzeige– zunächst im Zuge der Finanzstrafgesetz-Novelle 2010[609] und erneut durch die Finanzstrafgesetz-Novelle 2014[610] – erheblich verschärft.

Mit der Aufnahme eines neuen Ausschlussgrundes nach § 29 Abs. 3 d) FinStrG und eines Zuschlags nach § 29 Abs. 6 FinStrG sind auch in Österreich die Anforderungen zur Erlangung von Straffreiheit durch Selbstanzeige deutlich gestiegen. Gemäß § 29 Abs. 3 d) FinStrG tritt Straffreiheit nun nicht (mehr) ein, wenn bereits einmal hinsichtlich desselben Abgabenanspruches, ausgenommen Vorauszahlungen, eine Selbstanzeige erstattet worden ist. Bereits zuvor hatte der österreichische Gesetzgeber diese Fälle mit dem im Zuge der Finanzstrafgesetz-Novelle 2010 eingeführten § 29 Abs. 6 FinStrG a.F.[611] berücksichtigt. Um von einem "Taktieren" mit der Selbstanzeige abzuhalten und den Selbstanzeiger zur vollständigen Offenlegung seiner Verfehlungen schon mittels der ersten Selbstanzeige zu motivieren[612], trat in den Fällen, in denen bereits einmal hinsichtlich desselben Abgabenanspruches – ausgenommen Vorauszahlungen – eine Selbstanzeige erstattet worden war, die strafbefreiende Wirkung der neuerlichen Selbstanzeige nur ein, wenn auch eine mit Bescheid der Abgabenbehörde festzusetzende Abgabenerhöhung von 25 % eines sich aus der neuerlichen Selbstanzeige ergebenden Mehrbetrags entrichtet wurde. Mit Einführung des § 29 Abs. 3 d) FinStrG ist eine erneute strafbefreiende Selbstanzeige in den Fällen, in denen bereits hinsichtlich desselben Abgabenanspruchs bereits eine Selbstanzeige erstatten worden ist, nunmehr ausdrücklich ausgeschlossen.

609 BGBl. I Nr. 104/2010.
610 BGBl. I Nr. 65/2014.
611 BGBl. I Nr. 104/2010.
612 ErlRV 874 BlgNR 24. GP, 8.

Obwohl der Ausschlussgrund nach § 29 Abs. 3 d) FinStrG im Ergebnis damit als Regulierungsmechanismus der in Österreich weiterhin anerkannten Teilselbstanzeige wirkt, hat die Teilselbstanzeige – anders als in Deutschland – weiterhin Bestand, denn die erste (unvollständige) Selbstanzeige wirkt, insoweit sie erstattet worden ist, weiterhin strafbefreiend.[613] Lediglich die weitere denselben Abgabenanspruch – d.h. für ein und dieselbe Periode und Abgabenart[614] – erstattete Selbstanzeige, entfaltet keine strafbefreiende Wirkung (mehr).

Wie schon vor der Finanzstrafgesetz-Novelle 2014 ist die Erstattung einer strafbefreienden Selbstanzeige wegen eines vorsätzlichen Finanzvergehens auch weiterhin noch bei Beginn der finanzbehördlichen Nachschau, Beschau, Abfertigung oder Prüfung von Büchern und Aufzeichnungen möglich (§ 29 Abs. 3 c) FinStrG). Werden nunmehr Selbstanzeigen anlässlich der o.g. Prüfungen nach deren Anmeldung oder Bekanntgabe erstattet, tritt die Straffreiheit hinsichtlich vorsätzlicher und grob fahrlässig begangener Finanzvergehen – gemäß dem neu eingeführten § 29 Abs. 6 FinStrG[615] – nur unter der weiteren Voraussetzung insoweit ein, als auch eine durch Bescheid festzusetzende Abgabenerhöhung rechtzeitig entrichtet wird. Dieser „Zuschlag" wird nach der Summe der sich aus den Selbstanzeigen ergebenden Mehrbeträge gestaffelt erhoben und beträgt mindestens 5 %. Übersteigt die Summe der Mehrbeträge 33.000 EUR, beträgt der Zuschlag 15 %, ab 100.000 EUR beträgt er 20 % und übersteigt die Summe der Mehrbeträge 250.000 EUR, ist der Zuschlag mit 30 % zu bemessen. Gesetzessystematisch können strafbefreiende Selbstanzeigen damit bis zur Anmeldung oder Bekanntgabe der Prüfung – soweit kein anderer Ausschlussgrund nach § 29 Abs. 3 FinStrG eingreift – strafbefreiend erstattet werden. Nach Anmeldung oder Bekanntgabe der Prüfung für vorsätzlich oder grob fahrlässige Finanzvergehen nur bei Entrichtung des Zuschlags. Nach Beginn der finanzbehördlichen Prüfung ist die strafbefreiende Selbstanzeige wegen vorsätzlich begangener Finanzvergehen gemäß § 29 Abs. 3 c) FinStrG bis zum Abschluss der Prüfung gesperrt.[616]

---

[613] Leitner/Schrottmeyer, IWB 13/2014, 483, 487.
[614] Leitner/Schrottmeyer, IWB 13/2014, 484, 485.
[615] BGBl. I Nr. 65/2014.
[616] Vgl. hierzu Leitner/Schrottmeyer, IWB 13/2014, 483, 488.

Auf den ersten Blick erscheint die Regelung des § 29 Abs. 6 FinStrG dem Sperrgrund des §§ 371 Abs. 2 Nr. 3, 398a AO artverwandt. Beiden ist gemein, dass sie zur strafbefreienden Wirkung der Selbstanzeige einen über die Kompensation des Erfolgsunrechts hinausreichenden Leistungsbeitrag erfordern, welcher in einer bestimmten Frist zu erfolgen hat. Bei genauerer Betrachtung erweisen sich die Regelungen jedoch als wesensverschieden. § 29 Abs. 6 FinStrG möchte nach seiner Zielsetzung dazu anhalten, die strafbefreiende Selbstanzeige nicht erst „in letzter Sekunde" abzugeben. Dagegen wollte der deutsche Gesetzgeber mit Schaffung des §§ 371 Abs. 2 Nr. 3, 398a AO generalpräventiv zur Abgabe richtiger und vollständiger Steuererklärungen bewegen.[617] Unabhängig davon, ob die Regelungen ihren erklärten Zielsetzungen tatsächlich gerecht werden, wirken sie bereits nach ihrer Intention auf unterschiedlichen Ebenen. Würde nämlich das gesetzgeberische "Utopia" des §§ 371 Abs. 2 Nr. 3, 398a AO tatsächlich erreicht, erübrigte sich naturgemäß jegliches Erfordernis zur Wiedergutmachung. Dagegen richtet sich die Zielsetzung des § 29 Abs. 6 FinStrG auf eine „schnellere" Wiedergutmachung des begangenen Finanzvergehens mittels Erstattung einer Selbstanzeige. Denn obwohl das „Zeitfenster" zur Erstattung einer strafbefreienden Selbstanzeige mit Einführung des § 29 Abs. 6 FinStrG nicht verkürzt wurde, verlagert der maßgebliche Zeitpunkt bei grobfahrlässigen und vorsätzlichen Finanzvergehen faktisch auf den Zeitpunkt der Anmeldung oder Bekanntgabe der Prüfung, weil die Selbstanzeige ihre strafbefreiende Wirkung ab diesem Zeitpunkt nur noch unter erschwerten (finanziellen) Bedingungen entfaltet. Im Vergleich zum deutschen Pendant ist die Regelung des § 29 FinStrG aber insoweit für den Anzeigewilligen günstiger, als der Zeitpunkt Bekanntgabe der Prüfung mit Einführung des § 29 Abs. 6 FinStrG berücksichtigt wird, anders als § 371 Abs. 2 Nr. 1a) AO aber keinen Ausschlussgrund bildet.

[617] BR-Drucks. 851/10, S. 1 f.

2.2. Die tätige Reue gemäß § 167 ÖStGB[618]

Das Rechtsinstitut der tätigen Reue in § 167 ÖStGB ist für die wissenschaftliche Arbeit deshalb von besonderer Bedeutung, weil es den Gedanken der Wiedergutmachung auch auf andere Vermögensdelikte erstreckt. Diese, auf eine spezifisch österreichische Tradition zurückgehende Vorschrift[619], bildet nach österreichischem Recht einen besonderen persönlichen Strafaufhebungsgrund[620], weil sie sich, anders als allgemeine Strafaufhebungsgründe, auf bestimmte Delikte beschränkt und gestattet dem Täter die Strafbarkeit nach formeller Vollendung der Tat durch rechtzeitige, freiwillige und vollständige (§ 167 ÖStGB) Schadenswiedergutmachung aufzuheben.

2.2.1. Merkmale des § 167 ÖStGB

2.2.1.1. Anwendungsbereich (§ 167 Abs.1 ÖStGB)

Gemäß § 167 Abs. 1 ÖStGB wird die Strafbarkeit durch die tätige Reue aufgehoben, sodass notwendige ungeschriebene Voraussetzung die Deliktsvollendung ist.[621] Der Anwendungsbereich beschränkt sich dabei auf die in § 167 Abs. 1 ÖStGB aufgezählten Vermögens- und Eigentumsdelikte.[622] Diese abschließende Aufzählung bedingt naturgemäß als Kehrseite eine Lückenhaftigkeit, die zu Wertungswidersprüchen führen kann. Dies zeigt sich am Fall des unbefugten Fahrzeuggebrauchs (§ 136 ÖStGB). Während nämlich die Rückgabe eines gestohlenen Fahrzeugs die strafaufhebende Wirkung des § 167 ÖStGB freisetzt, bleibt derjenige Täter, der das Fahrzeug ohne Zueignungsabsicht "nur" unbefugt in Gebrauch nimmt (§ 136 ÖStGB), weiterhin strafbar. Um diese lebensfremde Schlechterstellung zu beseitigen und gleichsam zu verhindern, dass der Täter sich gezwungen fühlt einen nicht dagewesenen Dieb-

---

[618] BGBl. Nr. 60/1974, zuletzt geändert durch BGBl. I Nr. 152/2004.
[619] Müller-Dietz, ÖJZ 1977, 343, 343.
[620] Lewisch, Strafrecht, Besonderer Teil I, § 167, S. 294; Müller-Dietz, ÖJZ 1977, 343, 343.
[621] ÖJZ-LSK 1984/63.
[622] Brandstetter, RdW 1987, 365, 365.

stahlsvorsatz zu behaupten, verbliebe lediglich eine analoge Anwendung des § 167 ÖStGB als sachgerechte Lösung.[623]
Weil die tätige Reue nach § 167 ÖStGB ihrer Natur nach einen Schadenseintritt voraussetzt, scheiden auch solche Delikte aus dem Anwendungsbereich aus, die lediglich eine Gefährdung herbeiführen (z.B. das Vorbereitungsdelikt des Versicherungsmissbrauchs § 151 ÖStGB).[624] Dieses aus der Natur der tätigen Reue logisch folgende Schadenserfordernis führt jedoch bei den Delikten, die nicht zwangsläufig einen messbaren Schaden bedingen, zu einer, insbesondere von *Brandstetter*, heftig kritisierten Befremdlichkeit.[625] So erfasse § 167 Abs. 1 ÖStGB zwar den Eingriff in fremdes Jagdrecht, habe der Täter dem Wild aber nur nachgestellt ohne es zu töten, solle es trotz des geringeren Erfolgsunrechts aufgrund des Nichteintritts des Schadens weiterhin bei der Strafbarkeit verbleiben.[626] Die Strafbarkeit des Täters werde damit paradoxerweise gerade deswegen nicht aufgehoben, weil er keinen Schaden herbeigeführt habe[627], was *Brandstetter* zu dem zynischen Ratschlag verleitet, als Täter doch möglichst zügig einen reparablen Schaden herbeizuführen.[628] Abhilfe könnte in diesen Fällen – dann allerdings systemfremd und gegen Ansehung der Wesensmerkmale der tätigen Reue – nur geleistet werden, wenn die tätige Reue nicht erst bei Schadenseintritt, sondern bereits bei Beseitigung einer Gefährdung Anwendung fände.[629]

---

[623] So auch Schroll, ÖJZ 1985, 357, 362; vgl. auch Wegschneider, JBl 1976, 353, 360; a.A. Höpfel in Eser/Kaiser/Madlener, Neue Wege der Wiedergutmachung, 171, 181, der sich darauf beruft, dass die Rückgabe bereits Tatbestandsmerkmal und damit nicht mehr als Schadenswiedergutmachung verwertbar sei.
[624] Müller-Dietz, ÖJZ 1977, 343, 345 m.w.N.; a.A. Brandstetter, JBl 1987, 545, 546.
[625] Brandstetter, RdW 1987, 366; ders., JBl 1987, 545, 546.
[626] Vgl. 30 BlgNR 13. GP, 313 (EBRV 1971).; auch Tschulik, ÖJZ 1973, 653, 653.
[627] Schroll, ÖJZ 1985, 357, 362.
[628] Brandstetter, RdW 1987, 365, 365.
[629] Brandstetter, JBl 1987, 545, 546.

2.2.1.2. Schadenswiedergutmachung: vollständig, rechtzeitig, freiwillig (§ 167 Abs. 2 ÖStGB)

Zur Erlangung der Straffreiheit ist der Schaden sowohl bei der direkten (§ 167 Abs. 2 S. 1 Nr. 1 ÖStGB), als auch bei der vereinbarten Schadenswiedergutmachung (§ 167 Abs. 2 S. 1 Nr. 2 ÖStGB) vollständig, rechtzeitig und freiwillig wiedergutzumachen.

2.2.1.2.1. Vollständigkeit der Schadenskompensation

Für die vollständige Schadenswiedergutmachung ist die Rückversetzung in den vorherigen Stand i.S.d. § 1323 ABGB erforderlich.[630] Unter Verweis auf die unterschiedlichen Zwecke der strafrechtlichen tätigen Reue und des zivilrechtlichen Schadensersatzes dient der zivilrechtlich durchsetzbare Anspruch jedoch lediglich als oberste Grenze, ohne dass er die Grundlage der Schadenswiedergutmachungsverpflichtung nach § 167 ÖStGB begründet.[631] Der Schadensumfang nach §167 ÖStGB erstreckt sich nach einhelliger Meinung somit auch nicht auf den ideellen indirekten Schaden, der ohnehin vom Täter kaum beurteilt werden könnte, sondern allein auf den Ersatz des objektiven positiven Schadens.[632] Hierzu gehören auch die sog. deliktstypischen Begleitschäden[633], der gesamte Schaden eines Fortsetzungsdelikts[634], nicht jedoch der Ersatz des Zinsverlustes.[635] Die Schadenswiedergutmachung muss dabei vorranging durch Naturalrestitution erfolgen. Nur wenn diese tatsächlich oder rechtlich unmöglich ist, wird der Rückgriff auf den geldwerten Ersatz gewährt.[636] Andere Mittel, wie die Zession oder die Begründung eines Pfandrechts bilden hingegen im Rahmen des § 167 Abs. 2 S. 1 Nr. 1 ÖStGB kein taugliches Kompensationsmittel, weil die Befriedigung des Geschädigten nicht unmittelbar durch Übergabe eintritt.[637] Etwas

[630] OGH, SSt 20/139.
[631] OGH, SSt 59/86=EvBl 1989/71 S 247; Brandstetter, JBl 1987, 545, 548.
[632] OGH, SSt 59/86=EvBl 1989/71 S 247.
[633] OGH, SSt 52/36=EvBl. 1981/225 S 637; Brandstetter, JBl. 1987, 545, 548; Höpfel in Eser/Kaiser/Madlener, Neue Wege der Wiedergutmachung, 171, 184.
[634] Müller-Dietz, ÖJZ 1977, 343, 347.
[635] OGH, SSt 59/86=EvBl 1989/71 S 247.
[636] Rainer in Triffterer, StGB Kommentar, § 167, Rnr. 31.
[637] Vgl. hierzu OGH, EvBl. 1979/37 S 100.

anderes gilt jedoch, wenn diese Mittel übereinstimmend zum Gegenstand einer Vereinbarung nach § 167 Abs. 2 S. 1 Nr. 2 ÖStGB erklärt werden. Mag nunmehr die Vollständigkeit der Schadenswiedergutmachung als logische Folge und simple Bewerkstelligung erscheinen, birgt sie gerade in Kombination mit dem Rechtzeitigkeitserfordernis für den Täter gewisse Unwägbarkeiten, weil dieser „den ganzen aus seiner Tat entstandenen Schaden" wiedergutzumachen hat, bevor die Behörde von seinem Verschulden erfahren hat. Damit trägt er im Interesse des Geschädigten das ganze Risiko der Vollständigkeit seiner Schadenskompensation.[638] Dieses Risiko vergrößert sich in Anbetracht dessen, dass die Kriterien zur Definierung der o.g. deliktspezifischen Begleitschäden von der Rechtsprechung nur unzureichend bestimmt sind und der Täter den Umfang seiner Schadenswiedergutmachungspflicht gerade in komplexen Fällen nicht erkennen können wird. Das Vollständigkeitserfordernis birgt für den Täter damit die reale Gefahr, aus seiner Sicht vollständige Schadenskompensation geleistet zu haben, die sich bei o.g. objektiver Betrachtung als unzureichend erweisen kann.

2.2.1.2.2. Rechtzeitigkeit der Schadenskompensation

Gemäß § 167 Abs. 2 ÖStGB hat die tätige Reue zu erfolgen, bevor die Behörde (§ 151 Abs. 3 ÖStGB) von dem Verschulden des Täters erfahren hat. Anders als bei der Selbstanzeige nach § 371 AO steht somit im Mittelpunkt der Betrachtung nicht die Kenntniserlangung über die Tat, sondern über das Verschulden des Täters. Das Rechtzeitigkeitserfordernis bildet dabei, gleichsam wie die Ausschlussgründe des § 371 Abs. 2 AO, ein Mittel zur Regulierung der Missbrauchsgefahr. Auch hier weiß der Täter zwar, dass er mittels tätiger Reue Straffreiheit erlangen kann, aber nicht wie lange ihm dieses Privileg gewährt wird. Das Rechtzeitigkeitserfordernis setzt den Täter damit unter Zugzwang. Dieses „Damoklesschwert" wiegt umso schwerer, als der Täter seine Tat nicht nur rechtzeitig preisgeben muss, sondern innerhalb dieses - für ihn ungewissen - Zeitfensters auch die vollständige Schadenswiedergutmachung gewährleisten muss.

Nach der Rechtsprechung hat die Behörde dann von dem Verschulden des Täters Kenntnis erlangt, wenn die ihr vorliegenden Informationen

[638] OGH, SSt 19/47; OGH, SSt 57/70.

einen konkreten Verdacht gegen den Täter begründen.[639] Nicht ausreichend sind somit spekulative behördliche Annahmen, vielmehr bedarf es durch Tatsachen fundierter sowie konkreter Anhaltspunkte einer hinreichend konkretisierten Tat.[640] Hat die Behörde ihre Ermittlungen hingegen erfolglos eingestellt, lebt für den Täter die Möglichkeit zur Erlangung von Straffreiheit wieder auf.[641] Hat der Täter mehrere Straftaten verübt, schließt nach der Rechtsprechung die Kenntnis vom Verschulden des Täters alle Taten aus, die durch einen einheitlichen Willensentschluss miteinander verklammert seien und demnach eine einheitliche Tat i.S.d. § 167 Abs. 2 S. 1 Nr. 1 ÖStGB begründeten.[642]

2.2.1.2.3. Freiwilligkeit der Schadenskompensation

Als einziges subjektives Element der tätigen Reue, hat der Täter den Schaden „wenngleich auf Andringen des Verletzten, so doch ohne hierzu gezwungen zu sein" wiedergutzumachen (§ 167 Abs. 2 S. 1 ÖStGB). Als Grenze zum Ausschluss der tätigen Reue manifestiert der Gesetzgeber – täterfreundlich – nicht schon ein „Andringen des Verletzten", sondern erst den „Zwang". Bewertungskriterium ist einzig das subjektive Empfinden des Täters, sodass es nicht darauf ankommt, ob er die Schadenswiedergutmachung tatsächlich verweigern konnte, sondern lediglich darauf, ob er annimmt, ein Verweigern der Schadenswiedergutmachung sei ohnehin aussichtslos.[643] Hat der Täter somit aus seiner Sicht noch Gelegenheit die Schadenskompensation, etwa durch Herausgabe der Beute, ohne den Einsatz von Gewalt oder Drohung[644], zu verhindern, nimmt er sie aber dennoch vor, so hat die diesbezügliche Motivation keine Bewandtnis. Entgegen des Wortlauts muss der Täter keine tiefe Einsicht, innere Umkehr oder gar „Reue" verspüren. Demzufolge ist es auch unschädlich, wenn er die Tat aus schlichter Furcht vor Strafe – quasi berechnend –

---

[639] OGH, EvBl. 1981/139 S 403.
[640] OGH EvBl. 1981/139 S 403; OGH, EvBl. 1983/141 S 494.
[641] ÖJZ – LSK 1981/60.
[642] OGH, SSt 50/18; OGH, SSt 54/73; vgl. auch Friedrich, ÖJZ 1980, 57, 67.
[643] OGH, ÖJZ – LSK 1986/77.
[644] Meint der Täter, er könne seine „Beute" nur unter Einsatz von Gewalt oder Drohung sichern und gibt sie deswegen zurück, liegt somit keine Freiwilligkeit vor, vgl. hierzu die Ausführungen von Bertel, ÖAnwBl. 1979, 383, 383 ff.

wiedergutmacht.[645] Nach herrschender Meinung wird die Freiwilligkeit auch dann nicht ausgeschlossen, wenn dem Täter zuvor durch das Opfer mit einer Strafanzeige gedroht worden ist.[646] Auf den ersten Blick könnte diese Wertung eines Andringens ohne Zwang in Folge der damit verbundenen eher geringen Hemmschwelle zur Wahrung des Freiwilligkeitserfordernisses als einseitige und täterfreundliche, gar ungerechtfertigte, Privilegierung erscheinen. Bei näherer Betrachtung erschließt sich jedoch die Konformität mit dem Zweck der Regelung[647] im Interesse des Geschädigten eine möglichst rasche und vollständige Schadenskompensation sicherzustellen. Kennt der Geschädigte den Täter, so wird er, schon um seiner bisherigen passiven Position zu entfliehen und schließlich den Schaden beglichen zu wissen, nicht selten lediglich um Schadenswiedergutmachung bitten, sondern gerade bei zögerlicher Wiedergutmachungsbereitschaft des Täters mit einer Strafanzeige drohen. Würde aber nunmehr die Drohung mit einer Strafanzeige die Möglichkeit zur Erlangung von Straffreiheit ausschließen, würde der Anreiz des unentschlossenen Täters zu Lasten des Geschädigten erheblich gemindert, weil die Strafbarkeit auch bei Rückgabe der Beute verbliebe. Dass die Freiwilligkeit damit nicht mit der Drohung einer Strafanzeige ausgeschlossen, sondern in das „Andringen des Verletzten" subsumiert wird, begründet im Ergebnis kein ausschließlich täterfreundliches Privileg, sondern erweist sich als Geschädigten konform.

In dieses Bild fügt sich auch die Bewertung der Frage über die Freiwilligkeit eines „auf frischer Tat" ertappten Täters. Auch hier soll der Täter, eben im Interesse des Opfers, seine „Beute" freiwillig i.S.d. § 167 ÖStGB zurückgeben können, solange es aus seiner Sicht keiner Gewalt oder Drohung bedarf, um die Beute zu behalten.[648] Sieht der Täter also seine einzige Möglichkeit zur Sicherung seines Erlangten darin, möglichst schnell zu flüchten, entscheidet er sich jedoch dagegen und macht den Schaden im gleichen Moment vollständig wieder gut, so erlangt er bei Vorliegen der weiteren Voraussetzungen Straffreiheit nach § 167 Abs. 2 S. 1 Nr. 1 ÖStGB.

---

[645] Liebscher, Wiener Kommentar, § 167, Rnr. 21.

[646] OGH, SSt 53/34 = EvBl 1983/25 S 76; OGH, SSt 56/49=EvBl 1986/16 S 53.

[647] Vgl. hier zu näher die Ausführungen auf S.146 f.

[648] Burgstaller in FS Platzgummer, S. 108 f.; a.A. Tschulik, ÖJZ 1973, 653, 655, der in diesen Konstellationen davon ausgeht, dass sich der Täter in einer die Freiwilligkeit ausschließenden Zwangssituation befände.

2.2.1.3. Position des Geschädigten

Das Rechtsinstitut der tätigen Reue dient vor allem dem Interesse des Geschädigten an zeitnaher und vollständiger Schadenswiedergutmachung, ohne dass dieser mit seiner Bitte um Schadenskompensation, noch mit seiner Drohung zur Erhebung einer Strafanzeige, noch in dem Fall, dass er den Täter auf frischer Tat erwischt, die Erlangung der Straffreiheit unterbinden kann (s.o.). Auch die Annahmeverweigerung des Opfers bringt den Täter nicht um die Strafaufhebung, solange dieser die Beute bzw. den Kompensationsbetrag bei Gericht oder einer Behörde hinterlegt.[649] Darüber hinaus wird dem Opfer auch mit der Möglichkeit zur Vereinbarung der Schadenswiedergutmachung gemäß § 167 Abs. 2 S. 1 Nr. 2 ÖStGB lediglich eine Einflussnahme im Hinblick auf die Art und den Zeitraum der Schadenswiedergutmachung zugestanden.

Hat der Geschädigte jedoch kein Interesse an einer Schadenswiedergutmachung, sondern möchte er den Täter verurteilt wissen, bleibt ihm lediglich die Möglichkeit die Behörden über das Verschulden des Täters in Kenntnis zu setzen und damit einen die Rechtzeitigkeit ausschließenden konkreten Verdacht zu begründen. Hat der Täter dagegen zuvor bereits bei einer Behörde i.S.d. § 151 Abs. 3 ÖStGB sein Verschulden offenbart und den Schaden durch Erlag bei dieser wiedergutgemacht (§ 167 Abs. 3 ÖStGB), erlangt er ohne weitere Möglichkeit zur Einflussnahme durch den Geschädigten dennoch Straffreiheit.

2.2.1.4. Das Bemühen des Täters

Gemäß § 167 Abs. 4 ÖStGB wird auch der Täter, der sich zumindest ernstlich um die Schadenswiedergutmachung bemüht, nicht bestraft, wenn ein Dritter oder ein anderer an der Tat Mitwirkender den ganzen aus der Tat entstandenen Schaden unter Wahrung der in § 167 Abs. 2 ÖStGB genannten Voraussetzungen wiedergutmacht. Diese Regelung erscheint auf den ersten Blick als Bruch mit dem bisherigen Erfordernis zur Kompensation des Erfolgsunrechts durch den Täter, entspricht jedoch auf den zweiten Blick dem vorrangigen Zweck des § 167 ÖStGB, das Interesse des Geschädigten an Schadenskompensation zu befriedigen.

Der Verweis des § 167 Abs. 4 ÖStGB auf § 167 Abs. 2 ÖStGB impliziert auch für den Fall der Schadenswiedergutmachung durch einen Dritten

---

[649] OGH, SSt 50/65= EvBl 1980/70 S 218.

bzw. Mitwirkenden das Erfordernis der Rechtzeitigkeit und Freiwilligkeit. Diese müssen systemkonform in der Person des Täters vorliegen, weil sich die Rechtzeitigkeit nach der Kenntnis über das Verschulden des Täters bestimmt, den Dritten trifft hingegen kein eigenes Verschulden.[650] Kann der Dritte zwar nach dem Wortlaut jeder andere als der Täter sein, stellt § 167 Abs. 4 ÖStGB mit dem Erfordernis der Schadenswiedergutmachung „im Namen" des Täters dennoch sicher, dass die strafbefreiende Kompensation nicht durch den Zufall eines versicherten Geschädigten eintritt.[651] Die Schadenskompensation durch den Dritten bzw. Mitwirkenden muss dabei vollständig erfolgen, ohne dass es darauf ankäme, wer im Außenverhältnis den „ganzen aus der Tat entstandenen Schaden" wiedergutmacht. Der Täter erlangt jedoch in den Konstellationen des § 167 Abs. 4 ÖStGB nur Straffreiheit, wenn er sich zumindest „ernstlich" um die Schadenswiedergutmachung bemüht hat. Mag der Gesetzgeber mit dem Erfordernis dieser täterbezogenen Komponente von diesem zur Erlangung der Straffreiheit weiterhin einen Leistungsbeitrag einfordern, werden an diesen in der Praxis geringe Anforderungen gestellt. So hat der Täter zur Bekundung seines ernsthaften Bemühens zwar aktiv an der Schadenswiedergutmachung mitzuwirken[652], das Einverständnis zur Schadenswiedergutmachung kann hierfür aber schon ausreichen.[653]

2.2.2. Regelungszweck der tätigen Reue nach § 167 ÖStGB

Um das Rechtsinstitut der tätigen Reue ganzheitlich bewerten zu können, bedarf es neben der Auseinandersetzung mit ihrem Regelungsgehalt, auch einer Betrachtung des ihr zugrundeliegenden Regelungszwecks.

Schon das österreichische Strafgesetzbuch von 1803 enthielt gleichsam in § 167, jedoch mit engerem Anwendungsbereich, die Regelung „Jeder Diebstahl und jede Veruntreuung hört auf ein Verbrechen zu seyn, wenn der Thäter eher, als die Obrigkeit sein Verschulden erfährt, den ganzen

---

[650] Leukauf/Steininger, Kommentar ÖStGB, § 167, Rnr. 54.

[651] OGH 30.05.1985, 13 Os 60/85.

[652] So genüge es nicht zum ernstlichen Bemühen, wenn der Täter die Wiedergutmachung durch den Anderen schlicht geschehen lasse oder nicht hindere, OGH, SSt 48/62; OGH, SSt 47/10= EvBl 1976/261 S 583.

[653] OGH, SSt 47/10= EvBl 1976/261 S 583; OGH, SSt 48/62.

aus seiner That entspringenden Schaden wieder gut macht.“ [654] Auch die §§187, 188 StG 1852 gewährten dem Täter in den Fällen des Diebstahls und der Veruntreuung Strafbefreiung, wenn er den Geschädigten wieder in den vorigen Stand gesetzt oder Schadensersatz geleistet hatte, bevor die Behörde von seiner Straftat Kenntnis erlangt hat. Die Legitimation dieser, in ihrer Grundkonzeption der tätigen Reue nach § 167 ÖStGB entsprechenden, Regelungen stützte man auf die kriminalpolitische Erwägung: Das privatrechtliche Ausgleichsinteresse sei dem staatlichen Strafanspruch vorrangig.[655]

Die Kritiker dieser Vorgängerregelungen verwiesen dagegen auf die Unvereinbarkeit mit den Strafzwecken, der Wesensverschiedenheit von Strafe und Schadensersatz, der Schaffung einer Zwei-Klassengesellschaft durch Begünstigung des wohlhabenden Täters und der nicht zu rechtfertigenden Privilegierung des schadensanrichtenden Täters gegenüber des lediglich die Straftat versuchenden Täters.[656] Alleine die Schadenswiedergutmachung vermöge noch lange keine innere Wandlung des Täters bezeugen, die eine den präventiven Anforderungen gerecht werdende Besserung begründe.[657] Vielmehr werde damit das Strafrecht unter Umgehung des Vergeltungsprinzips in unzulässiger Weise mit der zivilrechtlichen Verpflichtung gleichgesetzt.[658]

Diesen Bedenken begegnete man schon frühzeitig mit der Anreizfunktion der obligatorischen Strafbefreiung, die gerade bei den mit einer hohen Dunkelziffer belegten Vermögensdelikten von praktischer Bedeutung sei. Die tätige Reue bilde dabei für den Täter gleichsam eine „goldene Brücke“ und diene infolge der damit zutage tretenden Auseinandersetzung

[654] Rittler, Lehrbuch Österreichisches Strafrecht II, S. 136; Tschulik, ÖJZ 1973, 653, 653.
[655] Vgl. für die § 167 des österreichischen Strafgesetzbuches von 1803, Jenull, Das Oesterreichische Criminal-Recht, Teil 2, S. 343; für §§ 187, 188 StG 1852 die Ausführungen von Altmann, Österreichisches Strafrecht, S. 532.
[656] Vgl. hierzu die Ausführungen bei Müller-Dietz, ÖJZ 1977, 343, 344 f. m.w.N.
[657] Vgl. hierzu auch die Ausführungen bei Rittler, Österreichisches Lehrbuch II, S. 136.
[658] Vgl. hierzu näher die Ausführungen bei Müller-Dietz, ÖJZ 1977, 343, 344 f.

mit den Folgen seiner Tat zugleich seiner Resozialisierung.[659] Das Wesen und der Zweck der tätigen Reue haben jedoch seit Jahrhunderten und bis heute darin bestanden, dass dem Interesse des Verletzten an der Wiedergutmachung des erlittenen Schadens entsprochen wird. Und dessen Interesse richte sich nicht auf die Strafverfolgung, sondern primär auf die Schadenwiedergutmachung.[660]

659 Vgl. vertiefend hierzu und m.w.N. die Ausführungen bei Müller-Dietz, ÖJZ 1977, 343, 345 f.
660 Müller-Dietz, ÖJZ 1977, 343, 345.

2.3. Fazit Österreich

Die Untersuchung über die strafbefreiende Selbstanzeige in Österreich hat gezeigt, dass dieses Rechtsinstitut – wie es bei Zugrundelegung desselben Rechtskreises vielfach auch erwartet würde – eine Vielzahl von Parallelen zu der strafbefreienden Selbstanzeige in Deutschland aufweist. In wesentlichen Punkten weicht sie jedoch – oftmals zugunsten des Steuerpflichtigen – weiterhin ab.

Beiden Rechtsinstituten ist gemein, dass sie sich sowohl auf fiskalische als auch auf strafrechtliche Legitimationsansätze stützen. So wird auch der österreichischen Selbstanzeige ein strafrechtlicher Widergutmachungscharakter zugesprochen, welcher geeignet ist, den mit dem Finanzvergehen verwirklichten staatlichen Strafanspruch wieder aufzuheben. Beide Regelungen verlangen zur Gewährung von Straffreiheit positiv-rechtlich, ohne ein Erfordernis bestimmter Form, die Offenlegung der für die steuerstrafrechtlichen Verfehlungen bedeutsamen Umstände und die fristgerechte Nachentrichtung der hinterzogenen Beträge. Negativrechtlich fungieren die Sperrgründe in beiden Rechtsinstituten als Regulierungsmechanismen zur Eindämmung von Missbräuchen durch Berechenbarkeit.

Sind damit Funktionen und Grundsätze der strafbefreienden Selbstanzeigen in Österreich und Deutschland weitestgehend homogen, divergieren die Regelungen doch zumindest partiell in ihrer konkreten Ausgestaltung. Dies geschieht in Österreich vielfach gerade zu Gunsten des selbstanzeigewilligen Steuerpflichtigen.

So beschränkt sich der Anwendungsbereich der österreichischen Selbstanzeige nicht nur auf die Deliktsverfehlung der Steuerhinterziehung, sondern erstreckt sich auf jedes Finanzvergehen und überdies auf das landesgesetzliche und kommunalsteuerliche Abgabenstrafrecht. Selbstanzeigeberechtigt ist zwar wie in Deutschland nicht nur der Täter, sondern auch ein Dritter, die Erstattung der strafbefreienden Selbstanzeige wird in Österreich jedoch unter erleichterten Bedingungen gewährt, weil der Dritte keiner Bevollmächtigung bedarf. Die Wirksamkeit dieser Selbstanzeige findet in Österreich nämlich erst dort ihre Grenzen, wo die Erstattung der

Selbstanzeige erkennbar gegen den Willen des von ihr Begünstigten erfolgt (ist).
Auch die Ausschlussgründe bilden für den österreichischen Steuerpflichtigen oftmals niedrigere Hürden als die Sperrgründe nach deutschem Recht. So bedarf es in Österreich zur Sperrwirkung einer Tatentdeckung und diesbezüglichen Kenntnis des Anzeigers, nicht jedoch der Kenntnis des Täters. Solange also ein „unwissender“ Dritter die Selbstanzeige erstattet, kann der um die Tatentdeckung wissende Täter weiterhin Straffreiheit erlangen. Überdies wird die Sperre zur Erlangung von Straffreiheit nicht schon mit einem „Rechnen müssen“ der Tatentdeckung begründet, sondern – zugunsten des Täters – erst mit positiver Kenntnis. Im Vergleich zum deutschen Pendant wirkt die österreichische Selbstanzeige überdies auch noch bei Beginn der steuerlichen Prüfung strafbefreiend. Wird also dem Steuerstraftäter nach deutschem Recht die Erlangung von Straffreiheit bereits mit Bekanntgabe der Prüfungsanordnung versagt, gewährt die österreichische Selbstanzeige Straffreiheit auch noch bei Beginn der Prüfung. Dieser zeitliche Vorzug wird noch verstärkt durch die interne Weisung der Finanzverwaltung den Steuerpflichtigen bei Beginn der Prüfung auf die Möglichkeit zur Erstattung einer strafbefreienden Selbstanzeige hinzuweisen. Neben all diesen “Privilegien“, welche die österreichische Selbstanzeige ihren Steuerpflichtigen gewährt, besteht ihr größtes Plus, im Vergleich zu ihrem deutschen Pendant, wohl aber in der Bewahrung der strafbefreienden Teilselbstanzeige. Hat der deutsche Gesetzgeber durch Streichung der Teilselbstanzeige dem „obiter dictum“ des Bundesgerichtshofs entsprochen und damit letztlich mit der bis dahin einhelligen Akzeptanz über die Teilselbstanzeige gebrochen, tritt in Österreich die Straffreiheit immer noch „insoweit“ ein, wie die für die Verfehlung bedeutsamen Umstände offenbart und die hinterzogenen Beträge nachentrichtet werden.

Hat die Untersuchung damit gezeigt, dass die österreichische Selbstanzeige ihre „Adressaten“ im Vergleich zum deutschen Pendant vielfach begünstigt, stellt vor allem der Sperrgrund des § 29 Abs. 3 a) FinStrG eine erhebliche Hürde für den anzeigewilligen Steuerpflichtigen dar, weil ihm die Straffreiheit hiernach bereits verwehrt wird, wenn bei einem anderen an der Tat Beteiligten Verfolgungshandlungen stattgefunden haben. Eine diesbezügliche Kenntnis seinerseits ist für die Sperrwirkung nicht erforderlich, sodass er das Risiko trägt mit einer – zumindest aus seiner

Sicht rechtzeitigen – Selbstanzeige, seine Taten preiszugeben und sich selbst zu belasten, ohne im Gegenzug Straffreiheit zu erlangen.
Überdies hat die Untersuchung gezeigt, dass auch der österreichische Gesetzgeber die Bedingungen zur Erlangung der Straffreiheit durch Einführung des § 29 Abs. 6 FinStrG deutlich verschärft hat. Dabei ist die Regelung insoweit nicht dem § 398a AO vergleichbar, als sie den Anreiz bilden soll, die Selbstanzeige nicht erst in „letzter Sekunde" zu erstatten. Einem „Taktieren" mit der Selbstanzeige soll dadurch vorgebeugt werden. Dennoch widerspricht auch die Bestimmung des § 29 Abs. 6 FinStrG, und insoweit weist sie eben doch eine Parallele zu § 398a AO auf, dem Grundgedanken der Strafbefreiung infolge kompensatorischer Wiedergutmachung, da auch sie wesensfremd eine über die reine Kompensation des Erfolgsunrecht hinausreichende Leistungserbringung verlangt.

Obwohl dem deutschen Rechtskreis angehörig, beinhaltet das österreichische Recht mit der tätigen Reue nach § 167 ÖStGB überdies eine bemerkenswerte Regelung, welche den Gedanken der Wiedergutmachung über das Finanzstrafrecht hinaus auf Vermögens- und Eigentumsdelikte des Strafrechts erweitert. Gerade diese Eigenart weckt das Interesse einer wissenschaftlichen Arbeit, welche es sich auch zur Aufgabe gemacht hat, den Gedanken der Wiedergutmachung als Sache der Straftheorie wieder aufzugreifen. Weil das deutsche Recht eine der tätigen Reue nach § 167 ÖStGB entsprechende Norm nicht kennt und eine vergleichende Analyse damit naturgemäß ausscheidet, war es erklärtes Ziel dieser Arbeit, den Regelungsinhalt der Norm zunächst darzustellen um im Anschluss hieran die Frage anzuknüpfen, ob auch das deutsche Strafrecht eine gleichgelagerte Bewertung der Schadenswiedergutmachung normativ vornehmen könnte und sollte. Die Auseinandersetzung mit dieser Fragestellung konnte und kann mit Blick darauf, dass diese Arbeit den Gedanken der Wiedergutmachung „nur" unter dem Blickwinkel eines der strafbefreienden Selbstanzeige immanenten Wesenszuges aufgreift, naturgemäß keine erschöpfende Antwort geben.
Als Ergebnis der Untersuchung lässt sich jedoch festhalten, dass die Würdigung von Wiedergutmachungsleistung durch Gewährung von Strafmilderung, ja gar Strafbefreiung, längst auch in Deutschland Einklang gefunden hat. Dies zeigen schon § 49a StGB und § 153a StPO. Will man eine der tätigen Reue nach § 167 ÖStGB vergleichbare Norm in

Deutschland einführen, gilt zu bedenken, dass es sich hierbei um ein in Österreich traditionell verankertes Rechtsinstitut handelt, welches die Dogmen führt, das Interesse des Opfers richte sich primär auf Schadenswiedergutmachung (nicht auf Strafverfolgung) und sei dem staatlichen Strafanspruch vorrangig. Entscheidet man sich – unter Zugrundelegung dieser Prämissen – für die Schaffung einer vergleichbaren Regelung, hat die Untersuchung auch die mit ihr einhergehenden Unwägbarkeiten aufgezeigt. So begründet die abschließende Aufzählung bestimmter Delikte zwar ein gewisses Maß an Rechtssicherheit, bedingt als Kehrseite jedoch Gesetzeslücken, welche die Anwendung von Analogien erfordern. Auch erscheint das Erfordernis eines Schadens als notwendige Bedingung einer mit Strafbefreiung anerkennenswerten Wiedergutmachung in sich logisch, führt jedoch in den Fällen zu Unbilligkeiten, in denen der Rücktritt vom Versuch zwar (schon) ausgeschlossen ist, ein Schaden aber tatsächlich (noch) nicht eingetreten ist. Die Einführung einer vergleichbaren Regelung bedürfte darüber hinaus einer hinreichenden Bestimmung der vom Täter zu erbringenden Leistung. Im österreichischen Strafrecht zeigt sich das Risiko des Vollständigkeitserfordernisses gerade darin, dass dieses auch die deliktsspezifischen Begleitschäden erfassen soll, welche dem Täter oftmals nicht erkennbar sind. Diese Beispiele verdeutlichen, dass von der Einführung einer der tätigen Reue, gemäß § 167 ÖStGB, vergleichbaren Regelung in Deutschland grundsätzlich nicht abgesehen werden muss, die Schaffung dieser Regelung jedoch gerade mit Blick auf die mit ihr einhergehende Strafbefreiung und gleichsam Selbstbelastung des Täters, erhebliches „Fingerspitzengefühl“ erfordert um Rechtssicherheit und praktische Handhabung zu gewährleisten.

3. Die strafbefreiende Selbstanzeige in der Schweiz

Am 1. Januar 2010 trat in der Schweiz das Bundesgesetz über die Vereinfachung der Nachbesteuerung in Erbfällen und die Einführung der straflosen Selbstanzeige in Kraft.[661] Für das Recht der direkten Steuern, offeriert die Einführung der Selbstanzeige nunmehr natürlichen und juristischen Personen die Möglichkeit sich „ab Inkrafttreten dieses Gesetzes nur einmal im Leben bzw. Bestehen straflos"[662] anzuzeigen. Welche genauen Inhalte der eingeführten Selbstanzeige zugrundeliegen und wie diese zu bewerten sind, soll die nachfolgende Untersuchung aufzeigen. Zum besseren Verständnis der Gesetzesnovelle soll zunächst jedoch das Steuerstrafrecht der Schweiz bündig dargelegt werden.

3.1. Das Steuerstrafrecht in der Schweiz

In der Vergangenheit enthielten die Steuergesetze der Schweiz für indirekte und direkte Steuern des Bundes und der Kantone unterschiedlichste Strafbestimmungen, die insbesondere im Hinblick auf die Regelung zur Selbstanzeige erheblich divergierten.[663] Durch das Bundesgesetz über die Harmonisierung der direkten Steuern der Kantone und Gemeinden (StHG) vom 14.12.1990[664] ist es dem schweizerischen Gesetzgeber gelungen die Regelungen über die direkten Steuern auf Kanton- und Bundesebene anzugleichen.

Das schweizerische materielle Steuerstrafrecht unterteilt sich heute in das für die indirekten Bundessteuern[665] geltende Bundesgesetz über das Ver-

---

[661] AS 2008, 4453.

[662] BBl 2006, 8795, 8809.

[663] So war die Selbstanzeigevorschrift ihrem kantonalen Steuerstrafgesetz entsprechend mal obligatorischer Strafbefreiungsgrund mal fakultativer Strafmilderungsgrund mit unterschiedlichen Ausschlussgründen, vgl. Abramowksi, Die strafbefreiende Selbstanzeige, S. 20 ff.

[664] SR 642.14, auch Steuerharmonisierungsgesetz genannt.

[665] Hierzu gehören u.a. die Mehrwertsteuer, Bundesgesetz über die Mehrwertsteuer vom
2. September 1999, SR 641.20 und die Stempelabgaben, Bundesgesetz über die Stempelabgaben vom 27. Juni 1973, SR 641.10.

waltungsstrafrecht (VStrR)[666] und das die direkten Steuern betreffende Einkommens- und Vermögensstrafrecht des Bundes, der Kantone und der Gemeinden.[667]

Das Einkommens- und Vermögensstrafrecht findet sich im Bundesgesetz über die direkten Steuern (DBG)[668] sowie im Bundesgesetz über die Harmonisierung der direkten Steuern der Kantone und Gemeinden (StHG)[669] bzw. in den hierauf erlassenen kantonalen Steuergesetzen.[670] Es besteht in materieller Sicht aus Steuerübertretungen und Steuervergehen.[671] Zu den Steuerübertretungen zählen die Verletzung von Verfahrenspflichten (Art. 174 DBG bzw. Art. 55 StHG) und die Steuerhinterziehung (vollendete gemäß Art. 175 Abs. 1 DBG bzw. Art. 56 Abs. 1 StHG, versuchte gemäß Art. 176 DBG bzw. Art. 56 Abs. 2 StHG). Beide bilden keine verwaltungsrechtlichen Sanktionsvorschriften, sondern Straftatbestände.[672] In der Folge bestehen im Steuerstrafverfahren wegen Steuerhinterziehung für den Steuerpflichtigen weder Aussage- noch Mitwirkungspflichten (Art. 183 Abs. 1 DBG).

---

[666] SR 313.0, Bundesgesetz vom 22. März 1974 über das Verwaltungsstrafrecht vom 22. März 1974.

[667] SR 313.0, Bundesgesetz vom 22. März 1974 über das Verwaltungsstrafrecht vom 22. März 1974.

[668] SR 642.11, Bundesgesetz vom 14. Dezember 1990 über die direkte Bundessteuer.

[669] SR 642.14, auch Steuerharmonisierungsgesetz genannt. Mit dem Rahmengesetz StHG werden gemäß Art. 1 StHG die von den Kantonen zu erhebenden direkten Steuern bestimmt und die Grundsätze festlegt, nach denen die kantonale Gesetzgebung zu gestalten ist. Dabei findet nur eine formelle Steuerharmonisierung statt, da insbesondere die Bestimmung der Steuertarife, Steuersätze und Steuerfreibeträge gemäß Art. 1 Abs. 3 StHG weiterhin den Kantonen zugewiesen wird. Zweck des StHG ist damit die Angleichung der gesetzlichen Bestimmungen über die direkten Steuern auf Kantonaler- und Bundesebene.

[670] Z.B. StG Bern vom 21. Mai 2000, http://www.fin.be.ch/fin/de/index/steuern/ratgeber/rechtliche_grundlagen/kantonale_bestimmungen/steuergesetze_fruehererjahre.assetref/content/dam/documents/FIN/SV/de/Recht/rechtl_steuergesetz_2010_de.pdf.

[671] Donatsch, Der Schweizer Treuhänder, 2004, 201, 201.

[672] Donatsch, Sonderdruck Schweizerische Zeitschrift für Strafrecht, Band 118, 2000, 83, 89 m.w.N.

Zu den Steuervergehen gehört im schweizerischen Steuerstrafrecht der Steuerbetrug gemäß Art. 186 DBG und Art. 59 Abs. 1 StHG. Wie alle anderen Normen des Steuerstrafrechts dient auch der Steuerbetrug dem Schutz des staatlichen Steueranspruchs.[673] Auf Bundes- als auch auf kantonaler Ebene begeht gemäß Art. 186 Abs. 1 DBG und Art. 59 Abs. 1 StHG einen Steuerbetrug, wer zum Zwecke der Steuerhinterziehung gefälschte, verfälschte oder inhaltlich unwahre Urkunden zur Täuschung gebraucht. Anders als der Steuerhinterzieher, kann der Steuerbetrüger gemäß Art. 186 Abs. 1 DBG bzw. Art. 59 Abs. 1 StHG auch mit Gefängnis bestraft werden. Die Bestrafung wegen Steuerhinterziehung bleibt jedoch gemäß Art. 186 Abs. 2 DBG bzw. Art. 56 Abs. 2 StHG vorbehalten.[674]

3.2. Die straflose Selbstanzeige in der Schweiz

Seit dem 1. Januar 2010 sind in der Schweiz für die direkten Steuern auf Bundes- und kantonaler Ebene deckungsgleich die gesetzlichen Bestimmungen zur straflosen Selbstanzeige als sog. kleine Steueramnestie in Kraft getreten und eröffnen, wie o.g. für natürliche und juristische Personen unter Verzicht auf jegliche Strafverfolgung einmalig die Rückkehr in die Legalität.[675] Wegen der gesetzlichen Anpassung steuerstrafrechtlicher Regelungen auf kantonaler und bundesgesetzlicher Ebene bei direkten Steuern werden sich die folgenden Ausführungen zur Steuerhinterziehung und straflosen Selbstanzeige nur auf die Regelungen des Bundesgesetzes über die direkte Bundessteuer (DBG) beschränken.

---

[673] BGE 110 IV 24, 28.

[674] Um die Gefahr von Doppelbestrafungen künftig auszuschließen, soll Steuerbetrug in Zukunft eine qualifizierte Form der Steuerhinterziehung sein. Steuerhinterziehung solle dann als Übertretung und Steuerbetrug als Vergehen gelten, vgl. https://www.news.admin.ch/message/index.html?lang=de&msg-id=53655.

[675] Vgl. Art. 175 Abs. 3 DBG Fassung gemäß Ziff. I 1 des BG vom 20. März 2008 über die Vereinfachung der Nachbesteuerung in Erbfällen und die Einführung der straflosen Selbstanzeige, in Kraft seit dem 1. Jan. 2010 (AS 2008, 4453; BBl 2006, 8795); Art. 56 Abs. 1 bis StHG Fassung gemäß Ziff. I 1 des BG vom 20. März 2008 über die Vereinfachung der Nachbesteuerung in Erbfällen und die Einführung der straflosen Selbstanzeige, in Kraft seit 1. Jan. 2010 (AS 2008, 4453; BBl 2006, 8795).

3.2.1. Die Steuerhinterziehung gemäß Art. 175 Abs. 1 und 2 DBG

Wer als Steuerpflichtiger vorsätzlich oder fahrlässig bewirkt, dass eine Veranlagung zu Unrecht unterbleibt oder dass eine rechtskräftige Veranlagung unvollständig ist, wer als zum Steuerabzug an der Quelle Verpflichteter vorsätzlich oder fahrlässig einen Steuerabzug nicht oder nicht vollständig vornimmt, wer vorsätzlich oder fahrlässig eine unrechtmäßige Rückerstattung oder einen ungerechtfertigten Erlass vornimmt, wird gemäß Art. 175 Abs. 1 DBG mit Buße bestraft.
In ihrer Ausgestaltung als Steuer- oder Bezugsverkürzung klassifiziert sich die schweizerische Steuerhinterziehung als Erfolgsdelikt, dessen Vollendung mit dem Steuerausfall des Gemeinwesens eintritt.[676] Ihr geschütztes Rechtsgut besteht somit in dem Steueranspruch des Gemeinwesens.[677] Damit dient der Grundtatbestand des schweizerischen Steuerstrafrechts ebenso wie die Steuerhinterziehung nach § 370 AO einer gleichmäßigen und gerechten Besteuerung.[678]

Der Tatbestand des Art. 175 Abs. 1 Alt. DBG erfordert das Bewirken einer unrechtmäßig unterbliebenen oder unvollständigen Veranlagung. Ausgangspunkt sind dabei stets die dem Steuerpflichtigen obliegenden Offenbarungs- und Mitwirkungspflichten (Art. 124 bis 126 DBG), die ihn verpflichten alles zu tun, um eine vollständige und richtige Veranlagung zu ermöglichen (Art. 126 Abs. 1 DBG). Verletzt der Steuerpflichtige diese Verfahrenspflichten durch ein Tun oder Unterlassen[679] und bewirkt damit eine fehlerhafte oder unterbliebene Veranlagung und in der Folge einen Steuerausfall, ist der objektive Tatbestand des Art. 175 Abs. 1 1 Alt. DBG erfüllt.

Für den objektiven Tatbestand nach Art. 175 Abs. 1 2 Alt. DBG genügt dagegen, dass der Steuerpflichtige den Steuerabzug nicht oder nicht vollständig vornimmt. Ein Steuerausfall ist demnach nicht vorausgesetzt, die

---

[676] Sieber in, Zweifel/Athanas, Kommentar zum Schweizerischen Steuerrecht I/2b, Art. 175, Rnr. 2.
[677] BGE 121 II 257, 265, 271; 121 II 273, 283.
[678] Sieber in Zweifel/Athanas, Kommentar zum Schweizerischen Steuerrecht I/2b, Art. 175, Rnr. 2; Donatsch, ASA 60 (1991/1992), 289, 299 m.w.N.
[679] Sieber in Zweifel/Athanas, Kommentar zum Schweizerischen Steuerrecht I/2b, Art. 175, Rnr. 7.

strafbare Handlung liegt vielmehr in der Quellsteuergefährdung[680] durch „Verletzung besonderer gesetzlicher Mitwirkungspflichten im Bezugsverfahren der Quellensteuer.“[681]

Schließlich erfüllt den objektiven Tatbestand nach Art. 175 Abs. 1 3 Alt. DBG, wer als Steuerpflichtiger eine unrechtmäßige Rückerstattung oder einen ungerechtfertigten Erlass vornimmt. Anders als bei der Steuerverkürzung nach Art. 175 Abs. 1 1 Alt. DBG, folgt der Steuerausfall des Fiskus nicht aus einer fehlerhaften oder unterbliebenen Veranlagung, sondern erst durch den ungerechtfertigt erwirkten Verzicht der Steuerbehörde der von dem Steuerpflichtigen zu zahlenden Steuer (Erlass) oder durch die unrechtmäßige Rückerstattung einer bereits von dem Steuerpflichtigen entrichteten Steuer.
Diese objektiven Tatbestandsmerkmale werden ergänzt um den subjektiven Tatbestand, welcher neben dem Vorsatz auch Fahrlässigkeit umfasst. Deren Inhalte bestimmen sich ihrerseits nach dem allgemeinen Strafrecht (Art. 12 SchwStGB[682]).

Sind der objektive und subjektive Tatbestand erfüllt, beträgt die Buße gemäß Art. 175 Abs. 2 DBG in der Regel das Einfache der hinterzogenen Steuer und kann bei leichtem Verschulden bis auf ein Drittel ermäßigt, bei schwerem Verschulden bis auf das Dreifache erhöht werden. Die Strafzumessung basiert damit auf dem Verschuldensprinzip.[683] Die Verhängung einer Freiheitsstrafe scheidet nach dem gesetzgeberischen Willen jedoch aus.

---

680 Sieber in Zweifel/Athanas, Kommentar zum Schweizerischen Steuerrecht I/2b, Art. 175, Rnr. 14.
681 Sieber in Zweifel/Athanas, Kommentar zum Schweizerischen Steuerrecht I/2b, Art. 175, Rnr. 15.
682 311.0 Schweizerisches Strafgesetzbuch.
683 Vgl. zur Strafzumessung kritisch Sieber in Zweifel/Athanas, Kommentar zum Schweizerischen Steuerrecht I/2b, Art. 175, Rnr. 45.

3.2.2. Die straflose Selbstanzeige gemäß Art. 175 Abs. 3 DBG[684]

Mit dem Bundesgesetz über die Vereinfachung der Nachbesteuerung in Erbfällen und der Einführung der straflosen Selbstanzeige stellt der schweizerische Gesetzgeber für die direkten Bundessteuern des DBG erstmalig Straffreiheit in Aussicht.

Zeigt die steuerpflichtige Person erstmals eine Steuerhinterziehung selbst an, wird gemäß Art. 175 Abs. 3 DBG von einer Strafverfolgung abgesehen, wenn (kumulativ)

- die Steuerhinterziehung keiner Steuerbehörde bekannt ist (Art. 175 Abs. 3 a. DBG),
- die steuerpflichtige Person die Steuerbehörden bei der Feststellung der hinterzogenen Vermögens- und Einkommenselemente vorbehaltslos unterstützt (Art. 175 Abs. 3 b. DBG) und
- sie sich ernstlich um die Bezahlung der geschuldeten Nachsteuer bemüht (Art. 175 Abs. 3 c. DBG).

Der Gegenstand der Gesetzesnovelle beschränkt sich nur auf die direkten Bundessteuern und direkten Steuern der Kantone.[685] Für Steuerhinterziehungen, die von einer Verwaltungsbehörde des Bundes verfolgt werden (z.B. Mehrwertsteuer gemäß Art. 88 MWSTG), sei an dieser Stelle lediglich vollständigkeitshalber auf den von der Gesetzesnovelle nicht betroffenen und daher im Rahmen dieser Arbeit nicht weiter zu vertiefenden Selbstanzeigeregelung gemäß Art. 13 VStrR[686] hingewiesen. Liegt eine Selbstanzeige nach Art. 175 Abs. 3 DBG vor, so wird gemäß Art. 186 Abs. 3 DBG auch von einer Strafverfolgung wegen allen anderen Straftaten abgesehen, die zum Zwecke dieser Steuerhinterziehung begangen wurden.[687]

---

[684] Eingefügt durch Ziff. I 1 des BG vom 20. März 2008 über die Vereinfachung der Nachbesteuerung in Erbfällen und die Einführung der straflosen Selbstanzeige, in Kraft seit 1. Jan. 2010, AS 2008, 4453; für die von den Kantonen und Gemeinden zu erhebenden Steuern, regelt Art. 56 StHG im Wesentlichen inhaltsgleich die Steuerhinterziehung und straflose Selbstanzeige.

[685] Vgl. Benz, Steuer Revue, Nr. 3, 2011, 182, 182.

[686] 313.0 Bundesgesetz über das Verwaltungsstrafrecht.

[687] In der Botschaft zum Bundesgesetz über die Vereinfachung der Nachbesteuerung in Erbfällen und die Einführung der straflosen Selbstanzeige vom 18. Oktober 2006, SR 06.085, BBl 2006, 8795, 8810 wird exemplarisch u.a. die Urkundenfälschung gemäß Art. 251 SchwStGB benannt.

Da die eingeführte Regelung zur straflosen Selbstanzeige nach Art. 175 Abs. 3 DBG verhältnismäßig neu ist, weist sie naturgemäß – anders als die österreichische oder deutsche Selbstanzeigebestimmung – kaum fundierte Rechtsprechung und nur wenig Literatur auf. Die folgenden Ausführungen beschränken sich daher auf die wesentlichen gesetzlichen Merkmale der straflosen Selbstanzeige und den wenigen Literaturmeinungen, die sich mangels historischer Fundiertheit der Regelung, folgerichtig am Wortlaut sowie dem Sinn und Zweck der straflosen Selbstanzeige orientieren (müssen).

Prägender Zweck der straflosen Selbstanzeige ist es, den Steuerpflichtigen dazu anzureizen, das bisher verheimlichte Einkommen und Vermögen der Legalität zurückzuführen und damit Mehreinnahmen zu generieren.[688] Die schweizerische Selbstanzeigebestimmung nach Art. 175 Abs. 3 DBG erweist sich somit als Mittel der Fiskalpolitik. In diesen Kontext fügt sich auch das Absehen der Strafverfolgung wegen allen anderen Straftaten, die zum Zwecke der Steuerhinterziehung begangen wurden (Art. 186 Abs. 3 DBG[689]). Zudem steht die straflose Selbstanzeige auch juristischen Personen zu (Art. 181a DBG[690]) und bietet darüber hinaus Teilnehmern die Gelegenheit, der solidarischen Haftung zu entfliehen (Art. 177 Abs. 3 DBG[691]). Neben der ihr zugewiesenen Rolle eines fiskalischen Mittels wird die straflose Selbstanzeige auch als Ausdruck von Reue verstanden, den es mit der Straffreiheit zu honorieren gilt.[692] Darüber hinaus soll sie der steuerpflichtigen Person die Rückkehr in die

---

688 Vgl. Botschaft zum Bundesgesetz über die Vereinfachung der Nachbesteuerung in Erbfällen und die Einführung der straflosen Selbstanzeige vom 18. Oktober 2006, SR 06.085, BBl 2006, 8795, 8796.

689 Eingefügt durch Ziff. I 1 des BG vom 20. März 2008 über die Vereinfachung der Nachbesteuerung in Erbfällen und die Einführung der straflosen Selbstanzeige, in Kraft seit 1. Jan. 2010, AS 2008, 4453.

690 Eingefügt durch Ziff. I 1 des BG vom 20. März 2008 über die Vereinfachung der Nachbesteuerung in Erbfällen und die Einführung der straflosen Selbstanzeige, in Kraft seit 1. Jan. 2010, AS 2008, 4453

691 Eingefügt durch Ziff. I 1 des BG vom 20. März 2008 über die Vereinfachung der Nachbesteuerung in Erbfällen und die Einführung der straflosen Selbstanzeige, in Kraft seit 1. Jan. 2010, AS 2008, 4453.

692 BBl 2006, 8795, 8809.

Steuerehrlichkeit erleichtern und durch in Aussichtstellen von Straffreiheit perspektivisch motivieren.[693]

Gemäß Art. 175 Abs. 3 DBG wird von der Strafverfolgung des Steuerpflichtigen abgesehen, wenn dieser sich erstmals wegen einer Steuerhinterziehung unter Einhaltung der Voraussetzungen nach Art. 175 Abs. 3 b. und c. DBG selbst anzeigt und kein Ausschlussgrund nach Art. 175 a. DBG vorliegt. Für die steuerpflichtige Person, die sich also erstmals selbst anzeigt, wird demnach von der Strafverfolgung abgesehen, wenn sie positiv-rechtlich die Verwaltung bei der Festsetzung der Nachsteuer vorbehaltslos unterstützt und sie sich ernstlich um die Bezahlung der Nachsteuer bemüht. Ob die straflose Selbstanzeige auch bei nur teilweiser Offenlegung der hinterzogenen Steuern ihre Wirkung entfaltet, ist dagegen streitig.[694] Der Wortlaut sieht durch eine Formulierung wie „insoweit“ zumindest keine Möglichkeit der straflosen Teilselbstanzeige vor. Legt man dagegen den Sinn und Zweck der Regelung zugrunde, mit dieser eine größtmögliche Anreizwirkung zur Offenlegung der maßgeblichen Steuerfaktoren zu schaffen und damit Mehreinnahmen zu generieren, spräche dies jedoch für ein Zugestehen der straflosen Teilselbstanzeige.

Einigkeit besteht jedoch darüber, dass die schweizerische Selbstanzeige, wie die deutsche Regelung im Steuerstrafrecht, zur Erlangung von Straffreiheit keine Formvorgaben festlegt. Sie kann daher sowohl schriftlich als auch mündlich erstattet werden und muss insbesondere nicht als Selbstanzeige betitelt werden.[695] Die bisherig vertretene Auffassung, die

---

[693] BBl 2006, 8795, 8818.

[694] Für die Wirksamkeit der straflosen Teilselbstanzeige, Benz, Steuer Revue, Nr. 3, 2011, 182, 196 f.; zumindest bei undoloser Teilselbstanzeige, Streuli/Grossmann, Der Schweizer Treuhänder, Heft 9, 2008, 711, 714; dagegen sprechen die Ausführungen des Merkblattes der Kantonalen Steuerverwaltung Basel-Stadt vom 15. Dezember 2009, Selbstanzeige bei Steuerhinterziehungen, S. 2; Ausführungen des Kreisschreibens der Eidgenössischen Steuerverwaltung, Nr. 21/1995, vom 7. April 1995, Das Nachsteuer- und Steuerstrafrecht nach dem Gesetz über die direkte Bundessteuer, S. 15; Sieber in Zweifel/Athanas, Kommentar zum Schweizerischen Steuerrecht I/2b, Art. 175, Rnr. 38.

[695] Vgl. hierzu die Ausführungen des Merkblattes der Kantonalen Steuerverwaltung Basel-Stadt vom 15. Dezember 2009, Selbstanzeige bei Steuerhinterziehungen, S. 2.

Selbstanzeige müsse unmissverständlich deklariert werden[696], empfiehlt sich zwar weiterhin zur Vermeidung von Missverständnissen, ein damit einhergehender Formzwang wird dadurch aber nicht begründet.

Inhaltlich setzt die straflose Selbstanzeige voraus, dass der Steuerpflichtige aktiv an der Aufdeckung des tatsächlichen Sachverhalts mitwirkt und die nicht deklarierten Vermögensbestandteile offenlegt.[697] Ob der Steuerpflichtige darüber hinaus spontan und aus eigenem Antrieb handeln muss, wie es vormals für die strafmildernde Selbstanzeige verlangt wurde[698], ist streitig.[699] Gegen eine solche Deutung spricht der eindeutige Wortlaut. Anders als bei Art. 13 VStrR hat der schweizerische Gesetzgeber bei Einführung der straflosen Selbstanzeige nach Art. 175 Abs. 3 DBG auf die Bedingung des Handelns aus eigenem Antrieb verzichtet. Auch das Erfordernis von Reue oder Freiwilligkeit findet in der gesetzlichen Fassung keine Stütze und widerspräche überdies der Anreizfunktion.[700]

Positiv-rechtlich verlangt die gesetzliche Regelung nach Art. 175 Abs. 3 c. DBG von der steuerpflichtigen Person zudem die vorbehaltslose Unterstützung der Verwaltung bei der Festsetzung der Steuern. Diese Unterstützungsleistung entspricht dabei den Mitwirkungspflichten, denen der Steuerpflichtige bereits im Veranlagungsverfahren gemäß Art. 126 Abs. 1

---

[696] Sieber in Zweifel/Athanas, Kommentar zum Schweizerischen Steuerrecht I/2b, Art. 175, Rnr. 38.

[697] Merkblatt der Kantonalen Steuerverwaltung Basel-Stadt vom 15. Dezember 2009, Selbstanzeige bei Steuerhinterziehungen, S. 2.

[698] Sieber in Zweifel/Athanas, Kommentar zum Schweizerischen Steuerrecht I/2b, Art. 175, Rnr. 37.

[699] Hierfür sprechen sich insbesondere die Steuerverwaltungen der Kantone aus: Merkblatt der Kantonalen Steuerverwaltung Basel-Stadt vom 15. Dezember 2009, Selbstanzeige bei Steuerhinterziehungen, S. 2; Merkblatt des Kantonalen Steueramtes Zürich zur straflosen Selbstanzeige und zur Vereinfachung der Nachbesteuerung in Erbfällen vom 3. März 2010, ZStB I Nr. 38/200, S. 1; Streuli/Grossmann, Der Schweizer Treuhänder, Heft 9, 2008, 711, 713; a.A. Benz, Steuer Revue, Nr. 3, 2011, 182, 186 f.

[700] So auch Benz, Steuer Revue, Nr.3, 2011, 182, 186 f.; ähnlich Sieber in, Zweifel/Athanas, Kommentar zum Schweizerischen Steuerrecht I/2b, Art. 175, Rnr. 37, der im Gesetz richtigerweise keine Stütze für das Erfordernis eines Beweggrundes erkennt, dann jedoch inkonsequent ein Handeln aus eigenem Antrieb verlangt.

DBG und im Nachsteuerverfahren gemäß Art. 153 DBG nachkommen hätte müssen.[701] Was jedoch genau unter einer „vorbehaltslosen" Unterstützung zu verstehen ist, bleibt weiterhin offen. Einigkeit dürfte darüber bestehen, dass die Mitteilung bloßer Anhaltspunkte unzureichend ist.[702] Gleichzeitig dürfte die Pflicht zur vorbehaltslosen Unterstützung jedoch nicht weiterreichen, als der steuerpflichtigen Person die Beibringung der erforderlichen Unterlagen objektiv möglich ist.[703] Können notwendige Materialien auch auf Nachfrage der Steuerbehörde objektiv nicht beigebracht werden, verbleibt dieser weiterhin die Möglichkeit zur Ermessensveranlagung.[704]

Gemäß Art. 175 Abs. 3 c DBG muss sich die steuerpflichtige Person überdies ernstlich um die Bezahlung der geschuldeten Nachsteuer bemühen. Damit befreit die straflose Selbstanzeige den Steuerpflichtigen aber nicht vor der Entrichtung der Nachsteuern und der Verzugszinsen (Art. 151 DBG). Lediglich zur Erlangung von Straffreiheit genügt jedoch nach dem Willen des schweizerischen Gesetzgebers schon ein „Bemühen" um die Bezahlung. Anders als für die deutsche Selbstanzeige ist damit die Kompensation des Erfolgsunrechts nicht erforderlich. Welche Ansprüche an das Erfordernis eines „ernstlichen" Bemühens geknüpft sind, bleibt jedoch offen. Selbst der Bundesrat benennt in seiner Botschaft zum Bundesgesetz über die Vereinfachung der Nachbesteuerung in Erbfällen und die Einführung der straflosen Selbstanzeige lediglich beispielhaft die „Zumutbarkeit", ohne dies inhaltlich zu spezifizieren.[705]

Die straflose Selbstanzeige kann negativ-rechtlich nur solange erfolgen, wie die Hinterziehung gemäß Art. 175 Abs. 3 a. DBG keiner Steuerbehörde bekannt ist. Unerheblich ist damit, ob die Tat nur teilweise oder ganz bekannt ist. Offen bleibt aber weiterhin, ob hiervon nur die Hinter-

---

701 Benz, Steuer Revue, Nr. 3, 2011, 182, 193.

702 Vgl. hierzu auch die Ausführungen im Merkblatt der Kantonalen Steuerverwaltung Basel-Stadt vom 15. Dezember 2009, Selbstanzeige bei Steuerhinterziehungen, S. 3.

703 Merkblatt der Kantonalen Steuerverwaltung Basel-Stadt vom 15. Dezember 2009, Selbstanzeige bei Steuerhinterziehungen, S. 3.

704 Vgl. hierzu Art. 130 Abs. 2 DBG.

705 BBl 2006, 8795, 8818.

ziehung selbst erfasst ist oder alle Taten, die mit dieser in sachlichem Zusammenhang stehen.[706]
Die Sperrwirkung des Art. 175 Abs. 3c. DBG knüpft nach ihrem Wortlaut an einen rein objektiven Tatbestand an, der für subjektive Elemente keinen Raum belässt. Folgerichtig besteht Einigkeit darüber, dass die Furcht vor der Tatentdeckung die Wirksamkeit der straflosen Selbstanzeige nicht ausschließt.[707] Verwunderlich ist dagegen, dass sowohl in der Literatur als auch in den Merkblättern der kantonalen Steuerverwaltungen rege Uneinigkeit über die weitere Bedeutung und Tragweite einer subjektiven Komponente des Sperrgrundes herrscht. So soll nach teilweise vertretener Ansicht die strafbefreiende Wirkung der Selbstanzeige – wohlgemerkt unter Entbehrung jeglicher gesetzlicher Stütze im Gesetzeswortlaut – schon dann ausscheiden, wenn „[…] die steuerpflichtige Person weiss oder wissen muss, dass die Steuerbehörde der Hinterziehung bereits auf der Spur ist oder ihr auf die Spur stossen wird.“[708] Damit sei die Selbstanzeige auch dann ausgeschlossen, wenn der Steuerpflichtige nach dem normalen Verlauf der Dinge damit rechnen müsse, „dass eine Behörde […] den Steuerbehörden eine vermutete Nicht- oder Unterbesteuerung meldet, […]“[709]. Während die eben dargelegten Interpretationen den Bogen der gesetzlichen Ausgestaltung zulasten des Steuerpflichtigen überspannen, wird in der Literatur entgegengesetzt zugunsten des Steuerpflichtigen angenommen, die objektive Kenntnis der Steuerbehörden von der Tat sei unzureichendes Kriterium zur Begründung eines Ausschluss-

[706] Mit Verweis auf das deutsche Recht, spricht sich zumindest Benz für eine solche Interpretation aus, Steuer Revue, Nr.3, 2011, 182, 196.
[707] So bereits für die Selbstanzeige als Strafmilderungsgrund, Sieber in Zweifel/Athanas, Kommentar zum Schweizerischen Steuerrecht I/2b, Art. 175, Rnr. 37; daneben Benz, Steuer Revue, Nr.3, 2011, 182, 187; Merkblatt der Kantonalen Steuerverwaltung Basel-Stadt vom 15. Dezember 2009, Selbstanzeige bei Steuerhinterziehungen, S. 2; Merkblatt des Kantonalen Steueramtes Nidwalden vom 21. Januar 2010, Straflose Selbstanzeige, S. 1 .
[708] Merkblatt der Kantonalen Steuerverwaltung Basel-Stadt vom 15. Dezember 2009, Selbstanzeige bei Steuerhinterziehungen, S. 2; ähnlich auch Merkblatt des Kantonalen Steueramtes Nidwalden vom 21. Januar 2010, Straflose Selbstanzeige, S. 1; a. A. Benz, Steuer Revue, Nr.3, 2011, 182, 187.
[709] Merkblatt der Kantonalen Steuerverwaltung Basel-Stadt vom 15. Dezember 2009, Selbstanzeige bei Steuerhinterziehungen, S. 2; ähnlich auch Merkblatt des Kantonalen Steueramtes Nidwalden vom 21. Januar 2010, Straflose Selbstanzeige, S. 1; a. A. Benz, Steuer Revue, Nr.3, 2011, 182, 187.

grundes.[710] Hiernach müsse die Selbstanzeige vielmehr solange straflos bleiben, wie der Täter nicht von der Entdeckung seiner Hinterziehung durch die Steuerbehörde wisse oder wissen müsste.[711] Denn „Wer im berechtigten Vertrauen darauf, dass die Steuerbehörde noch keine Kenntnis von der Hinterziehung hat, spontan handelt, verdient die Straffreiheit unabhängig davon, ob die Hinterziehung der zuständigen Steuerbehörde - mehr oder weniger zufälligerweise - bereits auf andern Wegen bekannt geworden ist.“[712]

Neben dem Ausschlussgrund gemäß Art. 175 Abs. 3 a. DBG wird von der Strafverfolgung nur dann abgesehen, wenn die steuerpflichtige Person „erstmals“ eine Steuerhinterziehung nach Art. 175 Abs. 3 DBG anzeigt. Kernpunkt der Gesetzesnovelle ist damit das Recht natürlicher und juristischer Personen sich nur einmalig (!) im Leben bzw. Bestehen straflos selbst anzeigen zu können.[713] Zur Begründung der gesetzgeberischen Erstmaligkeit, verweist der Bundesrat auf den Belohnungscharakter der straflosen Selbstanzeige, welcher sich einzig bei Reuehandlungen rechtfertigen ließe.[714] „Wäre es möglich, nach einer straflosen Anzeige für die eigenen hinterzogenen Steuern Jahre später für die hinterzogene [Steuer] nochmals straffrei auszugehen, so hätte die hinterziehende Person nichts aus ihrer ersten Anzeige gelernt. Die zweite Anzeige würde nicht aus Reue geschehen, sondern aus der Spekulation darüber, nicht erwischt zu werden und im geeigneten Moment von der Bezahlung der Nachsteuer ohne Busse zu profitieren.“[715]
Praktisch verfügen die Steuerverwaltungen zur Sicherstellung, dass die steuerpflichtige Person nicht mehrfach von der Regelung über die straflose Selbstanzeige Gebrauch machen kann, nach Beendigung des Nachsteuerverfahrens über die Straflosigkeit und melden die beendeten Verfahren dann der ESTV (Nachsteuerverfügung).[716]

---

[710] Benz, Steuer Revue, Nr.3, 2011, 182, 189 f.
[711] Mit Verweis auf das deutsche Recht, Benz, Steuer Revue, Nr.3, 2011, 182, 189 f.
[712] Benz, Steuer Revue, Nr.3, 2011, 182, 189 f.
[713] BBl 2006, 8795, 8809.
[714] BBl 2006, 8795, 8809.
[715] BBl 2006, 8795, 8809 f.
[716] Vgl. hierzu http://www.estv.admin.ch/org/00046/00052/00059/index.html?lang=de.

Unklar bleibt aber weiterhin, ob auch Selbstanzeigen, die vor Inkrafttreten des Gesetzes über die Einführung der straflosen Selbstanzeige erstattet wurden, ein Hindernis für die Straffreiheit bereiten können.[717] Legt man der erstatteten Selbstanzeige eine mit ihr zum Ausdruck kommende Reue zugrunde, ist nicht ersichtlich, weshalb nach neuem Recht nunmehr auch demjenigen Straffreiheit gewährt wird, der sich schon vor Einführung der straflosen Selbstanzeige mehrfach strafmildernd selbst angezeigt hat.[718] Gleichsam führt der Bundesrat in seiner Botschaft zur Einführung der straflosen Selbstanzeige aus, die straflose Selbstanzeige komme natürlichen und juristischen Personen einmalig im Leben bzw. Bestehen „ab Inkrafttreten dieses Gesetzes" zu.[719] Unter Zugrundelegung dieses Postulats und dem Sinn und Zweck der Regelung mit Einführung der straflosen Selbstanzeigen möglichst hohe Mehreinnahmen zu generieren, spricht zumindest Einiges dafür, die Erstmaligkeit der straflosen Selbstanzeige auch bei früher erstatteten Selbstanzeigen zuzubilligen.[720]

---

[717] Vor Einführung der straflosen Selbstanzeige wirkten Selbstanzeigen, wie heute in Art. 175 Abs. 4 DBG weiterhin bestehend, lediglich strafmildernd, vgl. hierzu Sieber in Zweifel/Athanas, Kommentar zum Schweizerischen Steuerrecht I/2b, Art. 175, Rnr. 36 ff.

[718] Hierauf verweist auch Betschart, Steuer Revue, Nr. 7-8/2009 518, 520.

[719] BBl 2006, 8795, 8809.

[720] So auch Benz, Steuer Revue, Nr.3, 2011, 182, 201; Streuli/Grossmann, Der Schweizer Treuhänder, Heft 9, 2008, 711, 713; Merkblatt der Kantonalen Steuerverwaltung Basel-Stadt vom 15. Dezember 2009, Selbstanzeige bei Steuerhinterziehungen, S. 4.

3.3. Fazit Schweiz

Die Untersuchung der straflosen Selbstanzeige im Bundesgesetz über die direkten Steuern hat ergeben, dass der schweizerische Gesetzgeber mit Einführung der straflosen Selbstanzeige eine Fülle von Auslegungsfragen geschaffen hat, die bisweilen unbeantwortet geblieben sind und für den Steuerpflichtigen erhebliche Unwägbarkeiten darstellen. Trotz gesetzlicher Neufassung hat es der schweizerische Gesetzgeber im Ergebnis versäumt eine Regelung einzuführen, die von hinreichender Bestimmtheit geprägt ist und eine klare praktische Handhabung gewährleistet.

So stellt sich die Frage, ob die straflose Selbstanzeige auch bei nur teilweiser Offenlegung der hinterzogenen Steuern ihre strafbefreiende Wirkung entfaltet. Auch bleibt für den anzeigewilligen Steuerpflichtigen unklar, welche Leistungen er eigentlich zur „vorbehaltlosen Unterstützung" erbringen muss und unter welchen Umständen er annehmen darf, seine Bemühungen zur Nachzahlung seien „ernstlich" erbracht.

Darüber hinaus schaffen die einzelnen Kantone durch differenzierte Bewertung und unterschiedliche Handhabung der, gesetzlich durch das Steuerharmonisierungsgesetz dem Grunde nach eigentlich einheitlich geregelten, straflosen Selbstanzeige zusätzlich Unsicherheiten. So knüpfen beispielsweise die kantonalen Steuerverwaltungen Basel-Stadt und Nidwalden den gesetzgeberisch objektiven gefassten Sperrgrund von der Kenntnis der Steuerverwaltung – ohne jedwede Stütze im Gesetzeswortlaut – an die subjektive Kenntnis bzw. das Kennenmüssen des Steuerpflichtigen. Dabei wird diese Wertung nicht etwa zugunsten des Steuerpflichtigen als zusätzliches Erfordernis zu dem objektiv geregelten Sperrgrund verstanden, sondern vielmehr als alternatives Kriterium mit der Folge, dass die straflose Selbstanzeige dem Steuerpflichtigen bereits dann verwehrt bleibt, wenn er damit rechnen müsse, die Steuerbehörde werde der Steuerstraftat auf der Spur sein. Das objektive Kriterium von der Kenntnis der Steuerbehörden wird damit ad absurdum geführt, weil die Kantone das Eingreifen des Sperrgrundes gegen den gesetzlichen Wortlaut zeitlich vorverlegen.

Darüber hinaus wird sowohl von einigen Vertretern der Literatur als auch einigen Steuerverwaltungen der Kantone – erneut ohne jegliche Stütze im Gesetzeswortlaut – dem Steuerpflichtigen zur Erlangung von Straffreiheit durch die straflose Selbstanzeige das Erfordernis eines Handelns aus eigenem Antrieb auferlegt. Dies wiegt umso schwerer, als das schweizerische Verwaltungsstrafrecht die Möglichkeit einer strafbefreienden Selbstanzeige vorsieht (vgl. Art. 13 VStrR), die ein Handeln aus eigenem Antrieb explizit bestimmt, während der Gesetzgeber bei Schaffung der straflosen Selbstanzeige für die Hinterziehung direkter Steuern (bewusst) darauf verzichtet hat.

Wenig überzeugend ist überdies das Erfordernis der „Erstmaligkeit“ zur Erlangung der Straffreiheit. Soweit diese Regelung dem schweizerischen Gesetzgeber deswegen als gerechtfertigt erscheint, weil dem Wiederholungstäter keine günstige Prognose zugesprochen werden könne, bleibt zweifelhaft, warum die straflosen Selbstanzeige nach dem neuen Recht nunmehr auch demjenigen zu Gute kommen soll, der nach altem Recht – gar mehrfach – der Steuerhinterziehung überführt wurde. Es erscheint paradox, dass ein zuvor straffällig gewordener Steuerhinterzieher, der sich bereits einmal selbstangezeigt hatte, mit seiner nunmehr nach der Reform „erstmaligen“ Selbstanzeige Straflosigkeit erlangen kann, obgleich er nach der Logik des schweizerischen Gesetzgebers doch gerade damit seine wiederholte Verfehlung preisgibt und die günstige Prognose wiederlegen müsste. Unbegreiflich erscheint überdies, weshalb eben dieser Steuerhinterzieher nach der Reform mit der Erstattung der zur Straflosigkeit führenden Selbstanzeige nunmehr eine günstige Prognose begründet, dem sich danach aber erneut Anzeigenden diese Prognose jedoch verwehrt bleibt.
Die Einführung der erstmaligen straflosen Selbstanzeige rechtfertigt sich nach alledem – wenn überhaupt – lediglich unter der Prämisse, dass es sich hierbei um einen rein gesetzgeberischen Entschluss des schweizerischen Gesetzgebers handelt, durch Einführung der erstmaligen straflosen Selbstanzeige eine kurzfristige Generierung von Mehreinnahmen herbeizuführen (oder zumindest herbeiführen zu wollen). Eine aus den Strafzwecken ableitbare Legitimation liegt damit der „erstmaligen straflosen Selbstanzeige“ nicht zugrunde.

4. Ausblick

Kaum drei Jahre nach der Reform der Selbstanzeige und der damit erst einhergehenden Verschärfung des Rechtsinstituts, ist die strafbefreiende Selbstanzeige – wohl nicht zuletzt aufgrund der medienwirksamen Berichterstattung prominenter Fälle – wieder in aller Munde.[721] Obwohl sich der Finanzausschuss – im Zuge der wiederkehrenden Debatten über die Existenzberichtigung der strafbefreienden Selbstanzeige – nunmehr immerhin gegen den Antrag DER LINKEN auf Abschaffung der strafbefreienden Selbstanzeige ausgesprochen hat[722], sind erneut erhebliche Verschärfungen geplant. Nachdem die Finanzminister der Länder auf ihrer Jahrestagung am 9. Mai 2014 erst die wesentlichen Eckpunkte der bevorstehenden Gesetzesänderung beschlossen hatten[723], liegt schon im August der Referentenentwurf[724] zur Neuregelung der Selbstanzeige vor. Ziel ist es, die Steuerhinterziehung „konsequent“ zu bekämpfen.[725] Dabei sind folgende gesetzliche Änderungen beabsichtigt:

- Die sofortige Entrichtung der Hinterziehungszinsen i.H.v. 6 % jährlich (§ 235 AO) ist zukünftig – neben der bereits bestehenden

[721] Vgl. exemplarisch http://www.faz.net/aktuell/wirtschaft/recht-steuern/prozess-gegen-uli-hoeness-anwaelte-halten-selbstanzeige-fuer-wirksam-12843383.html; http://www.spiegel.de/wirtschaft/soziales/steuerhinterziehung-was-alice-schwarzer-zu-befuerchten-hat-a-973869.html.

[722] Antrag DER LINKEN BT-Drucks. 18/556; Beschlussempfehlung und Bericht des Finanzausschusses BT-Drucks.18/1035.

[723] Mitteilung an die Presse, Jahreskonferenz 2014 der Finanzministerinnen und Finanzminister der Länder in Stralsund, 9.5.2014, S. 1, abrufbar unter: https://www.baden-wuerttemberg.de/fileadmin/redaktion/m-mfw/intern/Dateien/Downloads/Steuern/PM_Selbstanzeige.pdf.

[724] Referentenentwurf BMF: Entwurf eines Gesetzes zur Änderung der Abgabenordnung und des Einführungsgesetzes zur Abgabenordnung, Stand: 27.08.2014, http://www.bundesfinanzministerium.de/Content/DE/Downloads/Gesetze/2014-09-24-Aenderung-AO.pdf?__blob=publicationFile&v=3.

[725] BMF: Entwurf eines Gesetzes zur Änderung der Abgabenordnung und des Einführungsgesetzes zur Abgabenordnung, S.1, Stand: 27.08.2014, zum erklärten Ziel ebenso der Gesetzesentwurf der Bundesregierung vom 3.11.2014, BT-Drucks 18/3018.

Nachzahlungspflicht – zusätzliche positive Wirksamkeitsvoraussetzung zur Erlangung von Straffreiheit.

- Die Berichtigungspflicht und damit einhergehend die Nachzahlungspflicht umfasst fortan in allen Fällen der Steuerhinterziehung einen Zeitraum von mindestens zehn Jahre.
- Parallel dazu verlängert sich die Strafverfolgungsverjährung des § 376 Abs. 1 AO in allen Fällen (also nicht nur im besonders schweren Fall) von fünf auf zehn Jahre.
- Die Ausschlussgründe des § 371 Abs. 2 Nr. 1a) und 1b) AO greifen nunmehr bereits, wenn die Bekanntgabe gegenüber einem „an der Tat Beteiligten“ erfolgt.
- In Fällen des § 370 Abs. 3 S. 2 Nr. 2 bis 5 AO kommt Straffreiheit künftig nur noch bei gleichzeitiger Zahlung des Zuschlags in Betracht – insoweit wird § 371 Abs. 2 AO um einen weiteren Ausschlussgrund ergänzt.
- Ein Erscheinen des Amtsträgers zur Umsatzsteuer-, Lohnsteuer- oder anderen steuerlichen Nachschau bildet künftig einen Ausschlussgrund nach § 371 Abs. 2 AO, wenn sich der Amtsträger ausgewiesen hat.
- Für Steuerhinterziehungen durch Verletzung der Pflicht zur Umsatzsteuervoranmeldung oder Lohnsteueranmeldung tritt Straffreiheit nunmehr wieder in dem Umfang ein, wie die Angaben berichtigt worden sind.
- Die Grenze für Straffreiheit ohne Zuschlag wird von jetzt 50.000 € auf 25.000 € bemessen.
- Abhängig vom Hinterziehungsvolumen wird zudem der Zuschlag nach § 398a AO gestaffelt erhöht:
  - 10 Prozent bei Hinterziehungsvolumen über 25.000 € bis 100.000 €
  - 15 Prozent bei über 100.000 € bis 1.000.000 €
  - 20 Prozent bei über 1.000.000 €.

Treten die gesetzlichen Änderungen wie dargestellt zum 01.01.2015 in Kraft, dürfte dieses – wie schon die Reform 2011 – eine Reihe berechtigter Kritik nach sich ziehen. Im Einzelnen:

Die sofortige Entrichtung der Hinterziehungszinsen als weitere positive Wirksamkeitsvoraussetzung zur Erlangung von Straffreiheit legitimiert sich weder strafrechtlich noch fiskalisch. Nominale Mehreinnahmen dürften damit nicht generiert werden, weil Hinterziehungszinsen als steuerliche Nebenleistungen schon jetzt akzessorisch zum Steueranspruch sind, d.h. der Fiskus diese schon nach den heutigen Regelungen für sich beanspruchen kann. Zwar schafft der Gesetzgeber mit der Einführung dieser neuen Wirksamkeitsvoraussetzung eine für ihn zunächst günstige "Garantiewirkung", denn nur wer auch neben den zu seinen Gunsten hinterzogenen Steuern die Hinterziehungszinsen begleichen können wird, wird die Selbstanzeige in Anspruch nehmen. Im Ergebnis fördert die Schaffung einer zusätzlichen (hier finanziellen) Hürde aber kaum die Anreizwirkung der strafbefreienden Selbstanzeige und relativiert damit im Ergebnis doch fiskalische Erwägungen. Im Übrigen kann auch eine strafrechtliche Begründung nicht zur Rechtfertigung der gesetzlichen Neuregelung herangezogen werden. Wie die hiesige Arbeit bereits dargestellt hat, bedarf es zur Kompensation des Erfolgsunrechts der Steuerhinterziehung keiner Nachzahlung der Hinterziehungszinsen.[726] Soweit man sich von der Neuregelung eine zusätzliche abschreckende Wirkung erhofft hat, dürften auch diese Erwägungen fehlschlagen. Da hinterzogene Steuern heute schon zu verzinsen sind, schafft die Regelung allenfalls eine abschreckende Wirkung im Hinblick auf die Erstattung einer strafbefreienden Selbstanzeige. Ob dies – angesichts der anhaltenden Aufrufe zur Erstattung von Selbstanzeigen und der generierten Einnahmen[727] – tatsächlich gewollt ist, darf bezweifelt werden.

Mit der Verlängerung des Berichtigungszeitraums auf zehn Jahre unter gleichzeitiger Anhebung der Strafverfolgungsverjährung in jedem – nicht mehr nur in besonders schweren Fällen – nimmt der Gesetzgeber gleich zwei gesetzliche Wertungen vor, die einer sachlichen Rechtfertigung entbehren. Zum Einen setzt er damit die einfachen Fälle der Steuerhinterziehung den bisherig besonders schweren Fällen gleich. Zum Anderen misst er der Steuerhinterziehung einen (besonders negativen) Stellenwert

---

[726] Vgl. S. 74 f.

[727] Vgl. hierzu http://www.welt.de/wirtschaft/article127486921/Steuersuender-muessen-sich-fuer-Straffreiheit-beeilen.html; http://www.oberpfalznetz.de/zeitung/4156120-456-letzter_aufruf_an_steuersuender,1,0.html; http://www.sueddeutsche.de/politik/kauf-der-steuer-cd-schaeuble-raet-steuersuendern-zur-selbstanzeige-1.68192.

bei, wenn er die Verjährungsfrist der Steuerhinterziehung im Verhältnis zu anderen Wirtschaftsdelikten wie Betrug (§ 263 StGB) verdoppelt.[728] Für den selbstanzeigewilligen Steuerpflichtigen birgt die Neuregelung überdies ein verstärktes Risiko, trotz seiner Selbstanzeige und damit einhergehenden Offenlegung seiner Taten keine Straffreiheit zu erlangen.

Auch die Reduzierung der Grenze zur Erlangung von Straffreiheit mitsamt stufenweiser Erhöhung des – ohnehin schon mehr als zweifelhaften Zuschlags[729] – entbehrt jeglicher Legitimation. War bereits die 50.000 Euro Grenze fragwürdig gewählt, eine Zuordnung zur Rechtsprechung[730] zum „großen Ausmaß" nach § 370 Abs. 3 S. 2 Nr. 1 AO aber zumindest thematisierbar, erscheint die 25.000 Euro Grenze nunmehr schlicht willkürlich. Selbiges gilt für die gestaffelte Fixierung des Zuschlags.[731] Die mit einer Selbstanzeige einhergehenden finanziellen Belastungen wären unter Umständen so hoch, dass schon danach gefragt werden müsste, ob sich ein Strafverfahren als wirtschaftlich günstiger erweisen könnte.[732]

Die mit der beabsichtigten Neuregelung des § 371 AO proklamierte Intention des Gesetzgebers, die Voraussetzungen zur Strafbefreiung deutlich zu verschärfen, damit sich die strafbefreiende Selbstanzeige nicht als „bequemer Ausweg für den Steuerhinterzieher"[733] darstellt, darf nicht dazu führen, dass das Rechtsinstitut der strafbefreienden Selbstanzeige durch eine Vielzahl von Auslegungsfragen und stetig steigenden Anfor-

---

[728] So auch Wegner, SteuK 2014, 199, 200; Zur Auswirkung der Anknüpfung an die steuerliche Festsetzungsverjährung vgl. Stumm, BB 2014, 412, 414 ff.

[729] Vgl. hierzu bereits die Ausführungen auf S. 114 ff.

[730] BGHSt 53, 71, 81 ff.; BGH, NStZ 2011, 643, 644.

[731] Zur Unvereinbarkeit des Zuschlags nach § 398a AO mit der bisherigen historischen und teleologischen Interpretation der strafbefreienden Selbstanzeige vgl. bereits die Ausführungen auf S. 114 ff.

[732] So Rolletschke/Jope, NZWiSt 7/2014, 259, 259 f.

[733] Parlamentarischer Staatssekretär beim Bundesminister der Finanzen Dr. Michael Meister erklärte, er unterstütze die Position zur Verschärfung der Voraussetzungen. Die strafbefreiende Selbstanzeige dürfe kein bequemer Ausweg für den Steuerhinterzieher sein, Pressemitteilung Bundesministerium für Finanzen vom 27.3.2014, Nr. 13 http://www.bundesfinanzministerium.de/Content/DE/Pressemitteilungen/Finanzpolitik/2014/03/2014-03-27-PM13.html.

derungen praktisch unbrauchbar gemacht wird. Schon jetzt muss sich der selbstanzeigewillige Steuerpflichtige vor Erstattung einer Selbstanzeige einer Fülle von Fragen unterziehen, wie etwa: Welche Taten liegen vor? Sind mehrere Steuerarten betroffen? Können die Angaben für den betroffenen Zeitraum vollständig berichtigt werden? Welcher Zeitraum ist überhaupt betroffen? Liegen die entsprechenden Dokumente noch vor? Würden durch die Selbstanzeige weitere Taten offenbart, für die die Selbstanzeige keine strafbefreiende Wirkung entfaltet? Welche Beträge sind nachzuzahlen? Fallen Zuschläge an? In welcher Höhe? Können diese finanziellen Mittel notwendig zeitgleich mit der Erstattung aufgebracht werden? Die o.g. Gesetzesänderung verschärft diese Situation weiter.

Die exemplarisch aufgeführten Fragen zeigen, dass an den Steuerpflichtigen mit dem Rechtsinstitut der strafbefreienden Selbstanzeige eine Vielzahl an Anforderungen herangetragen werden, die ihm sowohl erhebliche Mitwirkungspflichten in der Berichtigung seiner Angaben auferlegen als auch erhebliche finanziellen Mittel abverlangen. Ständige wechselnde Anforderungen einhergehend mit Auslegungsfragen beeinträchtigen die Handhabung des historisch fundierten Rechtsinstituts. Vor allem aber die mit der strafbefreienden Selbstanzeige einhergehende strafrechtliche Wirkung verlangt vom Gesetzgeber Handhabbarkeit und Rechtssicherheit. Die Folgen der gesetzgeberischen Neuregelung bleiben abzuwarten. Verbleibt es jedoch bei dem oben genanntem, dürfte die gesetzgeberische Neufassung in Teilen beidem wenig entsprechen.

Abkürzungsverzeichnis

AS	Amtliche Sammlung der Bundesgesetze und Verordnungen
ASA	Archiv für Schweizerisches Abgaberecht
BAO	Bundesabgabenordnung
BBl	Bundesblatt
BG	Bundesgesetz
BGE	Entscheidungen des Schweizerischen Bundesgerichts
BlgBR	Beilagen zu den Stenographischen Protokollen des Bundesrats
BlgNR	Beilagen zu den Stenographischen Protokollen des Nationalrats
BR-Drucks.	Drucksachen des Deutschen Bundesrates
BT-Drucks.	Drucksachen des Deutschen Bundestages
DBG	Bundesgesetz für die direkte Bundessteuer
ErlRV	Erläuternde Bemerkungen zur Regierungsvorlage
FinStrG	Finanzstrafgesetz
FinStrGNov	Finanzstrafgesetzes Novelle
FS	Festschrift
GP	Gesetzesperiode
GrZS	Großer Zivilsenat
GZ BMF	Geschäftszahl Bundesministerium für Finanzen
IWB	Internationale Wirtschaftsbriefe
JBl	Juristische Blätter
MWSTG	Mehrwertsteuergesetz
NBGBl.	Bundesgesetzblatt des Norddeutschen Bundes
Nds. GVBl.	Niedersächsisches Gesetz- und Verordnungsbl.

NZWiSt	Neue Zeitschrift für Wirtschafts-, Steuer- und Unternehmensstrafrecht
ÖAnwBl.	Österreichisches Anwaltsblatt
ÖJZ-LSK	Österreichische Juristen-Zeitung Leitsatzkartei
ÖStGB	Österreichisches Strafgesetzbuch
ÖStZB	Beilage zur Österreichischen Steuer-Zeitung
OGH	Oberster Gerichtshof
OHB	Organisationshandbuch der Verwaltung
PrEStG	Preußisches Einkommensteuergesetz
RdW	Österreichisches Recht der Wirtschaft
SchwStGB	Schweizerisches Strafgesetzbuch
SK-StGB	Systematischer Kommentar zum Strafgesetzbuch
SteuK	Steuerrecht kurzgefasst
StBW	Steuerberater Woche
StG	Steuergesetz
StHG	Bundesgesetz über die Harmonisierung der direkten Steuern der Kantone und Gemeinden
SR	Ständerat; Sammlung der eidgenössischen Gesetze und systematische Sammlung des Bundesrechts (Systematische Rechtssammlung)
VStrR	Bundesgesetz über das Verwaltungsstrafrecht
VwGH	Verwaltungsgerichtshof
WiGBl	Gesetzblatt der Verwaltung des Vereinigten Wirtschaftsgebietes
ZEE	Zeitschrift für Evangelische Ethik
ZStB	Zürcher Steuerbuch

Im Übrigen:

Kirchner, Hildebert	Abkürzungsverzeichnis der Rechtsprache, 7. Aufl., Berlin, 2013

Literaturverzeichnis

Abramowski, Jasper: Die strafbefreiende Selbstanzeige, eine verfassungswidrige Privilegierung?, Frankfurt am Main, 1991

Achenbach, Hans: Historische und dogmatische Grundlagen der strafrechtssystematischen Schuldlehre, Berlin, 1974 (zit. als Achenbach, Dogmatische Grundlagen)

Albrecht, Marc-Oliver: Strafbefreiende Selbstanzeige – Höhe der Nachzahlungspflicht bei einer Steuerverkürzung auf Zeit, in: DB 2006, S. 1696-1699

Allfeld, Philipp: Der Rücktritt vom Versuch nach geltendem Recht und dem Entwurf eines Allgemeinen Deutschen Strafgesetzbuchs von 1927 (Reichstagsvorlage), in: Festgabe für Reinhard von Frank, Bd. II, Tübingen 1930, S. 74-105 (zit. als Allfeld in Festgabe für Frank, Bd. II)

Altmann, Ludwig: Kommentar zum österreichischen Strafrecht, Band I, Wien, 1928 (zit. als Altmann, Österreichisches Strafrecht)

Baur, Ulrich: Zur "Tatendeckung" bei der Selbstanzeige, in: BB 1983, S. 498-500

Baumann, Jürgen u.a.: Alternativ-Entwurf Wiedergutmachung (AE-WGM), Entwurf eines Arbeitskreises deutscher, österreichischer und schweizerischer Strafrechtslehrer (Arbeitskreis AE), München, 1992 (zit. als Baumann u.a., Alternativ-Entwurf Wiedergutmachung)

Becker, Enno: Die Reichsabgabenordnung, 5. Auflage, Berlin, 1926 (zit. als Enno Becker, RAO, § 374)

Benz, Rolf: Die Gültigkeitsvoraussetzungen der erstmaligen straflosen Selbstanzeige im Recht der direkten Steuern: Zehn echte und vermeintliche Tatbestandsmerkmale, in: Steuer Revue, Nr. 3, 2011, S. 182-202

Bergmann, Mario/ Eickmann, Marco: Die Ausschlussgründe der strafbefreienden Erklärung und Selbstanzeige im Vergleich, in: wistra 2004, S. 372-376

Bertel, Christian: Die freiwillige Herausgabe der Beute (Rücktritt vom Versuch und tätige Reue), in: ÖAnwBl. 1979, S. 383-386

Betschart, Meinrad: Erstaunliches, Ungereimtes und gesetzgeberisches Versehen im neuen Bundesgesetz über die Einführung der straflosen Selbstanzeige, in: Steuer Revue, Nr. 7-8/2009, S. 518-537

Bianchi, Herman: Das Tsedeka-Modell als Alternative zum konventionellen Strafrecht, in: ZEE 1974, S. 89-110

Bihl, Wolfdieter: Der Erste Weltkrieg 1914-1918, Wien u.a., 2010 (zit. als Bihl, Der Erste Weltkrieg)

Bilsdorfer, Peter: Aktuelle Probleme der Selbstanzeige, in: wistra 1984, S. 93-96

Binding, Karl: Grundriss des Deutschen Strafrechts, Allgemeiner Teil, 8. Auflage, Leipzig, 1913 (Neudruck der 8. Auflage, Aalen, 1975) (zit. als Binding, Grundriss, AT)

Binding, Karl: Die Normen und ihre Übertretung, Erster Band, Normen und Strafgesetze, 3. Auflage, Leipzig, 1916, S. 284-290 ; weitgehend wörtlich übereinstimmend schon die erste Auflage, S. 166-172 (zit. als Bindung, Die Normen, 1916)

Blesinger, Karl/ Schwabe, Anja/ Albrecht, Marc-Oliver: Strafbefreiende Selbstanzeige – Höhe der Nachzahlungspflicht bei einer Steuerverkürzung auf Zeit, - Erwiderung und Replik zu dem Beitrag von Albrecht, DB 2006, S, 1696 -, in: DB 2007, S. 485-490

Bloy, René: Die dogmatische Bedeutung der Strafausschließung- und Strafaufhebungsgründe, Berlin, 1976 (zit. als Bloy, Strafausschließungs- und Strafaufhebungsgründe)

Blumers, Wolfgang: Zur Auslegung des § 371 AO am Beispiel „Tatentdeckung" in: wistra 1985, S. 85-88

Bockelmann, Paul: Wann ist der Versuch vom Rücktritt freiwillig?, in: NJW 1955, S. 1417-1421

Brandstetter, Wolfgang: Tätige Reue ohne Reue, in: RdW 1987, S. 365-369

Brandstetter, Wolfgang: Die tätige Reue in der Judikatur des OGH, in: JBl 1987, S. 545-555

Brauns, Uwe: Die Auslegung des § 371 AO im Spannungsfeld strafrechtlicher und steuerpolitischer Zielsetzungen, in: wistra 1985, 171-179

Brauns, Uwe: Die Wiedergutmachung der Folgen der Straftat durch den Täter: ein Beitrag zur Neubewertung eines Strafzumessungsfaktors de lege lata und de lege ferenda, Berlin, 1996 (zit. als Brauns, Wiedergutmachung der Folgen der Straftat)

Breyer, Jörg: Der Inhalt der strafbefreienden Selbstanzeige, Berlin, 1999 (zit. als Breyer, Der Inhalt der strafbefreienden Selbstanzeige)

Bringewat, Peter: Der „Staatssäckel" als Kriterium der Gesetzesauslegung?, in: JZ 1980, S. 347-350

Bruns, Hans-Jürgen: Strafzumessungsrecht, Gesamtdarstellung, 2. Auflage, Köln, Berlin u.a., 1974 (zit. als Bruns, Strafzumessungsrecht)

Burgstaller, Manfred: Aktuelles zur tätigen Reue gemäß § 167 StGB, in: Festschrift für Winfried Platzgummer zum 65. Geburtstag, hrsg. von Helmut Fuchs, Wien, 1995, S. 97-110 (zit. als Burgstaller in FS Platzgummer)

Coring, Gerd: Einzelfragen der Selbstanzeige während der Betriebsprüfung, in: DStR 1963, S. 373-377

Dölling, Dieter: Generalprävention durch Strafrecht: Realität oder Illusion?, in: ZStW 1990, S. 1-20

Dölling, Dieter: Der Täter-Opfer-Ausgleich – Möglichkeiten und Grenzen einer neuen kriminalrechtlichen Reaktionsform –, in: JZ 1992, S. 493-499

Donatsch, Andreas: Zum Verhältnis zwischen Steuerhinterziehung und Steuerbetrug nach dem Steuerharmonisierungs- und dem Bundessteuergesetz (Unter besonderer Berücksichtigung der Konkurrenzfragen sowie des Grundsatzes <<ne bis in idem>>, in: ASA, 60 Band, Heft 6/7, Dezember 1991/Januar 1992, S. 289-321

Donatsch, Andreas: Buchführung und Strafrecht, Steuerstrafrecht im Zentrum [1], in: Der Schweizer Treuhänder 2004, S. 201-207

Donatsch, Andreas: Grundzüge des Steuerstrafrechts (StHG, DBG) für kantonale Strafverfolgungsorgane, in: Sonderdruck aus Schweizerische Zeitschrift für Strafrecht, Band 118, 2000, S. 83-89

Droste: Die Strafbestimmungen des preußischen Einkommensteuergesetzes vom 24. Juni 1891 und des Ergänzungssteuergesetzes vom 14. Juli 1893, in: VerwArch 1900, S. 348-433

Erhard, Christopher: Strafzumessung bei Vorbestraften unter dem Gesichtspunkt der Strafzumessungsschuld, Zugleich ein Beitrag zur Struktur der in § 46 StGB verwendeten Systemkategorie „Schuld“, Berlin, 1992 (zit. als Erhard, Strafzumessung bei Vorbestraften)

Fellner, Karl: Kommentar zum Finanzstrafgesetz, 13. Lieferung, Jänner 2011, Enns (zit. als Fellner, Kommentar zum FinStrG)

Firnhaber, Burkhard: Die strafbefreiende Selbstanzeige im Steuerrecht (§§ 410, 411 AO), Köln, 1962 (zit. als Firnhaber, Die strafbefreiende Selbstanzeige)

Fischer, Thomas: Strafgesetzbuch und Nebengesetze, 61. Auflage, München, 2014 (zit. als Fischer, StGB)

Foerster, Friedrich Wilhelm: Schuld und Sühne, Einige psychologische und pädagogische Grundfragen des Verbrecherproblems und der Jugendfürsorge, 2. Unveränderter Abdruck, München, 1912 (zit. als Foerster, Schuld und Sühne)

Franzen, Klaus/ Gast-De Haan, Brigitte/ Joecks, Wolfgang: Steuerstrafrecht mit Zoll- und Verbrauchsteuerstrafrecht, 7. Auflage, München, 2009 (zit. als *Bearbeiter* in Joecks/Franzen/Gast, Steuerstrafrecht)

Franzen, Klaus/ Gast-De Haan, Brigitte/ Joecks, Wolfgang: Steuerstrafrecht mit Zoll- und Verbrauchsteuerstrafrecht, 6. Auflage, München, 2005 (zit. als *Bearbeiter* in Joecks/Franzen/Gast, Steuerstrafrecht/StraBEG)

Franzen, Klaus/ Gast-De Haan, Brigitte/ Samson, Erich: Steuerstrafrecht mit Steuerordnungswidrigkeiten und Verfahrensrecht, 3. Auflage, München, 1985 (zit. als *Bearbeiter* in Franzen/Gast/Samson, Steuerstrafrecht)

Franzheim, Horst: Parteispenden-Steuerhinterziehung-Straffreiheit?, in: NStZ 1982, S. 137-141

Frees, Christian-Peter: Die steuerrechtliche Selbstanzeige, Zur kriminalpolitischen Zweckmäßigkeit des § 371 AO, Frankfurt am Main u.a., 1991 (zit. als Frees, Die steuerrechtliche Selbstanzeige)

Frehsee, Detlev: Schadenswiedergutmachung als Instrument strafrechtlicher Sozialkontrolle, Berlin, 1987 (zit. als Frehsee, Schadenswiedergutmachung)

Freund, Georg/ Carrera, Enara Garro: Strafrechtliche Wiedergutmachung und ihr Verhältnis zum zivilrechtlichen Schadensersatz, in: ZStW 2006, S. 76-100

Frick, Jörg: Selbstanzeige nach Einleitung des Ermittlungsverfahrens bei fortgesetzter Steuerhinterziehung?, in: DStR 1986, S. 429-430

Friedrich, Wilhelm: Zum Legalitätsprinzip im StGB und seinem Niederschlag in der Rechtsprechung, in: ÖJZ 1980, S. 57-67

Frisch, Wolfgang: Gegenwärtiger Stand und Zukunftsperspektiven der Strafzumessungsdogmatik, Das Recht der Strafzumessung im Lichte der systematischen Darstellungen von Hans-Jürgen Bruns und Franz Pallin (Teil II), in: ZStW 1987, S.751-805

Frühauf, Ludwig: Wiedergutmachung zwischen Täter und Opfer, Eine neue Alternative in der strafrechtlichen Sanktionspraxis, Juristische Schriften, Band 42: Strafrecht, Gelsenkirchen, 1988 (zit. als Frühauf, Wiedergutmachung zwischen Täter und Opfer)

Füllsack, Markus: Zusammenspiel von Selbstanzeige (§ 371 Abs. 1 AO) und strafbefreiender Fremdanzeige (§ 371 Abs. 4 AO), in: wistra 1997, S. 285-291

Füllsack, Markus/ Bürger, Sebastian: Tohuwabohu um die Selbstanzeige: Wer sich anzeigt, wird bestraft – Situationsbeschreibung und Lösungsansatz, in: BB 2010, S. 2403-2409

Fuisting, Bernhard: Die Preußischen direkten Steuern, Kommentar zum Einkommensteuergesetz, Erster Band, 5. Auflage, Berlin, 1900 (zit. als Fuisting, Direkte Steuern)

Gehm, Matthias: Die strafbefreiende Selbstanzeige in der Diskussion, in: ZRP 2010, S. 169-172

Götting, Bert: Schadenswiedergutmachung im Strafverfahren, Ergebnisse eines Modellprojekts zur anwaltlichen Schlichtung, Münster, 2004 (zit. als Götting, Schadenswiedergutmachung im Strafverfahren)

Goldschmidt, James: Das Verwaltungsstrafrecht, Aalen, 1902, Nachdruck1969 (zit. als Goldschmidt, Das Verwaltungsstrafrecht)

Gußen, Peter J.G.: Die rechtzeitige Selbstanzeige als Mittel zur Vermeidung des Steuerstrafverfahrens (Teil I), in: StB 1997, S. 358-364

Harms, Monika: § 370a AO – Optimierung des steuerstrafrechtlichen Sanktionensystems oder gesetzgeberischer Fehlgriff?, in: Festschrift für Günther Kohlmann, hrsg. v. Joachim Hirsch, Jürgen Wolters, Uwe Brauns, Köln 2003, S. 413-426 (zit. als Harms in FS Kohlmann)

Hegel, Georg Wilhelm: Grundlinien der Philosophie des Rechts, Werke, Band 7, Frankfurt am Main, 1986 (Erstausgabe 1821) (zit. als Hegel, Grundlinien der Philosophie des Rechts)

Hellmer, Joachim: Wiedergutmachung und Strafe, in: AcP, 1956, S. 527-542

Henneberg, E.: Rechtsbehelf gegen die Festsetzung der Nachzahlungsfrist nach Erstattung der Selbstanzeige?, in: BB 1973, S. 1301-1304

Heuel, Ingo/ Beyer, Dirk: Problemfelder der „neuen Selbstanzeige"- 13 neue Fragen mit Antworten, in: StBW 2011, S. 315-324

Hillenkamp, Thomas: Möglichkeit der Erweiterung des Instituts der tätigen Reue, in: Wiedergutmachung und Strafrecht, Symposion aus Anlaß des 80. Geburtstages von Friedrich Schaffstein, Neue kriminologische Studien, Band 4, hrsg. von Heinz Schöch, München 1987, S. 81-106 (zit. als Hillenkamp in Schöch, Wiedergutmachung und Strafrecht)

Hirsch, Hans Joachim: Wiedergutmachung des Schadens im Rahmen des materiellen Strafrechts, in: ZStW 1990, S. 534-562

Hirsch, Hans Joachim: Zur Stellung des Verletzten im Straf- und Strafverfahrensrecht, Über die Grenzen strafrechtlicher Aufgaben, in: Gedächtnisschrift für Armin Kaufmann, hrsg. von Gerhard Dornseifer, Eckhard Horn, Georg Schilling u.a., Köln u.a., 1989, S. 699-721 (zit. als Hirsch in Gedächtnisschrift für Armin Kaufmann)

Höpfel, Frank: Die strafbefreiende tätige Reue und verwandte Einrichtungen des österreichischen Rechts, in: Neue Wege der Wiedergutmachung im Strafrecht, hrsg. von Eser, Albin / Kaiser, Günther / Madlener, Freiburg im Breisgau, 1992, S. 169-217 (zit. als Höpfel in Eser/Kaiser/Madlener, Neue Wege der Wiedergutmachung)

Hörnle, Tatjana: Tatpropotionale Strafzumessung, Berlin, 1999 (zit. als Hörnle, Tatpropotionale Strafzumessung)

Hoffmann, Heiko: Die Ausschlusstatbestände der Selbstanzeige bei Steuerhinterziehung: Zur Sperrwirkung des § 371 Abs. 2 AO,

Berlin, 1998 (zit. als Hoffmann, Ausschlusstatbestände der Selbstanzeige)

Hoffschmidt, Dieter: Über die Rechtfertigung der strafbefreienden Selbstanzeige im Steuerstrafrecht (§ 371 AO), Bielefeld, 1988 (zit. als Hoffschmidt, Über die Rechtfertigung der strafbefreienden Selbstanzeige)

Holper, Peter: Die steuerrechtliche Selbstanzeige – ein Sonderfall des Rücktritts vom vollendeten Delikt, Würzburg, 1981 (zit. als Holper, Die steuerrechtliche Selbstanzeige)

Hübschmann, Walter/ Hepp, Ernst/ Spitaler, Armin: Kommentar zur Abgabenordnung und Finanzgerichtsordnung, Band IX, §§ 347-373 AO, § 371, 216. Lieferung, Köln, 2012 (zit. als Rüping in Hübschmann/Hepp/Spitaler, Abgabenordnung)

Hübschmann, Walter/ Hepp, Ernst/ Spitaler, Armin: Kommentar zur Abgabenordnung und Finanzgerichtsordnung, Band IX, §§ 347-373 AO, 213. Lfg., Köln 2011 (zit. als Hellmann in Hübschmann/Hepp/Spitaler, Abgabenordnung)

Hübschmann, Walter/ Hepp, Ernst/ Spitaler, Armin: Kommentar zur Abgabenordnung und Finanzgerichtsordnung, Band IV, §§ 78-117 AO, 201. Lieferung, Köln, 2008 (zit. als Söhn in Hübschmann/Hepp/Spitaler, Abgabenordnung)

Hübschmann, Walter/ Hepp, Ernst/ Spitaler, Armin: Kommentar zur Abgabenordnung und Finanzgerichtsordnung, 8. Auflage, Köln, 1987 (zit. Hübner in Hübschmann/Hepp/Spitaler, AO)

Hübschmann, Walter/ Hepp, Ernst: Reichsabgabenordnung und Steueranpassungsgesetz, Stand vom 1. November 1943, 47. Lieferung, Köln, 1944 (zit. als Hepp in Hübschmann/Hepp, Reichsabgabenordnung)

Hund, Thomas/ Johnigk, Frank/ Wollburg, Eva: Die Problematik der neuen Regelung zur gewerbsmäßigen Steuerhinterziehung nach § 370a AO, Interview mit Herrn Prof. Jürgen Meyer am 11.1.2002, in: DStR 2002, S. 879-884

Hunsmann, Daniel: Das steuerstrafrechtliche Selbstanzeigeprivileg im Lichte des § 370a S.3 AO, Baden-Baden, 2006 (zit. als Hunsmann, Das steuerstrafrechtliche Selbstanzeigeprivileg)

Hunsmann, Daniel: Die Novellierung der Selbstanzeige durch das Schwarzgeldbekämpfungsgesetz, in: NJW 2011, S. 1482-1488

Hunsmann, Daniel: Das Absehen von Strafverfolgung nach § 398a in der Verfahrenspraxis, in: BB 2010, S. 2519-2527

Jakobs, Günter: Das Strafrecht zwischen Funktionalismus und „alteuropäischem“ Prinzipiendenken, in: ZStW 1995, S. 843-876

Janke, Manon: Der Täter-Opfer-Ausgleich im Strafverfahren, Zugleich ein Beitrag zu einer kritischen Strafverfahrensrechtstheorie, Hamburg, 2005 (zit. als Täter-Opfer-Ausgleich im Strafverfahren)

Jenull, Sebastian: Das Oesterreichische Criminal-Recht nach seinen Gründen und seinem Geiste, Teil II, Grätz, 1809 (zit. Jenull, Das Oesterreichische Criminal-Recht)

Jescheck, Hans-Heinrich/ Weigend, Thomas: Lehrbuch des Strafrechts, Allgemeiner Teil, 5. Auflage, Berlin, 1996 (zit. Jescheck/Weigend, Lehrbuch des Strafrechts)

Jesse, Lenhard: Das Nebeneinander von Besteuerungs- und Strafverfahren, Eine kritische Bestandsaufnahme zwischen Wahrheitspflicht und Schweigerecht, in: DB 2013, S. 1803-1814

Joecks, Wolfgang/ Miebach, Klaus: Münchener Kommentar zum Strafgesetzbuch, Band 2, §§ 38-79b, 2. Auflage, München, 2012 (zit. als *Bearbeiter* in Münchener Kommentar, Strafgesetzbuch)

Joecks, Wolfgang/ Miebach, Klaus: Münchener Kommentar zum Strafgesetzbuch, Band 6/1, Nebenstrafrecht II, München, 2010 (zit. als *Bearbeiter* in Münchener Kommentar, AO)

Joecks, Wolfgang/ Randt, Karsten: Strafbefreiungserklärungsgesetz, Das Merkblatt der BMF, in: DStR 2004, S. 337-341

Jung, Heike: Kriminalsoziologie, 2. Auflage, Baden-Baden, 2007 (zit. als Jung, Kriminalsoziologie)

Jung, Heike: Sanktionensysteme und Menschenrechte, Bern u.a., 1992 (zit. als Jung, Sanktionensysteme)

Jung, Heike: Die Stellung des Verletzen im Strafprozeß, in: ZStW 1981, S. 1147-1176

Kampen, Wolfgang/ Rasehorn, Theo: Die Einstellung der Bevölkerung der Bundesrepublik zum Strafrecht und Strafvollzug, in: ZRP 1972, S. 21-22

Kant, Immanuel: Die Metaphysik der Sitten, Werksausgabe hrsg. von Wilhelm Weischedel, Band VIII, 4. Auflage, Frankfurt am Main, 1982 (Erstausgabe 1797) (zit. als Kant, Metaphysik der Sitten, 1982)

Kant, Immanuel: Kant's gesammelte Schriften, Band 6: Die Religion innerhalb der Grenzen der bloßen Vernunft. Die Metaphysik der Sitten, hrsg. von der königlich preußischen Akademie der Wissenschaften, Abt. 1: Werke, 2 . Nachdruck der 1. Auflage 1907, Berlin 1969=1907 (zit. als Kant, Metaphysik der Sitten, 1907)

Kaspar, Johannes: Wiedergutmachung und Mediation im Strafrecht: rechtliche Grundlagen und Ergebnisse eines Modellprojekts zur anwaltlichen Schlichtung, Münster, 2004 (zit. als Kaspar, Wiedergutmachung und Mediation)

Kaufmann, Arthur: Das Schuldprinzip, Eine strafrechtlich- rechtsphilosophische Untersuchung, 2. Auflage, Heidelberg, 1976 (zit. als Kaufmann, Das Schuldprinzip)

Keller, Alexander/ Kelnhofer, Evelyn: Die Sperrwirkung des § 371 Abs. 2 AO unter besonderer Berücksichtigung der neuen Rechtsprechung des BGH, in: wistra 2001, S. 369-374

Kerner, Hans-Jürgen: Kriminalitätseinschätzung und Innere Sicherheit, Wiesbaden 1980 (zit. als Kerner, Kriminalitätseinschätzung)

Kilchling, Michael: Aktuelle Perspektiven für Täter-Opfer-Ausgleich und Wiedergutmachung im Erwachsenenstrafrecht, in: NStZ 1996, S. 309-317

Kindhäuser, Urs: Rechtstreue als Schuldkategorie, in: ZStW 1995, S. 701-733

Klein, Franz: Abgabenordnung – einschließlich Steuerstrafrecht –, 12. Auflage, München, 2014 (zit. als *Bearbeiter* in Klein, AO)

Kohlmann, Günter: Der Straftatbestand der Steuerhinterziehung – Anspruch und Wirklichkeit –, in: Strafverfolgung und Strafverteidigung im Steuerstrafrecht: Grundfragen des Steuerstrafrechts heute, hrsg. im Auftrag d. Dt. Steuerjurist. Ges. e.V. von Günter Kohlmann, Köln, 1983 (zit. als Kohlmann in Strafverfolgung und Strafverteidigung)

Kohlmann, Günter: Steuerstrafrecht mit Ordnungswidrigkeitenrecht und Verfahrensrecht, Kommentar zu den §§ 369-412 AO 1977, Köln 1997 (zit. als Kohlmann, Steuerstrafrecht)

Kopacek, Werner: Verspätete Abgabe der Steuererklärung als strafbefreiende Selbstanzeige, in: NJW 1970, S. 2098-2100

Koriath, Heinz: Zum Streit um die positive Generalprävention – Eine Skizze, in: Muß Strafe sein?, Kolloquium zum 60. Geburtstag von Herrn Professor Dr. Dr. h. c. Heike Jung, hrsg. von Henning Radtke u.a., 1. Auflage, Baden-Baden, 2004, S. 49-70 ff? (zit. als Koriath in Radtke u.a., Muß Strafe sein?)

Koriath, Heinz: Über Vereinigungstheorien als Rechtfertigung staatlicher Strafe, in: Jura 1995, S. 625-635

Kratzsch, Dietrich: Der strafrechtliche Aspekt der Selbstanzeige (§ 395 AO), Zur Abgrenzung von Steuerrecht und Steuerstrafrecht, in: StuW 1974, S. 68-75

Kreß, Ursula: Motive für die Begehung von Steuerhinterziehungen – eine Aktenstudie, Köln, 1983 (zit. als Kreß, Motive für die Begehung von Steuerhinterziehungen)

Kühn, Rolf: Die Besonderheiten des Steuerstrafrechts einschließlich des Steuerstrafverfahrens, in: Deutsches Recht 1942, S. 157-165

Kuhlen, Lothar: Grundfragen der strafbaren Steuerhinterziehung, Heidelberg u.a., 2012 (zit. als Kuhlen, Grundfragen der Steuerhinterziehung)

Lampe, Ernst-Joachim: Wiedergutmachung als >>dritte Spur<< des Strafrechts?, in: GA 1993, S. 485-494

Lang-Hinrichsen, Dietrich: Bemerkungen zum Begriff der „Tat" im Strafrecht unter besonderer Berücksichtigung der Strafzumessung, des Rücktritts und der tätigen Reue beim Versuch und der Teilnahme (Normativer Tatbegriff), in: Festschrift für Karl Engisch zum 70. Geburtstag, hrsg. von Paul Bockelmann u.a., Frankfurt am Main, 1969, S. 353-379 (zit. als Lang-Hinrichsen in FS Engisch)

Laufhütte, Heinrich Wilhelm/ Rissing-van Saan, Ruth/ Tiedemann, Klaus: Leipziger Kommentar zum Strafgesetzbuch, Band 2, §§ 32-55, 12. Auflage, Berlin, 2006 (zit. als *Bearbeiter* in LK, StGB)

Leitner, Roman/ Schrottmeyer, Norbert: Die steuerliche Selbstanzeige in Österreich, in: IWB 13/2014, S. 483-488

Leitner, Roman/ Toifl, Gerald /Brandl, Rainer: Österreichisches Finanzstrafrecht, 3. Auflage, Wien, 2008 (zit. als Leitner, Österreichisches Finanzstrafrecht)

Lenckner, Theodor/ Schumann, Heribert/ Winkelbauer, Wolfgang: Grund und Grenzen der strafrechtlichen Selbstanzeige im Steuerrecht und das Wiederaufleben der Berichtigungsmöglichkeit im Fall der Außenprüfung (1. Teil), in: wistra 1983, S. 123-128

Leukauf, Otto/ Steininger, Herbert: Das neue österreichische Strafrecht, Kommentar zum Strafgesetzbuch, 3. Auflage, Eisenstadt,1992 (zit. als Leukauf/Steiniger, Kommentar ÖStGB)

Lewisch, Peter: Strafrecht, Besonderer Teil I, §§ 75 bis 168a StGB, 2. Auflage, Wien 1999 (zit. als Lewisch, Strafrecht, Besonderer Teil I, § 167)

Löffler, Christian: Grund und Grenzen der steuerstrafrechtlichen Selbstanzeige, Über die strafrechtliche Erklärung des § 371 AO, Baden-Baden, 1992 (zit. als Löffler, Grund und Grenzen der steuerstrafrechtlichen Selbstanzeige)

Loos, Fritz: Zur Kritik des „Alternativentwurfs Wiedergutmachung“, in: ZRP 1993, S. 51-56

Lütt, Hans-Jürgen: Das Handlungsunrecht der Steuerhinterziehung, Frankfurt am Main, 1988 (zit. als Lütt, Das Handlungsunrecht der Steuerhinterziehung)

Lüttger, Ulrich: Die Selbstanzeige im Steuerstrafrecht, in: StB 1993, S. 327-377

Mack, Alexandra: Nichts ist umsonst: Selbstanzeige und Nachzahlungspflicht, in: Stbg 2010, S. 258-262

Marschall, Paul O.: Die Selbstanzeige im Umfeld steuerlicher Beratung, in : BB 1998, S. 2496-2504 (Teil I) und S. 2553-2562 (Teil II)

Mattern, Gerhard: Steuerliche Selbstanzeige und Steuermoral, in: NJW 1951, S. 937-941

Maurach, Reinhart/ Gössel, Karl Heinz/ Zipf, Heinz: Strafrecht Allgemeiner Teil, Erscheinungsformen des Verbrechens und Rechtsfolgen der Tat, Teilband 2, 7. Auflage, Heidelberg 1989 (zit. als *Bearbeiter* in Maurach/Gössel/Zipf, Strafrecht AT, Teilband 2)

Meder, Stephan: Kann Schadensersatz Strafe sein? Zum Wandel des Verhältnisses von Schadensersatz und Strafe unter Berücksichtigung von Gefährdungshaftung, Versicherung und Familienrecht, in: Festschrift für Hinrich Rüping, hrsg. von Georg Steinberg, München 2008, S. 125-152 (zit. als Meder in FS Rüping)

Meier, Bernd-Dieter: Strafrechtliche Sanktionen, 3. Auflage, Berlin u.a., 2009 (zit. als Meier, Strafrechtliche Sanktionen)

Meier, Bernd-Dieter: Konstruktive Tatverarbeitung im Strafrecht – Bestandsaufnahme und Reformperspektiven –, in: GA 1999, S. 1-20

Meier, Bernd-Dieter: Täter-Opfer-Ausgleich und Wiedergutmachung im allgemeinen Strafrecht, in: JuS 1996, S. 436-442

Meitzen, Reinhold: Das Preußische Einkommensteuergesetz vom 24. Juni 1891, Kommentar zum praktischen Gebrauch, Berlin, 1892 (zit. als Meitzen, Kommentar zum preußischen Einkommensteuergesetz)

Meyer-Goßner, Lutz/ Schmitt, Bertram: Strafprozessordnung mit GVG und Nebengesetzen, 57. Auflage, München, 2014 (zit. als Meyer-Goßner, StPO)

Mezger, Edmund: Strafrecht, Ein Lehrbuch, 3. Auflage, Berlin und München, 1949 (zit. als Mezger, Strafrecht)

Mezger, Edmund: Die Straftat als Ganzes, in: ZStW 1937, S. 675-701

Mösbauer, Heinz: Straffreiheit trotz Steuerhinterziehung, in: DStZ 1985, S. 325-330

Mrozek, Alfons: Handbuch des Steuerrechts in Einzelkommentaren Kommentar zur Reichsabgabenordnung, 3. Auflage, Köln, 1924 *(zit. als Bearbeiter* in Mrozek, Reichsabgabenordnung)

Müller, Gerd: Die Neuregelung der gewerbsmäßigen oder bandenmäßigen Steuerhinterziehung, in: DStR 2002, S.1641-1648

Müller, Jürgen R.: Löst eine rechtswidrige Betriebsprüfung die Sperrwirkung des § 371 Abs. 2 Nr. 1a AO aus?, in: Stbg 2006, S. 137-140

Müller, Lutz: Selbstanzeige bei leichtfertiger Steuerverkürzung durch Anerkennung der Betriebsprüfungsergebnisse?, in: DB 1981, S. 1480-1485

Müller-Dietz, Heinz: Strafrechtstheoretische Überlegungen zur Wiedergutmachung, in: Neue Wege der Wiedergutmachung im Strafrecht, hrsg. von Eser, Albin / Kaiser, Günther / Madlener, Freiburg im Breisgau, 1992, S. 355-366 (zit. als Müller-Dietz in Eser/Kaiser/Madlener, Neue Wege der Wiedergutmachung)

Müller-Dietz, Heinz: Integrationsprävention und Strafrecht, Zum positiven Aspekt der Generalprävention, in: Festschrift für Hans-Heinrich Jescheck zum 70. Geburtstag, hrsg. von Theo Vogler, Band 2, Berlin, 1985, S. 813-827 (zit. als Müller-Dietz in FS Jescheck)

Müller-Dietz, Heinz: Kriminalpolitische und dogmatische Probleme des Strafaufhebungsgrundes der tätigen Reue (§ 167 StGB), in: ÖJZ, 1977, S. 343-351

Müller-Tuckfeld, Jens-Christian: Integrationsprävention, Studien zu einer Theorie der gesellschaftlichen Funktion des Strafrechts, Frankfurt am Main u.a., 1998 (zit. als Müller-Tuckfeld, Integrationsprävention)

Naucke, Wolfgang: Die Kriminalpolitik des Marburger Programms 1882, in: ZStW 1982, S. 525-564

Naegeli, Eduard: Das Böse und das Strafrecht, München, 1996 (zit. als Naegeli, Das Böse und das Strafrecht)

Naegeli, Eduard: Aspekte des Strafens, in: Gareis, Balthasar/Wiesnet, Eugen u.a., Hat Strafe Sinn?, Freiburg u.a., 1974, S. 32-54 (zit. als Aspekte des Strafens, in Gareis/Wiesnet, Hat Strafe Sinn?)

Palandt, Otto (Bgr.): Bürgerliches Gesetzbuch, 73. Auflage, München, 2014 (zit. als *Bearbeiter* in Palandt, BGB)

Pelikan, Christa: Was ist Restorative Justice?, in: Sustainable Austria, Nr. 51, September 2010, Muss Strafe sein? Alternativen und Lösungsansätze, S. 4-6

Pfaff, Paul: Kommentar zur steuerlichen Selbstanzeige, 1. Auflage, Berlin, 1977 (zit. als Pfaff, Kommentar zur steuerlichen Selbstanzeige)

Pielsticker, Susanne: § 46a StGB – Revisionsfalle oder sinnvolle Bereicherung des Sanktionenrechts?, Berlin, 2011 (zit. als Pielsticker, § 46a StGB)

Poggemann, Martin: Schuld und Strafe in der jüngeren Entwicklung des preußischen Steuerstrafrechts, Frankfurt am Main u.a., 1997 (zit. als Poggemann, Schuld und Strafe in der jüngeren Entwicklung des preußischen Steuerstrafrechts)

Puppe, Ingeborg: Der halbherzige Rücktritt, Zugleich eine Besprechung von BGHSt 31, 46, in: NStZ 1984, S. 488-491

Radtke, Henning: Die Zukunft der Arbeitsentlohnung von Strafgefangenen, in: ZfStrVO 2001, S. 4-15

Randt, Karsten/ Schauf, Jörg: Der neue Gesetzesentwurf zur Steueramnestie, „Friedensangebot“ oder „Trojanisches Pferd“?, in: DStR 2003, S. 1369-1376

Rittler, Theodor: Lehrbuch des österreichischen Strafrechts, Band II: Besonderer Teil, 2. Auflage, Wien, 1962 (zit. als Rittler, Lehrbuch Österreichisches Strafrecht II)

Röckl, Edgar: Das Steuerstrafrecht im Spannungsfeld des Verfassungs- und Europarechts, Berlin, 2002 (zit. als Röckl, Das Steuerstrafrecht im Spannungsfeld)

Rolletschke, Stefan: Die Steuerhinterziehung, Stuttgart, 2004 (zit. als Rolletschke, Die Steuerhinterziehung)

Rolletschke, Stefan/ Jope, Daniela: Bleibt die strafbefreiende Selbstanzeige nach der geplanten Reform noch handhabbar?, in: NZWiSt 2014, S. 259-261

Rolletschke, Stefan/ Roth, David: Selbstanzeige: Verschärfte Anforderungen durch das Schwarzgeldbekämpfungsgesetz, in: Stbg 2011, S. 200-208

Rössner, Dieter: Strafrechtsfolgen ohne Übelszufügung? – Zur Reform der Sanktionen ohne Freiheitsentzug –, in: NStZ 1992, S. 409-415

Rössner, Dieter: Wiedergutmachen statt Übelvergelten, (Straf-) theoretische Begründung und Eingrenzung der kriminalpolitischen Idee, in: Täter-Opfer-Ausgleich, Vom zwischenmenschlichen Weg zur Wiederherstellung des Rechtsfriedens, hrsg. Erich Marks / Dieter, Rössner, Bonn, 1989, S. 7-41 (zit. als Rössner in Marks/Rössner, Täter-Opfer-Ausgleich)

Rose, Frank: Die Bedeutung des Opferwillens im Rahmen des Täter-Opfer-Ausgleichs nach § 46a Nr. 1 StGB, in: JR, 2004, S. 275-281

Roxin, Claus: Strafrecht Allgemeiner Teil, Band 1, 4. Auflage, München, 2006 (zit. als Roxin, Strafrecht AT)

Roxin, Claus: Die Wiedergutmachung im strafrechtlichen Sanktionensystem, in: Festschrift für Peter Lerche zum 65. Geburtstag, hrsg. von Peter Badura und Rupert Scholz, München, 1993, S. 301-313 (zit. als Roxin in FS Lerche)

Roxin, Claus: Zur Wiedergutmachung als einer „Dritten Spur" im Sanktionensystem, in: Festschrift für Jürgen Baumann zum 70. Geburtstag, hrsg. von Gunther Arzt u.a., Bielefeld u.a., 1992, S. 243-254 (zit. als Roxin in FS Baumann)

Roxin, Claus: Die Wiedergutmachung im System der Strafzwecke, in: Wiedergutmachung und Strafrecht, Symposion aus Anlaß des 80. Geburtstages von Friedrich Schaffstein, Neue kriminologische Studien, Band 4, hrsg. von Heinz Schöch, München 1987, S. 37-55 (zit. als Roxin in Schöch, Wiedergutmachung und Strafrecht)

Roxin, Claus: Zur jüngsten Diskussion über Schuld, Prävention und Verantwortlichkeit im Strafrecht, in: Festschrift für Paul Bockelmann zum 70. Geburtstag, hrsg. von Arthur Kaufmann u.a., München, 1979, S. 279-309 (zit. als Roxin in FS Bockelmann)

Roxin, Claus: Sinn und Grenzen staatlicher Strafe, in: JuS 1966, S. 377-387

Rudolphi, Hans-Joachim/ Horn, Eckhard/ Samson, Erich u.a.: Systematischer Kommentar zum Strafgesetzbuch, Band II, §§ 46-122 StGB, 8. Auflage, München 2012; § 46, 35. Lfg. (Januar 2001); § 46a, 22. Lfg. (Juni 2010) (zit. als *Bearbeiter* in SK-StGB)

Rüffelmacher, Günter: Die strafbefreiende Wiedergutmachung im Steuerstrafrecht (§§ 410, 411 AO), Würzburg, 1956

Rüping, Hinrich: Selbstanzeige und Steuermoral, in: DStR 2010, S. 1768-1772

Rüping, Hinrich: Das Verbrechen der Steuerhinterziehung, Zur Reform des reformbedürftigen § 370a AO n.F. (BGBl I 2002, 2715), in: DStR 2002, S. 1417-1419

Salditt, Franz: Die Schlingen des neuen Steuerstrafrechts, in: StV 2002, S. 214-219

Salditt, Franz: Die Hinterziehung ungerechter Steuern, in: Die Steuerrechtsordnung in der Diskussion: Festschrift Klaus Tipke, hrsg. von Joachim Lang, Köln, 1995, S. 475-485 (zit. als Salditt in FS Tipke)

Samson, Erich: Die strafbefreiende Fremdanzeige (§ 371 Abs. 4 AO) und Berichtigungspflicht (§ 153 Abs. 1 AO), in: wistra 1990, S. 245-251

Sauer, Wilhelm: Die beiden Tatbestandsbegriffe, in: Festschrift für Edmund Mezger zum 70. Geburtstag, hrsg. von Karl Engisch und Reinhart Maurach, München und Berlin, 1954, S. 117-126 (zit. als Sauer in FS Mezger)

Schaffstein, Friedrich: Wiedergutmachung und Genugtuung im Strafprozess vom 16. bis zum Ausgang des 18. Jahrhunderts, in: Wiedergutmachung und Strafrecht, Symposion aus Anlaß des 80. Geburtstages von Friedrich Schaffstein, Neue kriminologische Studien, Band 4, hrsg. von Heinz Schöch, München 1987, S. 9-27 (zit. als Schaffstein in Schöch, Wiedergutmachung und Strafrecht)

Schäfer, Gerhard/ Sander, Günther/ van Gemmeren, Gerhard: Praxis der Strafzumessung, 5. Auflage, München, 2012 (zit. als Schäfer/Sander/van Gemmeren, Praxis der Strafzumessung)

Schauer, Ralf Erich: Die Steuergesetzgebung des Nationalsozialismus als Mittel der Machtpolitik: vom Steuerrecht zum Steuerunwesen, Frankfurt am Main u.a., 2003(zit. als Schauer, Die Steuergesetzgebung des Nationalsozialismus)

Scheil, Andreas: Die Selbstanzeige nach § 29 FinStrG, Wien, 1995 (zit. als Scheil, Selbstanzeige)

Schmidt-Hieber, Werner: Ausgleich statt Geldstrafe, in: NJW 1992, S. 2001-2004

Schneider, Hans Joachim: Viktimologie: Wissenschaft vom Verbrechensopfer, Tübingen, 1975 (zit. als Schneider, Viktimologie)

Schöch, Heinz/ Jehle, Jörg-Martin: Angewandte Kriminologie zwischen Freiheit und Sicherheit, Mönchengladbach, 2004 (zit. als Schöch/Jehle, Angewandte Kriminologie)

Schröder, Horst: Die Freiwilligkeit des Rücktritts vom Versuch, in: MDR 1956, S. 321-322

Schroll, Hans-Valentin: Zu den reuefähigen Delikten des Vermögensstrafrechts, in: ÖJZ 1985, S. 357-365

Schrottmeyer, Norbert/ Plückhahn, Otto: Kommentar zur Selbstanzeige nach § 29 FinStrG, Wien, 2008 (zit. als Schrottmeyer/Plückhahn, Kommentar zur Selbstanzeige)

Schünemann, Bernd: Förderung der Steuerehrlichkeit durch Amnestierung der Steuerhinterziehung?, in: ZRP 2003, S. 433-439

Schwind, Hans-Dieter: Kriminologie, Eine praxisorientierte Einführung mit Beispielen, 21. Auflage, Heidelberg u.a., 2011 (zit. als Schwind, Kriminologie)

Seckel, Carola: Die Steuerhinterziehung, (§ 370 AO 1977), Eine strafrechtliche, kriminologische und kriminalistische Untersuchung unter besonderer Berücksichtigung von Vermögens- und Einnahmesteuerhinterziehungen, 2. Unveränderte Auflage, Lübeck, 1979 (zit. als Seckel, Die Steuerhinterziehung)

Seelmann, Kurt: Strafzwecke und Wiedergutmachung, in: ZEE 1981, S. 44-55

Simon, H. Eberhard/ Vogelberg, Claus-Arnold: Steuerstrafrecht, 3. Auflage, Stuttgart, 2011 (zit. als *Bearbeiter* in Simon/Vogelberg, Steuerstrafrecht)

Sommer, Alexander/ Füllsack, Markus: Gewerbs- oder bandenmäßige Steuerhinterziehung gemäß § 370a AO, in: Stbg 2002, S. 355-365

Spatscheck, Rainer/ Wulf, Martin: „Schwere Steuerhinterziehung" und Geldwäsche, in: DB 2002, S. 392-397

Stein, Wolfgang: Täter-Opfer-Ausgleich und Schuldprinzip - Überlegungen zur geringen Akzeptanz des Täter-Opfer-Ausgleichs für Erwachsene in der Praxis -, in: NStZ 2000, S. 393-397

Streck, Michael: Anmerkung zum Urteil des BGH vom 12.08.1987 – 3 StR 10/87, in: NStZ 1987, S. 563

Streuli, Marco/ Grossmann, Vreni: Vereinfachte Nachbesteuerung in Erbfällen und straflose Selbstanzeige, Anreize zu mehr Steuerehrlichkeit, in: Der Schweizer Treuhänder, Heft 9, 2008, S. 711-716

Stumm, Ocka: Welche Auswirkungen hätte die Anknüpfung an die steuerrechtliche Verjährungsfrist für die Selbstanzeige?, in: BB, 2014, S. 412-416

Suhr, Gerhard: Aufweichung der Vorschrift über die Selbstanzeige (§ 395 AO) durch Schrifttum und Finanzverwaltung?, in: StBp 1975, S. 80-84

Terstegen, Walter Otto Wilhelm: Steuer-Strafrecht einschließlich Verfahrensrecht, Köln, 1956 (zit. als Terstegen, Steuer-Strafrecht)

Teske, Doris: Die neuere Rechtsprechung zur Selbstanzeige, in: wistra 1990, S. 139-142

Theil, Clemens: Probleme beim Umgang mit der Selbstanzeige in der Praxis, in: BB 1983, S. 1274-1279

Theune, Werner: Zum Strafzumessungsrecht, in: NStZ 1986, S. 153-161

Tiedemann, Klaus: Anmerkung zu BGH v. 5.9.1974 – 4 StR 369/74, in: JR 1975, S. 385-387

Tipke, Klaus/Lang, Joachim: Steuerrecht, 21. Auflage, Köln, 2013 (zit. als *Bearbeiter* in Tipke/Lang, Steuerrecht)

Triffterer, Otto: Salzburger Kommentar zum Strafgesetzbuch, Wien, 2005 (zit. als *Bearbeiter* in Triffterer, StGB Kommentar)

Tschulik, Otto: Die tätige Reue nach der Regierungsvorlage, in: ÖJZ 1973, S. 653-657

Uhl, Willi: Der Rücktritt vom Versuch und die tätige Reue nach § 46 des Reichs-Strafgesetzbuches und § 374 der Reichsabgabenordnung nebst Darstellung des geschichtlichen Werdegangs, Freiburg i.B., 1925 (zit. als Uhl, Der Rücktritt vom Versuch und die tätige Reue)

von Feuerbach, Paul Johann Anselm: Lehrbuch dem gemeinen in Deutschland gültigen Peinlichen Rechts, 2 Neudruck der 14. Auflage, Gießen 1847, Aalen 1986=1847 (zit. als v. Feuerbach, Lehrbuch)

von Liszt, Franz: Strafrechtliche Aufsätze und Vorträge, Band 1, Berlin, 1905 (zit. als v. Liszt, Strafrechtliche Aufsätze und Vorträge)

Wabnitz, Heinz-Bernd/ Janovsky, Thomas: Handbuch des Wirtschafts- und Steuerstrafrechts, 4. Aufl., München, 2014 (zit. als Wabnitz/Janovsky, Handbuch)

Wambach, Thomas: Straflosigkeit nach Wiedergutmachung im deutschen und österreichischen Erwachsenenstrafrecht, Freiburg im Breisgau, 1996 (zit. als Wambach, Straflosigkeit nach Wiedergutmachung)

Walther, Susanne: Vom Rechtsbruch zum Realkonflikt: Grundlagen und Grundzüge einer Wiedergutmachung und Strafe verbindenden Neuordnung des kriminalrechtlichen Sanktionensystems, Berlin, 2000 (zit. als Walther, Vom Rechtsbruch zum Realkonflikt)

Wege, Heike: Rücktritt und Normgeltung, Berlin, 2011

Wegner, Carsten: Reform der strafbefreienden Selbstanzeige (§ 371 AO), in: SteuK 2014, S. 199-203

Wegschneider, Herbert: Versuch und Rücktritt beim schlichten Unterlassungsdelikt?, in: JBl 1976, S. 353-360

Weigend, Thomas: Wiedergutmachung als, neben oder statt Strafe?, in: Grundfragen staatlichen Strafens, Festschrift für Heinz Müller-Dietz zum 70. Geburtstag, hrsg. von Guido Britz, Heike Jung u.a., München, 2001, S. 975-994 (zit. als Weigend in FS Müller-Dietz)

Weinreuter, Uwe: Selbstanzeige und Fremdanzeige im Steuerstrafrecht, in: DStZ 2000, S. 398-410

Weyand, Raimund: Selbstanzeige und Betriebsprüfung, in: StBp 1989, S. 106-109

Wrenger, Jens: Probleme der Selbstanzeige nach §§ 371, 378 Abs. 3 AO, in: DB 1987, S. 2325-2328

Zacharias, Erwin/ Rinnewitz, Jürgen/ Spahn, Elke: Zu den Anforderungen an eine strafbefreiende Selbstanzeige i.S.d. § 371 AO unter besonderer Berücksichtigung des Grundsatzes der Vollständigkeit der selbstangezeigten hinterzogenen Beträge, in: DStZ 1988, S. 391-396

Zanzinger, Dieter: Die Einschränkungen der Selbstanzeige durch das Schwarzgeldbekämpfungsgesetz – Klärung erster Zweifelsfragen, in: DStR 2011, S. 1397-1403

Zöbeley, Günter: Zur Verfassungsmäßigkeit der strafbefreienden Selbstanzeige bei Steuerhinterziehung, in: DStZ 1984, S. 198-200

Zweifel, Martin/ Athanas, Peter: Kommentar zum Schweizerischen Steuerrecht, I/2b, Bundesgesetz über die direkte Bundessteuer (DBG) Art. 83-222, 2. Auflage, Basel, 2008 (zit. als *Bearbeiter* in Zweifel/Athanas, Kommentar zum Schweizerischen Steuerrecht I/2b)

Zwick, Otto K.: Tätige Reue im Steuerstrafrecht, Berlin, 1938 (zit. als Zwick, Tätige Reue im Steuerstrafrecht)